불행 피하기 기술

불행 피하기 기술

영리하게 인생을 움직이는 52가지 비밀

롤프 도벨리 지음 · **엘 보초** 그림 · **유영미** 옮김

INFLUENTIAL
인 플 루 엔 셜

프롤로그

2500년 전 고대 그리스에서부터, 어쩌면 더 오래전부터 사람들은 어떻게 하면 좋은 삶을 살 수 있을지 자문해왔다. 어떻게 살아야 할까? 어떻게 해야 바람직하게 살 수 있을까? 운명은 어떤 역할을 할까? 돈은 어떤 역할을 할까? 좋은 삶은 사고방식이나 개인적인 태도의 문제일까, 아니면 목표했던 일들을 너끈히 이루는 것일까? 행복을 추구하는 것이 나을까, 불행을 피해가는 것이 나을까?

모든 세대는 새롭게 이런 질문을 던진다. 그러나 그에 대한 답은 기본적으로 언제나 실망스럽다. 왜 그럴까? 한 가지 원칙, 한 가지 법칙, 한 가지 규칙만 찾으려 하기 때문이다. 하지만 좋은 삶에 도달하기 위한 절대적이고 궁극적인 원칙 따위는 존재하지 않는다.

지난 몇십 년간 다양한 분야에서 조용한 사고(思考)의 혁명이 일어났다. 학문, 정치, 경제, 의학 등 많은 분야에서 사람들은 한 가지 개념 혹은 몇 안 되는 원칙으로 파악하기에는 세상이 너무나도 복잡하다는 것을 깨닫게 되었다. 이 세상을 이해하기 위해 우리는 다양한 사고방식이 담긴 도구 상자가 필요하며, 실생활에도 사용할 수 있는 도구 상자가 필요하다.

지난 200년 동안 세상은 직관적으로는 더 이상 이해할 수 없을 정도로 복잡해졌다. 그래서 기업가, 투자가, 경영자, 의사, 언론인, 예술가, 학자, 정치가 등 어떤 분야에서나 든든한 생각 도구로 무장하지 않으면 삶에서 낭패를 겪기 십상이다.

이런 사고방식과 태도의 모음을 '삶을 위한 운영 체제(OS)'라고 일컬어도 무방할 것이다. 하지만 나는 도구 상자라는 구닥다리 비유가 더 마음에 든다. 요컨대 정신적 도구는 전문지식보다 더 중요하다. 정신적 도구는 돈보다 더 중요하고, 인간관계보다 더 중요하며, 지능보다 더 중요하다.

몇 년 전부터 나는 좋은 삶을 위해 나만의 정신적 도구 상자를 만들기 시작했다. 잊혔던 고대의 생각 도구들을 다시 발굴하기도 하고, 최신 심리학 연구 결과들을 만나기도 했다. 원한다면 이 책을 '21세기의 클래식한 생활 철학'으로 봐도 좋을 것이다.

주어지는 일상의 크고 작은 도전 앞에서 나는 날마다 이런 도구들을 이용하여 그 일들을 감당해왔다. 그러는 동안 내 인생의 거의 모든 면이 더 좋아졌다(그동안 머리숱이 줄어들었지만 더 영리해진 것 같고, 팔자주름이 깊어졌지만 내 행복감에 영향을 주지는 못했다). 그래서 나는 양심에 거리낌 없이 독자들의 가슴에 이 도구들을 안겨주

고자 한다. 52개의 생각 도구들은 좋은 삶을 살도록 완벽하게 보장
해주지는 못할지라도, 좋은 삶을 살 확률을 높여줄 것이다.

롤프 도벨리

차례

PART 3 인생의 주도권을 쥐는 법

PART 4 세상의 말에 속지 않는 법

PART 1

좋은 삶을
방해하는 것은
무엇일까

시간을 허비하지 않는
마음의 기술

심리 계좌

스위스 베른의 고속도로 출구를 빠져나갈 때였다. 무슨 생각에 빠졌는지 정신없이 운전하고 있는데, 번쩍하고 플래시가 터졌다. 속도계를 확인하니 주행제한 속도를 시속 20킬로미터나 초과한 상태였다. 주변에 속죄양으로 삼을 만한 다른 자동차는 눈 씻고 봐도 없었다. 아, 기억했어야 했는데. 벌써 수년 전부터 무인단속카메라가 설치되어 있었는데 말이다!

이튿날 취리히에서는 경찰이 내 차 와이퍼 밑에 주차위반 딱지를 끼워 넣고 가는 것을 멀리서 목격했다. 그랬다. 나는 불법주차를 한 것이었다. 주차빌딩이 꽉 찬 상태였고, 급한 용무가 있었다. 그리고 취리히 시내의 합법적 주차 공간은 남극의 해변용 의자만큼이나 드물다! 순간 나는 경찰관에게 달려가 사정을 설명해볼까 생각했다.

그러나 헝클어진 머리로 숨을 헐떡이며 경찰관 앞에서 사정하는 내 모습을 그려보고는 그만두었다. 그간의 경험으로는 그렇게 해봤자 나만 웃음거리가 될 뿐이었다. 그렇게 기분이 상하면 괜히 그날 밤 단잠까지 망칠 수 있다.

과태료 고지서가 날아오면 예전에는 무척이나 화가 났다. 하지만 지금은 기꺼운 마음으로 그런 돈을 납부한다. 그 금액을 내 기부 계좌에서 차감한다. 기부 계좌란 내가 좋은 목적에 쓰려고 1년에 일정 금액을 떼어놓은 계좌를 말한다. 범칙금이나 과태료도 그런 용도에 포함된다. 이런 단순한 트릭을 심리학에서는 '심리 계좌(mental accounting)'라고 부른다. 심리 계좌란 우리가 흔히 범하는 생각의 오류를 지적하는 용어로, 우리가 같은 돈이라도 어떻게 벌었는지에 따라 다르게 대하는 데에서 착안했다. 만약 당신이 1만 원을 우연히 길에서 줍는다면, 분명 일해서 번 1만 원보다 그 돈을 더 쉽게 써버릴 것이다. 위의 과태료의 예는 이런 사고의 오류를 어떻게 활용할 수 있는지 보여준다. 마음의 평화를 위해서라면 의도적으로 자신을 조금 속이는 것도 좋지 않을까.

당신이 가난한 지역을 여행하다가 지갑을 잃어버렸다고 해보자. 지갑은 금방 찾았지만 현금은 사라진 상태다. 이 돈을 도난당한 돈이라고 해석할 것인가, 아니면 가난한 사람들에게 기부한 돈이라고 해석할 것인가? 도둑맞았다는 사실은 이런 생각을 통해서 변하지 않는다. 그러나 일어난 일을 어떻게 해석할 것인가 하는 것은 당신

재량에 달려 있다.

좋은 삶을 원한다면 일에 대한 건설적인 해석이 중요하다. 상점이나 레스토랑에서 물건이나 음식값을 지불할 때 나는 그 가격에서 50퍼센트를 덧붙여 생각하는 버릇이 있다. 그 가격이(소득세를 포함하지 않은 가격이다) 구두 한 켤레를 사거나 생선구이 한 접시를 먹고 지불하는 원래의 가격이다. 와인 한 잔을 1만 원이라고 한다면, 와인 한 잔을 마시기 위해서 나는 1만 5천 원을 벌어야 하는 것이다. 이런 심리 계좌는 스스로 소비를 절제하게 해준다.

여행할 때 나는 늘 호텔비를 사전에 지불한다. 그렇게 하면 낭만적인 파리 여행의 마지막에 호텔비를 계산하느라 기분을 망치지 않아도 된다. 노벨상 수상자 대니얼 카너먼의 '정점과 종점 규칙(peak-end rule)'에 따르면, 여행을 다녀오면 그 여행의 클라이맥스와 마지막만 기억날 뿐 나머지는 다 잊힌다. 여행이 끝날 때 콧대 높은 호텔 프론트데스크 직원이 고압적인 태도로 청구서를 내밀며 가산요금이 붙었다고 프랑스어로 말하면, 제대로 알아들을 수가 없어서 바가지를 쓰는지도 모르고 달라는 돈을 다 주고 나온다. 나중에 그때의 불쾌함을 생각하면 평생 나쁜 기억으로 남을 만큼 기분이 좋지 않다. 이럴 때 심리학자들은 '사전조치 전략(precommitment strategy)'을 이야기한다. 선 지불, 후 소비. 이것이 더 마음 편하게 지출할 수 있는 심리 계좌의 또 하나의 작용 방식이다.

나는 세금도 편한 마음으로 내려고 한다. 어차피 내 힘으로 세금 체계를 뒤엎을 수도 없는 일이 아닌가. 따라서 나는 내가 살고 있는 아름다운 도시 베른을 쿠웨이트, 리야드(사우디아라비아의 수도), 삭막한 콘크리트 건물의 도시 모나코, 혹은 달 표면과 비교한다. 모두 세금이 없는 지역들이지만, 여러모로 비교해본 결과 나는 베른에 남기로 한다. 덧붙이자면 세금을 피하기 위해 그런 지역들로 이주하는 부자들은 쩨쩨하고, 고집스러운 인상을 풍긴다. 좋은 삶의 토대로는 좋지 않다. 나 역시 그런 사람들과는 지금까지 그다지 잘 맞지 않았다.

돈이 사람의 행복을 좌우하지 않는다는 말은 상투어쯤으로 들릴 때가 많다. 그러나 나 역시 몇천 원에 그렇게 전전긍긍하거나 시시콜콜 따지지 말라고 진심으로 충고하고 싶다. 맥주가 평균보다 2천 원 비싸든 싸든, 별로 개의치 않는다. 그 대신 흥분하고 신경 쓰는 에너지를 아낀다. 내 주식 포트폴리오의 수익률은 1분에도 2천 원 이상을 왔다 갔다 하기 때문이다. DAX 지수(독일 종합주가지수 - 옮긴이)가 소수점 아래로 몇 퍼센트 하락해도 화내지 않는다. 당신도 그렇게 잃어도 개의치 않을 만한 액수를 정해보라. 돈으로 보지 않고, 그냥 백색 소음(white noise)으로 볼 수 있는 정도를 말이다. 이런 태도로 살아도 별로 잃는 것이 없고, 절대로 마음의 균형을 잃지 않을 것이다.

오랜 세월 무신론을 견지해오던 중 40세쯤에 작정하고 신을 찾

아 나섰던 적이 있다. 너그러운 베네딕트회 수사들이 받아들여주어 수도원에 여러 주 동안 머물렀다. 세상일에서 멀리 떨어져 지내며 참으로 여유롭고 고즈넉했던 시간들이었다. 텔레비전도, 인터넷도, 핸드폰 신호도 육중한 수도원 벽을 뚫고 들어오지 못했다. 말하는 것이 금지되어 있었기에 식사 중에도 고요를 누릴 수 있었다. 나는 그곳에서 신을 만나지는 못했지만, 대신 심리 계좌 트릭을 하나 발견했다. 이번에는 돈에 관한 것이 아니라, 시간에 관한 것이었다. 수도원의 식당에는 식사도구가 약 20센티미터 길이의 검은색 나무상자에 담겨 있었는데, 이 나무상자는 영락없이 시신을 안치하는 관의 축소판처럼 보였다. 식사 때가 되면 사람들은 자신의 관 뚜껑을 열어 그 안에 들어 있는 포크와 나이프와 숟가락을 꺼냈다. '사실 넌 이미 죽어야 했던 몸이야. 이제부터 주어지는 모든 시간은 선물이야'라는 의미였다. 최고의 심리 계좌였다. 그렇게 해서 나는 화를 내는 데 시간을 허비하지 않고, 주어진 시간을 소중히 여기게 되었다.

붐비는 계산대 앞에 줄 서 있거나 치과에 가서 차례를 기다릴 때, 고속도로가 꽉 막혀 있을 때, 짜증이 나는가? 신경질이 나서 진땀이 나면 혈압도 치솟고, 스트레스 호르몬도 분비된다. 그러므로 짜증 내고 흥분하는 대신, 불필요한 짜증과 흥분으로 심신을 갉아먹지 않으면 적어도 1년은 더 살게 될 것이라고 생각하라. 이렇게 선물 받은 1년은 계산대 앞에서 대기해야 했던 시간들을 만회하고도 남는다. 그러므로 결론을 내려보자. 당신은 시간이나 돈의 손실을 되돌릴 수는 없지만, 새롭게 해석할 수는 있다. 심리 계좌 트릭을 모든 상황에 적용하라. 생각의 오류를 피하는 연습을 하다 보면, 때로는 의식적으로 생각의 오류를 저질러보는 재미도 쏠쏠할 것이다.

◆ ◆ ◆

1만 원짜리 지폐를 우연히 길에서 줍는다면 일해서 번 1만 원보다 더 쉽게 써버릴 것이다. 반대로 와인 한 잔이 1만 원이라고 할 때, 1만 5천 원을 벌어야 한다고 생각하면 소비를 절제할 수 있다. 이런 심리 계좌가 발휘하는 힘은 생각보다 강력하다.

완벽한 설정은 없다

수정의 기술

프랑크푸르트를 출발하여 뉴욕으로 가는 비행기를 타고 있다고 해
보자. 당신이 탄 비행기가 어느 정도로 자기 항로를 고수할 것이라
고 생각하는가? 비행시간의 90퍼센트? 혹은 70퍼센트? 정확한 대
답은 결코 자기 항로를 고수하는 일이 없다는 것이다. 창가 좌석에
앉아서 비행기 날개 끝을 관찰해보면, 보조날개가 불안하게 흔들리
는 것을 볼 수 있다. 보조날개는 항로를 끊임없이 수정하기 위해 존
재한다. 자동조종장치는 '현 상태'가 '되어야 할 상태'에서 얼마나 이
탈해 있는지를 계산해서 초당 1천 번 정도 꼬리날개에 수정 명령을
전달한다.

　나는 가끔 취미로 경비행기를 직접 조종하는데, 그럴 때면 오로
지 내 손으로만 이런 미세한 수정을 실행할 수 있다. 내가 조종간을

1초만 그냥 내버려두어도, 이미 비행기는 편류하기 시작한다. 자동차 운전자들도 이런 현상을 잘 알 것이다. 일직선으로 달리는 고속도로에서조차 핸들에서 손을 떼면, 차선을 이탈해 사고가 날 위험이 높아진다.

우리의 삶도 비행기나 자동차와 비슷하다. 삶이 계획대로, 예상대로, 방해 없이 진행될 수 있다면, 우리는 최적의 출발 상태, 즉 설정(set-up)에만 신경 쓰면 된다. 교육, 커리어, 사랑, 가정생활 등 모든 것을 처음에 완벽하게 설정해놓으면 계획대로 목표에 도달하게 될 것이다. 하지만 유감스럽게도 삶은 그렇게 되지 않는다. 우리의 삶은 계속해서 난기류를 겪고, 갖가지 바람과 예기치 않은 날씨 변화와 싸워야 한다. 그러나 우리는 좋은 날씨만 예상하는 순진한 파일럿처럼 행동한다. 설정의 중요성을 과대평가하고, 수정의 중요성을 과소평가한다.

아마추어 조종사로서 나는 출발이 아니라, 이륙한 뒤 수정의 기술이 더 중요하다는 점을 깨달았다. 자연은 이를 수십만 년 전부터 알고 있었다. 세포분열에서 유전물질이 복제될 때면 늘 실수가 일어난다. 하지만 모든 세포에는 이런 복제 실수를 나중에 수정하는 분자들이 있다. 이런 유전자 수정이 없다면, 모든 사람은 태어나서 몇 시간 만에 암으로 사망할 것이다. 우리의 면역계 또한 동일한 원칙을 따른다. 위험은 예측할 수 있는 성질이 아니기에 마스터플랜은 없다. 나쁜 바이러스와 박테리아는 끊임없이 돌연변이를 일으킨다. 따라서 신체적 저항도 끊임없는 수정을 통해서만 기능할 수 있다.

그러므로 어느 날 서로 완벽하게 잘 맞는 커플의 완벽한 결혼생활이 파경을 맞았다는 소식을 듣더라도, 너무 놀라지 말자. 설정을 과대평가했던 것이 분명하기 때문이다. 5분 이상 파트너랑 같이 살아본 사람은 이미 알고 있지 않은가. 계속해서 섬세하게 조율하고 고쳐나가지 않으면 안 된다는 것을. 모든 파트너 관계는 끊임없이 가꾸고 노력해야 한다. 가장 흔한 오해는, 좋은 삶을 어떤 상태처럼 여기는 것이다. 좋은 삶은 지속해서 조정해나갈 때만 가능하다.

그런데 우리는 왜 고치고 수정하는 걸 내키지 않아 할까? 그 이유는 우리가 각각의 수정을 계획상의 실수라고 해석하기 때문이다. 우리는 '어휴, 계획이 수포로 돌아갔군'이라고 탄식한다. 매우 유감스러워하면서 스스로를 실패자로 여긴다. 그러나 계획은 완벽할 수 없다. 어쩌다 수정 없이 실현된다면, 그것은 순전히 우연이다. 미국의 34대 대통령 드와이트 아이젠하워는 "계획은 중요하지 않다. 계획을 세우는 것이 중요하다"라고 했다. 즉 확정된 계획이 중요한 것이 아니라, 거듭해서 계획해나가는 것이 중요하다는 뜻이다. 그리고 계획을 세우는 데에는 끝이 있을 수 없다. 장군 출신이었던 아이젠하워는 군대가 적군과 맞닥뜨리는 순간, 모든 계획이 쓸모없어진다는 것을 이해하고 있었다.

헌법은 한 국가의 기본법으로 다른 모든 법의 토대가 된다. 그러므

로 헌법은 시대를 초월해야 한다. 그러나 헌법도 결코 수정 없이 버티지 못한다. 미국의 헌법은 1787년 제정된 이후 지금까지 27번의 수정을 거쳤다. 스위스 연방헌법은 1848년 최초로 입안된 뒤 2번의 전면개정과 10여 번의 부분개정을 거쳤다. 독일의 기본법은 1949년 이래 지금까지 60번 수정되었다. 이것은 치욕적인 일이 아니라, 매우 현명한 일이다. 수정하고 고치는 능력이야말로 잘 돌아가는 민주주의의 토대이기 때문이다. 그러므로 중요한 것은 적절한 사람을 선출하는 것(즉, 적절한 설정)이 아니라, 부적절한 사람을 유혈 사태 없이 물러나게 하는 것이다. 민주주의는 모든 국가 형태 중 유일하게 수정 메커니즘을 도입했다.

우리가 특히나 수정을 탐탁지 않아 하는 영역들도 있다. 가령 전반적인 학교 시스템은 좋은 설정을 지향한다. 가능하면 좋은 학교를 나와서 좋은 출발조건을 가지고 직업 활동에 들어가는 것을 중요하게 여긴다. 하지만 학벌과 직업적 성공 사이의 연관성은 점점 약해지고 있다. 동시에 학교에서 가르쳐주지 않는 진로수정 능력이 점점 더 중요해지고 있다.

인격적 성숙도 비슷하다. 당신은 인격이 성숙하고 지혜로운 사람을 최소한 한 명은 알고 있을 것이다. 그 사람이 그런 훌륭한 인격을 가지게 된 것이 설정(완벽한 출신 배경, 모범적인 부모님, 엘리트 교육) 때문이었는가? 아니면 오히려 어려움을 딛고, 자신의 부족함을 고치며 끊임없이 성장해온 결과였는가?

그러므로 수정을 부정적으로 생각하는 마음을 버려야 한다. 일찌감치 수정하는 편이 완벽한 설정에 매달려 헛되이 계획대로 되기만을 바라는 것보다 유익하다. 이상적인 교육은 없으며, 유일한 삶의 목표도 없다. 완벽한 기업 전략, 최적의 주식 포트폴리오, 최상의 직업 같은 것도 없다. 모든 것은 신화다. 하나의 설정으로 시작해 계속해서 조절하고 조율해나갈 수 있을 뿐이다. 세상이 복잡할수록, 출발조건은 더 비중을 잃는다. 그러므로 직업적으로나 사적으로나 당신의 자원을 완벽한 설정에만 쏟지 말라. 불충분한 것은 신속하고 지속적으로 바꾸어가면서 수정의 기술을 연습하라. 양심의 가책 없이 마음 편하게 말이다. 이 문장들을 마이크로소프트 워드의 최신 버전으로 쓰고 있는 것은 우연이 아니다. 처음 나왔던 워드 1.0은 이제 더 이상 판매되지 않는다.

◆ ◆ ◆

당신이 수정을 내키지 않아 하는 이유는 실패를 처음에 계획을 잘못 세운 탓이라고 해석하기 때문이다. 잘못된 생각이다. 계획은 완벽할 수 없고, 어쩌다 수정 없이 실현된다면 그것은 순전히 우연이다.

디저트 거절하기

타협 없는 전략

1519년 스페인의 정복자 에르난 코르테스는 쿠바를 출발해 멕시코만에 다다랐다. 이어 멕시코를 스페인의 식민지로 선언하고, 스스로 통치하기 시작했는데, 타고 온 배들을 침몰시켜 자신과 부하들이 고향으로 돌아갈 방법을 원천 봉쇄했다.

경제적 관점에서 보면 코르테스의 결정은 현명하지 못하다. 왜 돌아갈 가능성을 배제시키는가? 왜 대안을 포기해버리는가? 경제학의 기본 원칙 중 하나는 선택지가 많을수록 좋다는 것이다. 이에 따르면 코르테스는 자신의 선택의 자유를 포기한 셈이 아닐까?

1년에 두세 번 정도 의례적인 만찬 행사 때 만나는 어느 다국적 기업의 CEO가 있다. 그런데 몇 년 전부터 그는 디저트를 먹지 않는 원칙을 세웠다면서, 무엇이 나오든 디저트를 거절하기 시작했다. 나는 최근까지 그런 행동이 비논리적이고 욕망에 반하는 행동이라고 생각해왔다. 달콤한 선택지를 왜 원칙적으로 배제해버릴까? '케이스 바이 케이스(case-by-case)'로 결정하는 것이 더 좋지 않을까? 현재의 체중이나, 주메뉴의 양, 혹은 디저트가 얼마나 유혹적인지에 따라 그때그때 결정하면 되지 않을까? 디저트를 포기하는 원칙은 고향으로 돌아갈 길을 원천 봉쇄해버리는 것만큼의 파급효과를 갖는 것은 아니지만, 언뜻 보기에는 둘 다 불필요해 보였다.

《혁신 기업의 딜레마》의 저자이자 세계적인 경영사상가인 클레이튼 크리스텐슨 하버드대학 교수는 독실한 모르몬교도로 '서약'을 이행하는 삶을 살고 있다. 서약은 어떤 약속을 꼭 지키기로 맹세하는 것으로, 이 말이 좀 구닥다리처럼 느껴진다면 현대적인 말로 그냥 약속이라 불러도 좋다. 하지만 나는 서약이라는 예스러운 표현이 좋다. 왜냐하면 요즘에는 '약속'이라는 말이 너무 남발되거나 의미 없이 쓰이고 있고, 또한 '서약'이라는 말에는 그 주체가 조직이 아니라 각 개인이라는 뉘앙스가 포함되기 때문이다.

젊은 시절 크리스텐슨은 많은 경영자들이 인생의 전반부를 오로지 커리어만을 위해 희생하고, 후반부에 들어서 (재정적으로 독립해) 가족들과 시간을 보내려 한다는 것을 발견했다. 하지만 그런 생각은 수포로 돌아가는 경우가 많았다. 일에 빠져 가족을 소홀히 하는 동안 가정이 깨지거나, 자녀들이 장성해서 뿔뿔이 흩어지기 때문이다. 그래서 크리스텐슨은 주말에는 절대로 일을 하지 않을 것이며, 평일에도 집에서 가족들과 둘러앉아 저녁식사를 하기로 신 앞에서 엄숙히 서약했고, 이 서약을 지키기 위해 때로는 새벽 세 시에 출근해서 일하기도 했다.

이 이야기를 처음 들었을 때 나는 크리스텐슨을 비합리적이고 고집스러우며 고루한 사람이라고 생각했다. 어째서 그렇게 융통성이 없을까? 융통성을 발휘해서 때로는 주말에 일하는 대신에 월요일이나 화요일을 좀 여유 있게 보내면 되지 않을까? 모든 것이 돌고 도는 시대에 융통성은 우리가 발휘할 수 있는 자산이 아닐까?

하지만 지금은 다르게 생각한다. 중요한 문제에서 융통성은 유익이 아니라 함정이 될 때가 많다는 것을 깨달았기 때문이다. 코르테스와 디저트를 먹지 않는 CEO와 크리스텐슨, 이 세 사람은 공통적으로 불굴의 의지를 통해, 융통성 있는 태도로는 도달하지 못했을 장기적인 목표를 이루었다. 어떻게 그렇게 된 것일까?

두 가지 이유가 있다. 첫째는 상황에 따라 끊임없이 새로운 결정을 내려야 하는 사람은 의지력이 상당히 소진된다는 것이다. 이를 학문적인 용어로는 '의사결정의 피로감(decision fatigue)'이라 한다. 너무 많은 결정을 내리다가 피곤해진 두뇌는 나중에는 가장 편안한 버전으로 결정해버리는데, 그 결정은 대부분 최악일 때가 많다. 그런 의미에서 서약은 아주 중요하다. 한 번 서약을 해놓으면, 매번 장단점을 고려할 필요가 없으니 말이다. 결정은 이미 내려져 있으

니 공연히 에너지를 낭비할 필요가 없다.

한 번 서약한 것을 그대로 밀고 나가는 것이 중요한 두 번째 이유는 그로 인해 얻게 되는 평판과 관계있다. 어떤 일에서 일관성을 유지함으로써 자신의 입장을 표현하고, 이런 입장은 타협할 수 없다고 알려주는 것이다. 그 부분에서 당신은 주체성 있어 보이며, 어느 정도는 함부로 공격할 수 없는 인상을 자아낸다. 냉전시대 상호 간의 겁주기도 이런 효과에 기초했다. 미국과 소련은 먼저 핵 공격을 하면 반드시 상대가 곧장 보복할 것을 알고 있었다. 거기에는 숙고할 것도, 상황을 고려할 것도 없었다. 붉은 단추를 누를 것이냐 말 것이냐 하는 결정은 이미 내려진 것이었고, 먼저 누르는 것은 선택지에 없었다.

국가 사이에 적용되는 것은 당신에게도 적용된다. 당신이 서약한 것이 무엇이든지 그 서약을 일관적으로 지키면, 시간이 흐르면서 사람들은 당신을 조용히 내버려두고 인정하게 된다. 예를 들면 전설적인 투자가 워런 버핏은 원칙적으로 추가 협상의 옵션을 포기했다. 버핏에게 회사를 매각하려는 사람은 정확히 한 번의 오퍼를 넣을 수 있었고, 버핏은 제시된 가격에 그 회사를 사거나 사지 않거나 둘 중 하나를 선택했다. 버핏이 판단하기에 제시된 금액이 너무 비싸더라도 가격을 더 낮추어 협상할 여지는 없었다. 버핏은 냉엄한 사람이라는 평판을 얻었고, 공연히 이리저리 재느라 시간을 낭비하는 일 없이 애초부터 최상의 오퍼를 받아냈다.

약속, 서약, 절대적인 원칙. 말로는 간단하다. 하지만 실전에서는 그리 쉽지 않다. 당신이 다이너마이트를 가득 실은 화물차를 몰고, 일직선으로 뻗은 좁은 일차선 도로를 달리고 있다고 하자. 그런데 이 도로의 맞은편에서 똑같이 다이너마이트를 탑재한 화물차가 마주 오고 있다. 누가 먼저 비킬까? 당신이 상대 운전자에게 당신은 결코 비키지 않는다는 절대적인 원칙을 가지고 있다는 것을 납득시킬 수 있다면, 상대방이 먼저 비키고(그가 이성적으로 행동한다면 말이다) 당신이 이길 것이다. 만약 상대방에게 당신이 핸들을 자물쇠로 고정해 열쇠를 창밖으로 던져버렸음을 증명할 수 있다면, 당신은 물러설 수 없다는 신호를 보내는 것이다. 서약은 바로 이렇게 강하고, 믿을 만하고, 급진적이어야 한다.

융통성을 찬양하는 현재의 분위기에 거리를 두라. 융통성은 당신을 불행하고 피곤하게 만들며, 그로 인해 당신은 목표에서 이탈할 수 있다. 서약을 하고 그 서약을 지켜라. 타협하지 말라. 서약을 100퍼센트 이행하는 것이 99퍼센트 이행하는 것보다 쉽다.

◆ ◆ ◆

중요한 문제에서 융통성은 유익하기보다 함정이 될 때가 많다. 한 번 서약한 것을 그대로 밀고 나감으로써, 융통성 있는 태도로는 도달하지 못하는 장기적인 목표를 이룰 수 있다.

세상은 당신의 감정에
관심 없다

블랙박스 사고

영국의 드 하빌랜드 코메트 1은 세계 최초의 제트여객기 기종이었다. 그런데 이 여객기들이 1953년과 1954년 사이에 잇달아 수수께끼 같은 사고를 당했다. 모두 공중 폭발사고였는데, 한 대는 이륙 직후 캘커타 공항에 추락했고, 한 대는 엘바섬을 횡단하다가 기체가 산산조각이 났다. 몇 주 뒤에는 나폴리 앞바다에 추락하는 사고가 일어났다. 이 3건의 사고에서 생존자는 없었고, 코메트 항공기는 비행금지 처분을 받았다. 하지만 아무도 사고 원인을 발견하지 못하자 비행금지는 해제되었다. 그러나 운행이 재개된 지 겨우 2주 만에 다시 나폴리 앞바다에 추락하고 말았다. 그로써 코메트 1 모델은 최종적으로 폐기되고 말았다.

그 후 열심히 원인을 찾아낸 결과 사각형의 창문이 사고 원인이라는 것이 밝혀졌다. 여객기는 높은 고도에서 비행하므로 기체가 수축과 팽창을 반복하는데, 이 피로도가 쌓여 사각형 창문 모서리에 균열이 발생해서 몸통으로 번졌고 급기야 기체가 동강 나고 말았던 것이다. 오늘날 비행기 창문이 모두 둥그스름하게 생긴 것은 이 때문이다. 그러나 이런 연쇄적 사고가 가져온 더 중요한 성과는 사고를 조사했던 데이비드 워런이 사고 시에도 파손되지 않고 보존될 수 있는 비행기록 장치를 장착하자고 제안했고, 이 제안이 받아들여졌다는 것이다. 이 기록 장치는 블랙박스라 불리게 되었고, 블랙박스는 조종실에서 이루어지는 조종사들의 대화 내용은 물론 초당 수천 개의 데이터를 기록하여, 사고가 있을 때 그 원인을 정확하게 분석할 수 있게 해준다.

항공 산업만큼 실수를 중대하게 받아들이는 분야는 없을 것이다. 영화 〈설리: 허드슨강의 기적〉의 실제 주인공 체슬리 슐렌버거 기장은 허드슨강에 불시착한 뒤 "항공 분야의 모든 지식, 모든 규칙, 모든 절차는 누군가 어디선가 추락했기에 존재하는 것"이라고 썼다. 모든 추락은 미래의 비행을 더 안전하게 만들어준다. 블랙박스 사고(black box thinking)라 불리는 이런 원칙은 생각 도구에 대한 책을 쓴 매슈 사이드가 도입한 개념으로, 다른 삶의 영역에도 적용될 수 있는 탁월한 정신적 도구다.

그러나 사람들은 항공 산업 분야와는 정확히 반대로 행동할 때가 많다. 가령 몇 년 전에 한 주에 10만 원을 주고 주식을 구매했다고 해보자. 이제 그 주식은 무참하게 하락하여, 주당 1만 원밖에 되지 않는다. 당신의 머릿속에서는 무슨 일이 일어날까? 물론 당신은 주가가 얼른 회복되기를 바라거나 기도할 것이다. 또는 그 회사의 경영진을 욕할 것이다. 아니면 분을 삭이기 위해서 술 한잔 할 수도 있다. 소수의 사람들만이 현실을 직시하고 자신의 비행기록 장치를 분석한다. 그러기 위해서는 A) 철저한 현실수용과 B) 블랙박스 사고가 필요하다.

사장에게 그간의 억울함과 분노를 담아 이메일을 보냈다고 생각해보자. 당신이 그걸 쓰기까지 얼마나 많은 술을 마시며 울분을 토했는지, 이메일은 전혀 알 바 아니다. 그냥 보내졌을 뿐. 당신 몸에 생긴 종양도 당신이 어떤 소망을 가지고 있는지 전혀 안중에 없다.

런던 경제 대학의 심리학자 폴 돌런은 체중이 불어나는 사람들이 차츰차츰 체중과 상관없는 일들로 관심사를 옮겨버리는 모습을 묘사했다. 사람들은 왜 그러는 것일까? 살을 빼는 것보다 관심사를 옮기는 것이 더 쉽기 때문이다. 하지만 현실은 당신의 관심사에 전혀 신경 쓰지 않는다. 당신이 세상을 어떻게 생각하든 당신이 어떤 감정이든, 세상은 관심이 없다. 두뇌의 연막 치기 전략을 까발려라.

버트런드 러셀은 "자기기만에서 벗어나는 것은 안정되고 지속적인 행복의 꼭 필요한 전제 조건이다"라고 썼다. 물론 약간 과장된 말일 것이다. 안정되고 지속적인 행복은 있을 수 없기 때문이다. 하지만 자기기만이 좋은 삶과는 부합될 수 없다는 점에서 러셀의 말은 옳다. 현실이 바람직할 때 그것을 받아들이는 것은 쉽다. 하지만 받아들이고 싶지 않은 현실이라도 받아들여야 한다. 탐탁지 않은 현실일 때는 특히나 말이다. 러셀은 한 가지 예를 든다. "계속해서 성공하지 못하는 극작가는 자신의 작품이 쓸데없지는 않은지 생각해봐야 한다." 당신은 희곡을 쓰지는 않을 것이다. 그러나 당신의 삶 속에서 비슷한 예들이 떠오를 것이다. 외국어에 재능이 없는데 거기에 매달리고 있지는 않은가? 경영자로서 소질이 없거나, 태생적으로 근육질 몸매가 될 가능성이 없지는 않은가? 이런 가능성들을 생각해보고, 그에 맞는 결론을 내려야 한다.

어떻게 하면 결핍과 실패와 추락을 근본적으로 수용할 수 있을까? 자기 자신만 바라보면 잘 보이지 않는다. 우리는 종종 자신보다 타인을 훨씬 더 명확하게 본다. 그래서 자신에게 실망하는 경우보다 다른 사람에게 실망하는 경우가 월등히 많다. 그러므로 당신에게 거짓 없는 진실을 말해줄 수 있는 배우자나 친구가 있다면 좋을 것이다. 진실을 들으면 당신의 뇌는 어느 정도 미화시키려고 하겠지만, 그래도 시간이 흐르면서 다른 사람의 판단을 진지하게 여길 줄 알게 될 것이다.

이렇게 철저하게 수용하는 것 말고도 이미 말했듯이 우리는 블랙박스가 필요하다. 당신 자신의 블랙박스를 만들어라. 당신이 중요한 결정을 내리는 순간에 머릿속을 스치는 모든 가정, 생각, 결론을 기록해보라. 당신의 결정이 잘못된 것으로 드러난다면 블랙박스를

찾아보고(물론 이 블랙박스는 추락에서 안전하므로, 수첩이나 공책이면 충분하다) 어떤 생각이 실수로 이어졌는지 정확히 분석해보라. 실수의 원인을 하나씩 밝혀가다 보면 삶은 더 바람직해진다. 실수한 원인을 설명할 수 없으면 세상이나 자기 자신을 이해할 수 없다. 달리 말해, 추락을 설명하지 못하면 다시금 추락하게 된다. 따라서 집요한 분석이 유익하다.

덧붙이면 블랙박스 사고는 개인뿐 아니라 비즈니스에서도 매우 유용하므로, 모든 기업에 표준 레퍼토리로 자리 잡아야 한다.

그러나 철저한 수용과 블랙박스 사고만으로는 아직 충분하지 않다. 패인을 발견했다면, 앞으로는 그것을 배제해야 한다. 워런 버핏의 사업 파트너 찰리 멍거는 이렇게 말했다. "문제에 대처하지 않고 그 문제가 해결될 수 없는 상태가 될 때까지 기다린다면, 당신은 그런 문제로 골머리를 앓아도 쌀 만큼 멍청한 사람이다." 결과가 나올 때까지 기다려서는 안 된다. 낙하산 없이 비행기에서 뛰어내렸다고 해보자. 처음에는 멋질 것이다. 아름다운 풍경, 바람, 자유로운 기분을 만끽하게 될 것이다. 그러나 땅에 떨어지는 순간 엄혹한 현실을 마주하게 된다. 이보다 덜 드라마틱한 상황에서 이를 염두에 두어보라. "현실을 다잡지 않으면, 현실이 당신을 움켜쥘 것이다"라고 작가 알렉스 헤일리(장편소설 《뿌리》로 퓰리처상을 수상한 미국 소설가 - 옮긴이)는 경고했다.

현실을 받아들여라. 탐탁지 않은 부분까지도 철저히 수용하라.

지금 당장은 힘들지라도 그렇게 해야 나중에 후회하지 않을 것이다. 삶은 쉽지 않고, 좋은 삶 안에서도 많은 실패를 이겨내야만 한다. 간혹 추락하는 것은 괜찮다. 중요한 것은 추락의 원인을 알고, 그다음부터 그것을 반복하지 않는 것이다. 삶의 문제는 보르도 와인과는 달라서, 오래 보관한다고 맛이 더 좋아지지 않는다.

◆ ◆ ◆

받아들이고 싶지 않은 현실이라도 받아들여야 한다. 머릿속에 자신만의 블랙박스를 만들어라. 중요한 결정을 내리는 순간은 물론 지우고 싶은 실패까지 그 과정에서 머릿속을 스쳤던 모든 생각을 기록해보라.

그것은 내 삶에
정말 유익한가

역생산성

자동차를 생각해보자. 걷거나 마차를 타는 것보다 자동차를 타는 편이 엄청나게 빠르고 효율적이다. 시속 6킬로미터로 산책하거나 시속 15킬로미터로 덜컹거리며 가는 대신, 오늘날 우리는 (최소한 고속도로에서는) 시속 100킬로미터가 훨씬 넘는 속도로 달린다. 정체될 때도 있고 신호에 걸릴 때도 있지만, 그래도 전혀 힘들이지 않고서 말이다. 당신 자동차의 평균 주행속도는 대략 어느 정도 될까? 계속 읽어나가기 전에 책 여백에 그 값을 적어보자.

자, 어떻게 계산했는가? 한 해 동안의 주행거리를 한 해 동안의 대략적인 운행시간으로 나누면 평균값이 나온다. 차량 계기판에도 대략적인 평균 주행속도가 나온다. 내 차의 평균 주행속도는 시속 50킬로미터 정도다. 하지만 이 계산은 틀렸다. 그 외에 다음 시간도 고려해야 하기 때문이다. A) 차량값을 지불하기 위해 들인 노동시간. B) 보험, 차량 관리, 기름값, 과태료 등을 지불하기 위해 들인 노동시간. C) 교통정체에 쓰인 시간을 포함해서 A)와 B)에 들어가는 돈을 벌기 위해 들인 시간. 가톨릭 사제인 이반 일리치가 미국 자동차들을 대상으로 이런 시간들을 감안한 값을 계산해본 결과, 미국 자동차들의 평균 주행속도는 시속 6킬로미터 정도였다. 걸어다니는 속도와 맞먹는 것이다. 고속도로 네트워크는 거의 비슷한 상태에서 미국 인구가 지금보다 40퍼센트 적었던 1970년대에 계산한 결과이니, 오늘날의 평균속도는 아마도 시속 6킬로미터에 못 미칠 것이다.

일리치는 이런 효과를 역생산성(counterproductivity)이라 칭했다. 이 개념은 많은 신기술들이 시간과 돈을 아껴주는 것처럼 보이지만, 원가를 계산해보면 이런 절약 효과는 물거품이 된다고 말한다. 그러므로 역생산성은 가능하면 피해가면 좋은 의사결정의 함정이다.

이메일도 그렇다. 따로 떼어놓고 보면 천부적인 발명품이다. 빠른 속도로 자판을 쳐서, 후딱 소식을 전할 수 있으니 말이다. 게다가 무료로! 그러나 이는 빛 좋은 개살구이다. 모든 이메일 계정은 걸러내야 할 스팸메일을 끌어들인다. 이보다 더 나쁜 것은, 별로 중요하지 않지만 혹시 몰라 일단 읽어보기는 해야 하는 소식들도 메일함에 들어온다는 것이다. 하나하나 읽어보려면 시간이 엄청나게 걸린다. 게다가 정확히 말해서 이메일은 결코 무료가 아니다. 컴퓨터나 스마트폰 사는 데 들인 값의 일부를 따져서 생각해야 하고, 소프트웨어 업데이트를 하는 데 들인 시간도 생각해야 한다. 이런 식으로 어림잡아 계산해보면 이메일 한 통당 1천 원 정도의 비용이 발생하여, 옛날 방식으로 편지를 보내는 것과 비슷하다.

프리젠테이션도 마찬가지다. 상사들이나 고객들 앞에서 발표를 할 때 예전 같으면 설득력 있는 논지 몇 개만 메모해가면 되었다. 기껏해야 오버헤드 영사기(OHP)를 동원해 필요한 부분을 강조하는 것이 다였다. 그러다가 1990년에 파워포인트가 출시되었고, 수백만 명의 경영자들과 그들의 비서들이 어마어마한 시간을 들여 프리젠테이션을 준비하기 시작했다. 알록달록한 색깔, 특이한 서체, 기발한 페이지 넘기기 효과가 추가되었다. 순이익은 0이었다. 순식간에 모두가 파워포인트를 사용하게 되었기에 서프라이즈 효과도 신속하게 사그라졌다. 전형적인 군비경쟁 효과(〈전쟁터를 피해야 하는 이유〉 참조)가 아닐 수 없다. 여기에 역생산성 비용이 추가된다. 즉 소프트웨어를 익히고 업그레이드하고, 페이지를 만들고 꾸미기 위해 들이는 어마어마한 시간들이 바로 그것이다. 파워포인트는 일반적으로는 생산적인 소프트웨어로 여겨지지만, 알고 보면 상당히 역생산적인 소프트웨어라고 하겠다.

이런 역생산성의 부정적인 효과는 우리에게는 종종 뜻밖으로 느껴질 것이다. 그러나 생물학자들은 놀라지 않는다. 자연은 그런 효과를 이미 수백만 년 전부터 알고 있었기 때문이다. 일종의 미(美)

적 군비경쟁으로 경쟁하듯 점점 더 아름답고 긴 깃털로 무장한 수컷 공작새는 여우를 만난 경우에는 역생산성을 느끼게 된다. 깃털이 길고 화려할수록 암컷 공작새들에게는 인기가 있겠지만, 천적의 눈에 띄기는 더 쉽기 때문이다. 사정이 이렇다 보니 수백만 년에 걸쳐 성적 매력을 높이는 것과 눈에 띄지 않음으로써 생존 확률을 높이는 것 사이에 균형이 이루어졌다. 깃털이 길어지는 만큼 역생산성이 작용한다. 사슴의 뿔이나 새들의 지저귐도 마찬가지다.

따라서 역생산성을 조심하라. 그것은 언뜻 보면 보이지 않고, 다시 점검해야 보일 때가 많다. 나는 노트북을 하나만 쓰고(집에서는 인터넷에 연결하지 않는다), 스마트폰의 앱도 최소한으로만 사용하며, 잘 작동하는 기기를 공연히 새것으로 바꾸지도 않는다. 텔레비전, 라디오, 게임기, 스마트워치, 알렉사(아마존에서 출시한 음성 기반 인공지능 – 옮긴이) 같은 다른 기기도 쓰지 않는다. 스마트홈은 내겐 호러 버전이다. 앱을 장착하고 연결하고, 지속적으로 업데이트를 하느니 차라리 나는 내 손으로 전등 스위치를 켰다 껐다 하고 싶다. 게다가 기존에 쓰던 스위치를 다 들어내고, 다시 설비를 하는 일은 또 다른 역생산적 요소다.

디지털카메라가 처음 출시되었던 때를 기억하는가? 와, 이런 해방이 다 있을까, 당시 우리는 모두 그렇게 느꼈다. 비싼 필름을 사지 않아도 되고, 현상을 기다리지 않아도 되고, 이상한 모습으로 나온 사진은 곧장 지워버리면 되고, 잘 나온 사진을 건질 때까지 계속

찍어댈 수 있었으니 말이다. 사진 찍는 작업이 엄청나게 쉬워질 것 같았지만, 지금 와서 생각해보면 이 역시 역생산성을 조장하는 물건이 아닐 수 없다. 오늘날 우리는 99퍼센트 쓸데없는 사진과 동영상 더미 위에 앉아서, 그것들을 분류하고 걸러낼 시간을 내지 못한다. 그리고 로컬 백업이나 클라우드에 집어넣고는, 인터넷 거대 기업에 노출시킨다. 이에 더하여 포토샵으로 사진을 꾸민다. 이제 포토샵 없이는 안 된다. 그뿐만 아니라 이와 관련한 소프트웨어를 주기적으로 업데이트해줘야 하고, 컴퓨터를 바꿀 때마다 이 모든 자료들을 힘들게 옮겨야 한다.

기술이 효율성을 높여줄 것처럼 말하지만, 오히려 삶의 질에 역생산적으로 작용할 때가 많다. 좋은 삶의 기본 원칙은 다음과 같다. 정말로 필요하지 않는 것은 들이지 말라. 기술발전의 산물인 경우 특히나 그렇다. 그러므로 새 제품을 구입하려 할 때는 뇌를 일단 켜야 한다.

◆ ◆ ◆

내가 손에 넣는 신기술들이 시간과 돈을 아껴주는 것처럼 보이지만, 원가를 계산해보라. 이런 절약 효과는 물거품이다. 좋은 삶의 기본 원칙은 그 기술이 내게 정말 필요한지 냉정하게 계산해보는 것이다.

틀린 것을 피하면
옳은 것이 온다

부정의 기술

"나이 든 조종사가 있다. 그리고 과감한 조종사가 있다. 그러나 나이 들고 과감한 조종사는 없다." 아마추어 조종사로서 나는 이 말을 늘 마음속으로 되짚어본다. 앞으로 나이 든 조종사 축에 끼게 된다는 생각을 하면 기분이 좋다.

오래된 경비행기(1975년도 제작)의 조종석에 오를 때 나는 스펙터클한 비행을 시도하지 않는다. 추락하지 않으려 노력할 뿐이다. 어떤 원인이 추락을 부르는지는 잘 알려져 있다. 악천후에 비행하기, 안전 점검을 하지 않고 비행하기, 피로한 상태에서 비행하기, 충분한 연료 없이 비행하기 등등.

투자에서는 살아남는 것이 아니라 많은 돈을 버는 것이 중요하다. 투자자들은 종종 '업사이드(upside, 상방)'와 '다운사이드(downside,

하방)'를 이야기한다. 업사이드는 (평균 이상의 수익률 등) 투자의 모든 긍정적인 결과들을 말하고, 다운사이드는 (파산과 같이) 일어날 수 있는 모든 부정적 결과들을 말한다. 이 개념은 비행에도 적용할 수 있다. 비행하기 전과 비행하는 동안 나는 다운사이드에 온통 주의를 기울이며, 어떻게 해서든 다운사이드를 막고자 한다. 반면 업사이드에는 별달리 신경을 쓰지 않는다. 알프스의 설경이 얼마나 장엄한지, 구름 모양이 얼마나 예쁜지, 공중에서 먹는 샌드위치가 얼마나 맛있는지……. 이것들은 그때 가보면 알게 된다. 다운사이드를 제거하면, 업사이드는 저절로 오게 되어 있다.

투자가 찰스 엘리스는 취미로 테니스를 치는 사람들에게 바로 이 원칙을 추천한다. 거의 모든 공을 원하는 곳으로 보낼 수 있는 프로 선수들과는 달리 아마추어 선수들은 항상 실수를 한다. 공이 네트에 걸리기도 하고, 공을 너무 높거나 너무 길게 보내기도 하며, 잘못된 방향으로 보낼 수도 있다. 프로와 아마추어 테니스 경기는 엄연히 다르다. 프로는 점수를 따고, 아마추어는 점수를 잃는다. 따라서 아마추어를 상대로 경기를 한다면, 실수하지 않는 데 집중하라. 보수적으로 경기하고, 되도록 공을 살리는 데 신경 써라. 상대방이 당신과 마찬가지로 일부러 보수적으로 경기하지 않는 이상, 상대는 당신보다 더 많은 실수를 저지를 것이다. 취미 테니스 경기에서 중요한 것은 점수를 따는 것이 아니라, 점수를 잃는 것이다.

업사이드 대신 다운사이드에 신경 쓰는 것은 소중한 생각 도구다.

그리스, 로마, 중세의 사상가들은 이런 방법을 부정신학(negative theology)이라 불렀다. 바로 부정의 길, 포기의 길, 내려놓음의 길이다. 다시 말하면 신이 어떠하다고는 말할 수 없지만, 어떠하지 않다고는 말할 수 있다는 것이다. 즉 좋은 삶을 보장하는 것이 무엇인지는 말할 수 없지만, 좋은 삶을 방해하는 것이 무엇인지는 꽤 확실하게 말할 수 있다.

2500년 전부터 철학자, 신학자, 의사, 사회학자, 경제학자, 심리학자, 뇌과학자, 광고인 등 많은 이들이 무엇이 사람을 행복하게 만드는지 규명하고자 애써왔다. 하지만 얻은 결과는 보잘것없다. 친구들이나 삶의 의미도 중요하고, 섹스도 나쁘지 않고, 도덕적으로 사는 것도 나쁘지 않다. 그 외 여러 가지가 있겠지만, 그런 것들이 확실히 행복하게 해주는지는 알 수 없다. 구체적인 행복 요소(행복의 업사이드)에 관한 한, 우리는 계속해서 암중모색 중이다.

반면 행복을 저해하는 것이나 좋은 삶의 위험 요소를 꼽으라고 한다면 우리는 상당히 정확하고 자신 있게 열거할 수 있다. 술, 마약, 만성 스트레스, 소음, 긴 통근시간, 하기 싫은 업무, 실직, 불행한 결혼생활, 지나치게 높은 기대, 가난, 빚, 재정적 종속, 외로움, 불평쟁이와 어울리기, 외적 평가에 연연하기, 타인과 끊임없이 비교하기, 희생적인 행동, 자학과 자책, 만성 수면 부족, 우울, 짜증, 분노, 질투. 이런 요소들을 언급하는 데는 학문도 필요 없다. 스스로의 삶이나 주변 사람들을 관찰해보면 알 수 있다. 다운사이드는

늘 업사이드보다 구체적이다. 다운사이드는 화강암처럼 딱딱하고, 손에 잡히며, 구체적이다. 반면 업사이드는 공기와 같다.

그러므로 삶에서 되도록 다운사이드 쪽을 체계적으로 제거하는 데 집중하라. 그러면 현실적으로 좋은 삶을 얻게 될 공산이 크다. 물론 운명은 불시에 닥친다. 운석이 집을 뭉개버릴 수도 있고, 전쟁이 일어날 수도 있고, 아이가 아플 수도 있고, 회사가 부도가 날 수도 있다. 그러나 운명은 기본적으로 당신이 영향을 미칠 수 없는 범주의 것이다. 따라서 그것은 생각하지 말라.

위에 열거한 요소들을 보면 몇몇 카테고리가 빠져 있을 것이다. 질병이나 신체적 쇠약, 이혼 등이다. 그러나 수많은 연구들은 이런 타격들이 장기적으로는 그리 큰 효과를 미치지 않는다는 걸 보여준다. 사고로 하반신이 마비된 사람은 그 사건 직후 몇 개월은 행복감이 바닥을 친다. 이해할 수 있는 일이다. 하지만 그렇게 몇 개월이 지나면 기분은 다시금 평상시 수준으로 돌아온다. 일상의 평범한 주제들이 머릿속을 차지하게 되고, 자신의 신체적 장애는 뒷전으로 밀려난다. 이혼도 마찬가지다. 몇 년이 지나면 슬픔도 어느 정도는 극복된다. 그러나 술이나 마약, 스트레스, 소음, 긴 통근거리 등에는 이런 적응이 통하지 않는다. 이런 요소들은 단순히 잊어버릴 수 있는 것이 아니라, 늘 끼어들어 좋은 삶을 방해한다.

워런 버핏이나 찰리 멍거처럼 장기적으로 성공한 투자가들이 알려주는 사고 습관이나 멘탈 트릭, 정신적 도구는 우리의 삶에도 탁월하게 적용된다. 그중 가장 우선적으로 적용할 수 있는 것이 바로 다운사이드를 피하는 것이다. 버핏과 멍거는 투자에서 업사이드를 주시하기 전에, 우선 무엇을 피해야 할지, 즉 무엇을 하지 말아야 할지에 주의한다. 버핏은 이렇게 말했다. "우리는 사업에서 어려운 문제들을 해결하는 걸 배우지 않았다. 우리가 배운 건 그런 문제들을 피하는 것이다." 이를 위해서 꼭 똑똑할 필요가 없다. 멍거는 "대단해지는 건 고사하고 멍청해지지 않으려고만 했을 뿐인데 이런 태도가 장기적으로 얼마나 큰 성공을 가져왔는지 놀랍다"라고 말했다.

좋은 삶은 대단한 행복을 추구하는 데 있지 않고, 멍청함이나 어리석음, 유행 따르기를 피함으로써 이루어진다. 무언가를 더 많이 하는 것이 삶을 풍성하게 만드는 것이 아니라, '하지 않는 것, 절제하는 것'이 삶을 풍성하게 만든다. 유머 감각이 뛰어났던 멍거는 이렇게 말했다. "나는 무엇보다 내가 어디서 죽을지 알고 싶다. 그러면 그 장소에 결코 가지 않으면 되니까"라고.

◆ ◆ ◆

'하지 않는 것, 절제하는 것'이 삶을 풍성하게 만든다. 그러니 삶에서 되도록 다운사이드 쪽을 제거하는 데 집중하라. 현실적으로 좋은 삶을 얻게 될 확률이 높아진다.

과연 성공이
노력 때문일까

난소 복권

성공에는 운도 작용하지만, 일반적으로 사람들은 노력하는 자가 성공한다는 믿음을 가지고 있다. 그렇다면 한번 결산해보자. 당신의 삶은 지금까지 얼마나 성공적이었는가? +10(슈퍼스타)에서 −10(완전 실패자)까지의 등급으로 한번 평가해보자. 책 여백에 점수를 기록해보자. 그리고 그 성공의 얼마만큼이 당신 혼자서 애써서 된 것인지, 즉 그 성공이 당신 개인의 성취인지 한번 평가해보자. 어느 정도가 당신 개인의 업적이고, 어느 정도가 우연이나 당신이 영향을 미칠 수 없는 요인에 의한 것인가? 두 요인의 퍼센티지를 적어보라. 아마도 당신은 약 60퍼센트 가량이 자신의 노력이고, 40퍼센트 가량이 우연이나 운이 좋아서였다고 평가할 것이다. 내가 직접 물어보았던 대부분의 사람들은 평균적으로 그렇게 대답했다.

자, 이제 작은 사고실험(thought experiment)을 해보자. 이것은 워런 버핏이 제안한 실험이다. "엄마 배 속에 일란성 쌍둥이가 자라고 있다. 둘 다 동일한 지능에 동일한 힘과 열정을 지니고 있다고 하자. 갑자기 요정이 날아와서는 이렇게 말한다. '둘 중 한 명은 미국에서 성장하게 될 것이고, 다른 한 명은 방글라데시에서 성장하게 될 거야. 방글라데시에서 성장하는 사람은 나중에 세금을 낼 필요가 없어.' 자, 당신이 쌍둥이 중 한 명이라고 할 때 미국에서 태어나서 자라기 위해 미래의 수입 중 얼마만큼을 내어놓을 의향이 있는가?" 버핏은 얼마나 좋은 조건에서 태어났는지를 두고 난소 복권(ovarian lottery)이라 불렀다. 물론 미국을 독일이나 스위스, 다른 잘사는 나라들로 대치해도 무방하다. 자, 당신은 이런 나라들에서 태어나 자라기 위해 미래 소득의 얼마만큼을 포기하겠는가?

대부분의 사람들은 80퍼센트 정도 낼 의향이 있다고 대답했다. 나도 다르지 않다. 우리는 그 정도로 많은 소득을 주고서라도, 자신의 재능을 마음껏 펼칠 수 있는 나라들에서 성장하길 바란다. 이렇듯 출신 배경에 많은 돈을 들일 의향이 있다면, 그런 배경이 우리의 성공에 얼마나 많은 영향을 미치는지는 분명해진다.

난소 복권은 어느 나라에서 태어나느냐로 끝나지 않는다. 어떤 지역, 어떤 가정에서 태어날지에도 당신은 아무런 영향을 미칠 수 없다. 태어나보니 자신의 잠재력을 펼치기에 유리한 가치관과 태도, 원칙들로 둘러싸여 있을 수도 있고, 잠재력을 펼치기에 불리한 환경일 수도 있다. 이런 환경 역시 당신이 선택한 것이 아니다. 처음 만나는 학교와 선생님도 당신이 선택한 것이 아니었고, 몸이 약하거나, 질병이 있거나, 운명적 사건을 겪었거나 상대적으로 무난히 지내온 것 역시 당신의 책임과는 무관하다. 직업과 같은 사회적 역할들은 당신이 선택한 것이라는 생각이 들 수도 있지만, 그렇다면 과연 어떤 기준으로 선택했는가? 당신은 당신의 삶을 변화시킨 책을 읽었을 수도 있다. 그렇다면 과연 그 책을 어떻게 접하게 되었는가? 당신은 당신의 앞길을 열어준 누군가를 만났을 수도 있다. 그렇다면 이런 만남은 누구 덕분이었는가?

운명이 원망스러운 사람이라 해도 사실은 엄청나게 운이 좋다는 걸 인정해야 한다. 그도 그럴 것이 지금 이 순간 지구에 살고 있는 사람들은 그동안 지구에 살았던 모든 사람들의 단 6퍼센트에 불과하다. 호모사피엔스가 등장한 이래 지난 30만 년 동안 태어났던 사람 중 6퍼센트가 현시대에 살고 있는 것이다. 당신은 다른 시대에 태어났을 수도 있었고 그럴 확률은 94퍼센트에 이른다. 로마제국의 노예나 명나라 기생이었을 수도 있고 고대 이집트에서 물장수로 살았을지도 모른다. 그런 환경에서 타고난 능력이 그렇게 중요했을까?

우리 부부는 이란성 쌍둥이를 두었다. 40초 먼저 태어난 쌍둥이 형은 금발에 파란 눈이고, 동생은 검은 머리에 검은 눈을 가졌다. 우리 부부는 이 아이들을 똑같이 양육했다고 생각하는데, 두 아

이의 성격은 판이하게 다르다. 한 아이는 명랑하고 사교성이 좋은 반면, 한 아이는 까다롭고 낯을 가리는 대신에 손재주가 아주 좋다. 우연히 내 아내와 나의 유전자가 섞여 두 사람의 새로운 인간이 탄생한 것이다. 마찬가지로 당신의 유전자 역시 당신 부모 유전자가 우연히 믹스된 것이며, 당신 부모의 유전자는 조부모의 유전자가 믹스된 것이다. 그렇게 계속 거슬러 올라갈 수 있다.

그러므로 당신을 결정하는 것은 바로 당신의 유전자와 그 유전자의 설계도가 실행되는 당신의 환경이다. 당신의 지능 역시 대부분 유전적으로 결정된 것이며, 내성적인지 외향적인지, 솔직한지 소심한지, 성실한지 게으른지 등의 성격도 마찬가지다. 그러므로 당신이 이렇게 성공한 건 이를 악물고 일을 했기 때문이라고, 야근도 마다하지 않고 쉼 없이 앞으로 전진했기 때문이라고 믿는다면, (물론 그 말도 틀리지는 않지만) 당신이 그렇게도 자랑스러워하는 그 의지력 역시도 유전자와 환경의 협연 덕분임을 기억해야 할 것이다.

따라서 이런 사실 앞에서 다시 한 번 그 질문을 해보자. 당신이 이룬 성공의 몇 퍼센트가 당신의 노력에 기인한 걸까? 논리적 대답은 0퍼센트다. 당신의 성공은 기본적으로 당신이 아무런 영향을 끼칠 수 없는 것들에 근거한다. 당신의 성공에 당신이 기여한 바는 없다.

여기서 두 가지 결론이 나온다. 첫째는 성공이 올 때 당신은 겸손해야 한다는 것이다. 성공이 크면 클수록, 떠벌리고 다니지 말아야 한다. 겸손은 시대에 뒤떨어진 미덕처럼 보일지도 모른다. 하지만 자제하라. 물론 내가 여기서 이야기하는 것은 거짓 겸손이 아니라, 진정에서 우러난 겸손을 말하는 것이다. 자만하지 않는 것이 좋은 삶의 기본 토대다. 이에 대해서는 뒤에서 다시 살펴보도록 하겠다. 당신이 지금 모습으로 있을 수 있는 것은 순전히 우연의 결과임을 날마다 기억하라. 그리고 그럭저럭 운이 좋을 수 있었던 것에 대해 깊이 감사하라. 그러면 뒤따라 긍정적인 작용이 일어날 것이고, 감사하면 자연스럽게 더 행복해진다.

둘째, 자원해서 너그럽게 성공의 일부를 열악한 환경에 있는 사람들과 나누어보라. 그것은 고귀한 일일 뿐 아니라, 마땅히 해야 할 일이다. 기부하고 세금을 내는 것은 재정적인 사안이 아니라 도덕적인 사안으로, 다른 어떤 것보다 우선해야 한다.

◆ ◆ ◆

작은 것이든 큰 것이든 당신이 이렇게 성공한 것이 당신 자신의 노력과 의지력 때문이라고 믿는다면, 그 의지력 역시도 유전자와 환경의 협연 덕분임을 기억하고 감사하자. 더 행복해질 것이다.

부정적인 감정들을
날아가게 하는 법

자기관찰의 착각

지금 당신은 무엇을 보고 있는가? 어떤 물체들이 있는가? 가능하면 정확히 묘사해보라. 1분 정도면 충분하다.

다음 질문이다. 지금 이 순간 당신은 어떤 기분인가? 어떤 감정을 느끼는가? 그 감정들을 가능하면 정확히 묘사해보라. 역시 1분정도 시간을 가지고 질문에 대답해보라.

첫 번째의 경우 당신의 대답은 상당히 정확하게 제시되었을 것이다. 펼쳐진 책의 한 페이지가 보이고, 하얀 면 위에 검은 글자들이 보였을 것이다. 눈을 들어 방을 훑어보면서 가구들과 방 안의 식물들, 벽에 걸린 그림들을 보았을지도 모른다.

이제 감정에 관한 질문의 답을 살펴보자. 대답은 상당히 흐릿하게 나왔을 것이다. 현재 당신은 기분이 안 좋은 상태일지도 모른다.

정확히 어떤 기분이라고 표현할 수 있을까? 화나고, 실망하고, 불쾌하고, 우울하고, 씁쓸한가? 그렇다면 이유는 무엇인가? 반대로 지금 당신이 기분이 좋다면, 그 이유는 무엇인가? 현재 특별한 감정이 느껴지지 않는가? 아니면 기분이 어떠냐는 질문에 비로소 감정이 느껴지는가?

현재의 감정을 묘사하는 것이 힘들더라도 화내지는 말라. 당신의 언어 능력이 부족해서 그런 것은 아니다. 독일어에는 감정을 묘사하는 형용사가 150개나 되고, 영어에는 그 두 배가 있다. 색깔을 묘사하는 단어보다 감정을 묘사하는 단어가 더 많다. 하지만 우리는 감정을 정확히 묘사하지 못한다. 스탠퍼드대학 철학 교수 에릭 슈비츠게벨은 "현재 우리가 느끼는 바를 스스로 관찰하는 것은 신뢰성이 없고, 부정확하고 불완전하다. 간혹 어쩌다 잘못 판단하기도 하지만 계속해서 잘 파악하지 못한다. 나만 그런 것이 아니라, 모든 사람이 그렇다"라고 말했다.

사실 우리는 이런 무능력한 상태로 지낸다고 해서 큰 문제는 없다. 온 세계가 우리에게 '당신의 느낌을 따르라! 당신의 감정을 따르라! 당신의 속마음을 따르라!'고 요구하지 않는다면 말이다. 나는 그렇게 하지 말라고 조언하고 싶다. 당신의 감정을 당신의 나침반으로 삼지 말라. 속마음이 나침반이라면 서로 다른 방향을 가리키며 시종일관 이리저리 요동치는 10여 개의 자침을 가진 나침반이라 할 수 있다. 그런 나침반을 가지고 망망대해를 항해할 수 있겠는가? 당연히 그러지 않을 것이다. 그렇다면 그런 나침반을 당신 삶의 내비게이션으로 사용하지 말아야 한다.

좋은 삶은 자기관찰로 얻어지지 않는다. 심리학자들은 이렇게 자신의 내면을 살펴봄으로써 자신의 성향과 삶의 목표, 삶의 의미, 행복의 비밀을 알아낼 수 있다고 착각하는 것을 '자기관찰의 착각(introspection illusion)'이라고 부른다. 많은 시인들이 우리의 감정 세계를 깊은 숲에 비유했듯이 감정을 따라가다 보면, 우리는 깊은 숲에서처럼 길을 잃고 여러 가지 감정과 생각, 감정적 자극들로 가득한 수렁에 빠지게 될 뿐이다.

신입사원 면접을 진행해본 사람은 이런 문제를 익히 알 것이다. 어느 지원자와 30분 동안 이야기를 하고 이를 토대로 채용 여부를 판단하는데, 연구에 따르면 이런 면접은 아무런 쓸모가 없다. 차라리 지원자의 이력을 분석하는 편이 더 낫다. 사실 당연한 소리다. 30분간 후딱 대화를 나누어보는 것과 30년간의 인생의 발자취를 훑어보는 것 중 어느 쪽이 더 신빙성이 있겠는가? 자기관찰은 자기 자신과의 면접과 다를 게 없다. 극도로 신뢰할 수 없다. 대신 당신이 관찰해야 하는 것은 당신의 과거다. 어떤 주제가 당신의 삶을 관통해왔는가? 덧붙인 해석을 보지 말고, 증거를 보라.

그렇다면 자신의 감정 상태를 관찰하는 것은 왜 신뢰성이 없을까? 두 가지 이유가 있다. 우선은 더 자주, 더 깊게 내면에 귀를 기울인다 하더라도, 차세대에 유전자를 더 많이 전달할 수 있는 것이

아니기 때문이다. 진화적 관점에서 보면 자기 자신의 감정보다 타인의 감정을 읽을 수 있는 능력이 훨씬 더 중요하다. 타인의 감정을 읽는 일에는 대부분 능숙하기 때문이다. 친구나 배우자에게 당신 마음에서 어떤 일이 일어나고 있는지 물어보라. 그들이 당신 스스로보다 당신을 더 객관적으로 판단할 수 있을 것이다.

자기관찰을 신뢰할 수 없는 두 번째 이유는 다음과 같다. 사람은 누구나 자기 마음대로 휘두르고 싶어 하는 마음이 있다. 내 감정에 관해서도 내 스스로 어떻게 믿든지, 누구도 간섭하지 못한다. 그러면 기분은 좋겠지만 실제로 나에게는 별로 도움이 되지 않는다. 수정 메커니즘이 결여되어 있기 때문이다.

우리의 감정들은 그렇게 믿을 만하지 않으므로, 중요하게 생각하지 않는 것이 좋다. 부정적인 감정들은 특히 그렇다. 그리스 철학자들은 이렇게 부정적인 감정을 멀리하는 능력을 아타락시아(ataraxia)라 부른다. 영혼의 평화, 정서적 고요, 평정, 안정, 냉정 등으로 바꾸어 쓸 수 있는 표현이다. 아타락시아의 능력을 가진 사람은 운명이 닥쳐도 평정을 유지한다. 여기에서 한 걸음 더 나아간 것이 바로 아파테이아(apatheia)이다. 이것은 감정을 완전히 꺼버린 상태다(고대 그리스인들은 그렇게 하고자 했다). 아타락시아와 아파테이아는 상당히 도달하기 힘든 이상적인 상태이지만, 너무 걱정하지 말라. 이 경지에 오르는 것보다 오히려 내면과 약간 거리를 둔 채, 내 감정과 회의적이면서도 유희적인 새로운 관계를 가꾸어나가야 한다.

예를 들면, 나는 감정을 내 것이 아닌 것처럼 대하려 한다. 어디에선가 나를 찾아왔다가 다시 사라지는 것들로 말이다. 구체적으로 비유하자면, 나는 종종 그것을 시장통에서 각종 새들이 날아다니는 것으로 상상한다. 때로는 새들이 날개를 푸드덕거리며 시장통을 통과하기도 하고, 어떤 새들은 오래 머무르기도 한다. 어떤 새들은 뭔가를 떨어뜨린다. 하지만 결국 모두 날아가 버린다. 내가 더 좋아하는 새들도 있고, 덜 좋아하는 새들도 있다. 시장 이미지를 상상한 후부터, 감정들은 더 이상 나를 '차지'하지 못한다. 또한 내가 감정의 주인이라는 느낌도 들지 않는다. 어떤 감정은 별로 달갑지는 않지만, 그렇다고 아주 방해가 되지는 않는다. 시장통의 새들처럼 말이다. 나는 그것들을 무시하거나, 거리를 두고 관찰한다. 이렇게 하면 이점이 또 하나 있다. 좀 더 장난스럽게 감정을 대할 수 있다는 점이다. 시기심은 쩍쩍거리는 작은 초록 참새로 생각한다. 긴장과 초조는 나무를 쪼는 딱따구리고, 분노는 사나운 매이며, 두려움은 날개를 푸드덕거리는 지빠귀다. 다른 감정들도 각각 그렇게 대응시킬 수 있다.

부정적인 감정을 의지력으로 억누르려고 하면, 도리어 강해지는 것을 경험해봤을 것이다. 반면 편안하고 가볍게 대하면, 완전한 마음의 평화에 도달하지는 못해도(그런 수준에는 아무도 이르지 못한다), 어느 정도 침착할 수는 있다.

물론 어떤 감정들(자기 연민, 걱정, 질투 등)은 아주 지독해서 장난스럽게 취급하는 것만으로는 대처하기가 힘들다. 그것들에는 좀 더 정교하게 생각해서 반대 전략을 마련해야 하는데 그 전략들도 뒤에서 살펴보겠다. 그러나 원칙적으로 확실한 것은 감정을 신뢰하지 말라는 것이다. 빅맥을 먹으면서 어떤 감정을 느끼는지보다 빅맥에 무엇이 들어 있는지를 말하는 것이 더 정확하다. 다른 사람의 감정은 진지하게 받아들이되, 자신의 감정은 그렇게 하지 말라. 감정으로 날아가게 하라. 감정은 왔다가 또 사라진다.

◆ ◆ ◆

감정을 어디에선가 나를 찾아왔다가 다시 사라지는 것이라고 생각하면, 감정들이 더 이상 나를 '차지'하지 못한다. 그런 '사라지는 것'에 너무 좌우되지 말자. 편안하고 가볍게 대하면, 무슨 일이 닥쳐도 어느 정도 침착할 수 있다.

솔직해서 좋다는 거짓말

인간은 겉과 속이 다른 동물

당신은 솔직한 사람을 좋아하는가? 물론 그럴 것이다. 솔직하고 진실한 사람은 그들이 어떤 사람이고 무슨 생각을 하고 무슨 감정을 가지고 있는지, 무엇에 몰두하고, 무엇을 의도하는지 알 수 있으니 말이다. 이렇게 꾸밈없는 사람들은 비밀이 없고 마음속이 훤히 들여다보인다. 그런 사람들을 대하면 친밀감이 느껴지고, 유쾌하고, 일도 빨리 진척된다. 그러니 솔직함이 높은 평가를 받는 것도 당연하다. 코칭 세미나에서도 솔직함을 훈련하는 시간이 꼭 포함되며, 리더십을 다루는 책에서는 '솔직하고 진정성 있는 리더'가 되는 방법을 한 항목으로 빠짐없이 담는다. 블로그에서도 성공하려면 어떻게 솔직하고 꾸밈없는 사람이 되어야 하는지 조언한다. 가짜 피카소 작품에 투자하는 것이 가치 없는 일이듯, '가짜로 꾸미는' 사람에게는 시간도 돈도 들일 가치가 없다는 것이다.

하지만 당신은 어느 정도로 솔직해지고 싶은가? 사고실험을 하나 해보자. 당신은 굉장히 솔직하다는 평판이 있는 리자와 점심 약속을 했다. 약속 시간보다 20분쯤 늦게 리자가 나타난다. 머리칼은 고양이가 헤집어놓은 것처럼 헝클어져 있다. 그녀는 늦어서 미안하다고 하더니, 온 식당에 다 들릴 정도로 사실은 점심 먹으러 올 기분이 아니었고, 이런 유행이 지난 프랜차이즈 음식점에서는 더더구나 먹고 싶지 않았다고 떠든다. 옆자리의 손님들은 어안이 벙벙한 나머지 포크를 내려놓는다. 잠깐 잠잠하던 리자는 이제 굉장히 높은 톤으로 나에게 오늘 꽤 어울리는 의상을 입었다고 칭찬하더니, 다만 시계가 전혀 의상이 맞지 않아 분위기를 망쳤다고 독설을 퍼붓는다. 팔을 뻗어 당신이 이미 주문해놓은 와인 잔을 들고는 단숨에 마시며 "미안, 내가 너어어무 목이 말랐거든요!"라고 외친다. 에피타이저를 먹고 난 리자는 머리를 탁자 위에 처박고 잠이 들고, 당신은 낯선 눈길들이 보내는 십자포화를 온몸에 받는다. 5분 뒤 스파게티가 나오자, 리자는 눈을 뜨고는 늘어져라 하품을 하며 기지개를 켜더니 만면에 미소를 지으며 "아, 파워 냅(원기 회복을 위한 짧은 낮잠 – 옮긴이)이 없으면 정말 정신을 차릴 수가 없어"라고 말한 뒤, 맨손으로 스파게티 면을 집어서는, 팔을 쳐들어 긴 면을 아래부터 입에 집어넣는다. "이렇게 먹으면 스파게티를 먹는 것이 아주아주 재미있기 때문"이란다. 이어 그녀는 찝찝함을 떨쳐버려야 한다며 전날 밤에 꾼 말도 안 되는 꿈 이야기를 한바탕 늘어놓는다. 당신은 견딜 수 없는 마음에 종업원에게 계산서를 달라고 손짓한다. 정말 굉장한 솔직함이다.

영국 철학자 사이먼 블랙번은 그의 책 《거울아, 거울아: 자기애의 사용과 남용》에서 웨스트민스터 사원에서 열린 찰스 다윈의 장례식 이야기를 들려준다. 그 장례식에서 찰스 다윈의 맏아들(이자 상주)인 윌리엄은 예배당의 맨 앞줄에 앉아 있었는데, 갑자기 자신의 대머리가 시려웠다. 그러자 그는 검은색 장갑을 벗어서 벗겨진 머리 위에 얹었다. 사람들의 이목이 쏠린 채 장례식 내내 장갑은 그렇게 머리 위를 덮고 있었다.

물론 윌리엄 다윈의 이런 행동은 가상의 인물 리자만큼 나쁘지는 않지만, 한 가지 분명한 사실은 너무 심하게 솔직하면 안 된다는 점이다. 우리는 상대에게서 어느 정도의 예의범절과 매너, 자기 통제를 기대한다. 문명화된 자기 조절이다. 얼굴과 얼굴을 맞대는 상황에서는 최소한 그렇다. 현대사회는 온라인상으로는 리자 수준의 솔직함에 도달한 지 오래다. 셀카를 통해 자신의 내밀한 감정들을 다른 사람과 나누지 않으면 답답하고, 뭔가 빼먹은 것 같은 느낌을 갖는 사람들이 많다. 그러나 모두들 알고 있듯이 인터넷에 떠돌아다니는 실감 나는 이미지들 역시 사실은 연출된 것이다.

그러므로 솔직함과 진실함에 대한 찬양에 너무 많이 동참하지 말라. 거기에는 여러 가지 이유가 있다. 첫째, 우리 스스로 자신이 어

떤 사람인지 잘 모른다. 앞 장에서 살펴본 바와 같이 우리의 내면은 그리 신뢰할 수 있는 나침반이 못 되며, 오히려 모순적인 감정들로 혼란스러운 상태다. 우리는 스스로를 이해하지 못한다. 우리가 솔직함으로 정확히 무엇을 노출시켜야 한단 말인가? 솔직함은 파트너나 가까운 친구 관계에서는 꼭 지켜야 하는 중요한 특성이지만, 일시적인 만남이나 공적인 관계에서는 전혀 그렇지 않다.

둘째, 잘못된 솔직함은 스스로를 우습게 만든다. 당신이 존경하는 인물(정치인, 학자, 경제인 등) 중에서 자신의 본심을 공공에 쏟아내는 사람이 있으면 말해보라. 아무도 없을 것이다. 사람은 약속을 지키기 때문에 존경받는 것이지, 내면의 독백에 우리를 참여시키기 때문에 존경받는 것이 아니다.

셋째로, 생명의 구성 요소인 세포들도 세포막으로 둘러싸여 있다. 세포막의 기능은 해로운 침입자들을 방어하고, 어떤 분자들이 막을 투과할 수 있는지 정확히 조절하는 것이다. 동물에게 피부가 있고, 식물에게 껍질이 있는 것도 같은 이유다. 생물에게 외적 경계가 없다면 생물은 곧장 죽을 것이다. 과도한 솔직함은 심리적 영역에서의 경계를 포기하는 것이나 다름없다. 그로써 다른 사람들이 목적을 이루기 위해 당신을 이용하도록 요구하는 것이며, 스스로를 우습게 만들 뿐 아니라, 공격받기 쉽게 만드는 것이다.

2차 세계대전의 전쟁 영웅이자 나중에 미국 대통령이 된 드와이트 아이젠하워는 공인으로서 행동할 때의 모습을 의식적으로 연출했다. 《뉴욕타임스》의 칼럼니스트 데이비드 브룩스는 이를 아이젠하워의 '제2의 자아'라 일컬었다. 단 하나의 '진정한' 자아밖에 없다는 오늘날의 믿음에 자못 배치되지만, 이런 제2의 자아는 억지로 꾸며낸 부자연스러운 태도가 아니라, 외부에 대해 프로답고 일관성 있게 신뢰감을 주는 태도를 견지하는 것이다. 의심, 좌절, 낙심은 드러내지 않는다. 그것은 일기장이나, 배우자나, 베개를 상대로나 보일 수 있는 것이다. 나는 당신에게 아이젠하워처럼 제2의 자아를 가지라고 조언하고 싶다. 솔직함은 자신이 약속한 것을 지키고, 자신의 의견을 말하고, 원칙에 따라 행동하기 위해 아껴두라. 아무도 그 이상의 솔직함을 원하지 않는다.

  제2의 자아라는 사고 모델이 마음에 들지 않는다면, 모든 나라는 각각 외교정책이 있고 외교부 장관도 있음을 생각해보라. 스스로를 나라로 생각하고, 당신의 외교정책의 원칙을 서술해보라. 당신은 외교부 장관 역할도 겸해야 한다. 인격의 연합체라고나 할까. 속마음을 마구 털어놓고 약점을 보이며, 자기 의심에 시달리는 외교부 장관의 모습을 기대하는 나라는 없을 것이다. 외교부 장관이라면 일관성 있게 행동하고, 협상을 잘 이끌어내며, 프로답게 임하고, 말도 안 되는 소문을 퍼뜨리고 다니거나 징징대지 않고, 최소한의 예의를 갖추어 행동할 것으로 기대된다. 때때로 당신이 이런 외교부 장관의 역할을 잘 수행하고 있는지 점검해보라. 다시 선출될 만큼 잘하고 있는지 말이다.

'제2의 인성'이든 '외교부 장관'이든 이러한 울타리나 장벽, 껍질은 외부의 나쁜 영향들로부터 당신을 보호하고, 겉과 속을 구분함으로써 내적 안정감을 만든다. 그러므로 이 사회와 동료들, 그리고 소위 친구라는 사람들이 암묵적으로 겉과 속이 같아지라고 종용하더라도, 함정에 빠지지 말라. 강아지는 겉과 속이 똑같다. 그러나 당신은 인간이다.

◆ ◆ ◆

솔직함은 파트너나 가까운 친구 관계에서는 꼭 지켜야 하는 중요한 특성이지만, 일시적인 만남이나 공적인 관계에서는 전혀 그렇지 않다. 잘 살펴보라. 우리가 존경하는 이들일수록 자기 본심을 드러내는 데 매우 신중하다.

성공한 이들은
'아니오'를 말한다

무조건 5초 세기

당신은 작은 부탁을 받았을 때 즉석에서 승낙하는 경우가 많은가? 얼마나 자주 거절하는가? 얼마나 자주 승낙한 걸 후회하는가? 얼마나 자주 거절한 걸 후회하는가?

몇 년 전 이와 관련하여 개인적으로 통계를 내본 결과, 내가 작은 부탁들(강연이나 기고, 인터뷰 등)을 너무 자주 들어준다는 것을 발견했다. 그런데 그렇게 승낙하고 나면 예상했던 것보다 시간이 많이 들고, 참가자들에게도 예상했던 것보다 별다른 도움이 되지 않는 경우가 많았다. 그저 다른 사람들에게 호의를 베풀려던 것이 내 자신에게는 무리가 된 것이었다.

어째서 이런 '호의베풀기 병'이 생기는 것일까? 1950년대 생물학자들은 서로 친척이 아닌 동물들이 상호 협력하는 이유가 무엇인지 규명하고자 했다. 침팬지는 왜 다른 침팬지들과 고기를 나누어 먹을까? 비비원숭이는 왜 다른 원숭이의 털을 골라주는 것일까? 혈연 관계라면 이유는 분명하다. 공통의 유전자를 가지고 있고, 협력해야 공동의 유전자풀(gene pool)을 보존할 수 있기 때문이다. 각각의 개체가 협력하다가 손해를 볼 수도 있고, 심지어 죽을 수도 있지만 유전자풀을 전달하기 위해서는 그것도 감수한다. 하지만 혈연이 아닌 경우는 왜 이런 위험을 감수하는 것일까? 다르게 말해, 왜 피가 섞이지 않았는데도 이타적인 행동을 하는 것일까?

침팬지는 왜 혼자서 그 먹이를 다 먹지 않는 것일까? 비비원숭이는 왜 그냥 빈둥거리지 않고, 몇 시간에 걸쳐 친척도 아닌 원숭이의 털에서 이를 잡아주면서 자신의 소중한 칼로리를 소모하는 것일까?

이 대답은 수학적 이론인 '게임이론(game theory)'에서 찾을 수 있다. 미국의 정치학자 로버트 액설로드는 서로 다른 전략을 가진 컴퓨터 프로그램들로 토너먼트 대결을 시켰다. 각 프로그램은 상대와 협력하거나, 배신하거나, 이기적으로 행동하거나, 항상 포기하는 등 상대를 대하는 특정한 전략을 따르고 있었다. 그 결과 '팃포탯(tit for tat)' 전략이 장기적으로 가장 성공적인 것으로 드러났다. 우리말로 하면 '이에는 이, 눈에는 눈', 즉 네가 나에게 한 대로, 나도 너에게 대갚음하는 것이다. 아주 간단히 말하면, 맨 처음에는 일단 협력하고 그 다음부터는 상대가 하는 방식을 따라한다. 처음에 잘해준다음에 상대방도 잘해주면, 그 다음에 또 잘해준다. 반면 처음에 잘

해줬는데도 상대가 잘해주지 않고 나를 이용만 하면, 나도 더 이상 협력하지 않는다. 그러다가 나중에 상대가 다시 잘해주면, 그 다음 번에는 나도 다시금 잘해준다.

실제로 동물의 세계에서는 이런 태도를 찾아볼 수 있다. 이를 상호 이타주의(reciprocal altruism) 혹은 상호주의(reciprocity)라고 한다. 침팬지가 자신의 먹이를 다른 침팬지랑 나누는 이유는 상대 침팬지 역시 다음번에 먹이를 나누어줄 것을 가정하기 때문이다. 자신이 다음번에 먹이를 구하러 나갔다가 빈손으로 돌아올 수도 있음을 감안해야 하는 것이다.

상호주의는 기억력이 좋은 동물들에게서만 나타난다. 침팬지도 상대방이 지난번에 고기를 나누어주었는지 기억하는 경우에만 이런 성공적인 전략을 따를 수 있다. 그리고 이런 빛나는 기억력을 가진 동물은 몇몇 고등 동물들뿐이다. 주로 영장류가 여기에 속한다. 물론 침팬지가 의식적으로 전략적 사고를 하는 것은 아니다. 오히려 진화 과정에서 이런 태도가 관철되었다고 봐야 옳을 것이다. 팃포탯 전략 말고 다른 전략을 따른 원숭이 무리들은 유전자풀에서 사라졌다. 인간 역시 고도로 발달한 동물에 속하므로, 우리에게도 이런 상호주의적 본능이 존재한다.

팃포탯 전략은 세계경제를 돌아가게 한다. 우리는 날마다 피 한 방울도 섞이지 않은 많은 사람들과(때로는 지구 반대편에 있는 사람들과도) 협력한다. 그리고 이것이 지금의 엄청난 번영을 가져왔다.

하지만 조심하라. 상호주의에는 위험도 도사리고 있다. 누군가 당신에게 호의를 베풀면, 당신도 상대방의 부탁을 들어주어 호의를 갚아야 할 것 같은 의무감을 느끼게 된다. 그러면 누구든 당신을 조종할 수 있다. 하지만 두 번째 위험이 훨씬 크다. 모든 팃포탯 전략은 우선 잘해주고 보는 것, 우선 믿고 보는 것, 우선 즉흥적으로 승낙하고 보는 것으로 시작된다. 이렇게 즉흥적으로 승낙하면, 나중에 후회하고 난감해지는 경우가 자주 있다. 일단 충동적으로 '예스'라고 하고서는 이를 합리화하려는 경향이 있다. 그래서 그 부탁을 들어줘야 하는 여러 가지 좋은 이유를 생각해내지만, 그 부탁을 들어주기 위해 소요되는 시간은 간과한다. 우리는 시간보다 이유를 더 높이 평가하는데, 이것은 생각의 오류다. 왜냐하면 우리는 이유를 수만 개나 만들어낼 수 있지만, 반대로 시간은 한정되어 있기 때문이다.

이런 즉흥적인 승낙이 유전적으로 내려오는 생물학적 반사작용이라는 것을 깨닫고 난 후, 나는 반대 전략으로 찰리 멍거의 5초 생각하고 거절하기를 적용했다. 멍거는 "탁월한 것은 발견하기가 그리 쉽지 않다. 그러므로 90퍼센트의 경우는 거절해도 그리 손해 볼 일이 없을 것이다"라고 했다. 어떤 부탁을 받으면 나는 5초간 생각하고 나서 결정한다. 그리고 대부분은 거절한다. 모두에게서 사랑받지 못할 위험을 감수하고 부탁을 거절하는 것이 그 반대보다 낫다고 생각한다. 당신도 그렇게 해보라. 부탁을 거절했다는 이유로 당신을 몰인정한 사람으로 치부할 사람은 많지 않을 것이다. 오히려 당신의 일관성 있는 태도에 감탄하는 사람이 더 많을 것이다.

2천 년 전 로마의 철학자 세네카는 이렇게 말했다. "당신을 부르는 모든 이들이 당신을 당신 자신에게서 멀어지게 한다." 세네카의 이런 말은 후대 워런 버핏의 말과 상통한다. 그는 이렇게 말했다. "성공한 사람과 매우 성공한 사람의 차이는 매우 성공한 사람은 거의 모든 것에 '아니오(no)'라고 선언하는 데 있다." '5초 거절'을 배우라. 그것은 좋은 삶을 위한 최상의 원칙 중 하나다.

◆ ◆ ◆

사랑받지 못할 위험을 감수하고 부탁을 거절하는 것이 그 반대보다 낫다. 부탁을 들어주는 일과 상대를 위하는 마음이 꼭 일치하는 것은 아니다. 중요한 건 일관적인 태도다.

카리브해에 산다고
행복하지 않다

초점의 오류

당신이 독일에 산다고 해보자. 때는 겨울이고, 내린 눈이 녹지 않아 거리가 지저분하다. 당신은 지금 자동차에 쌓여 딱딱하게 굳은 눈을 치우는 중이다. 겨울바람에 눈보라가 당신의 얼굴을 때리고, 부츠 속으로도 눈이 들어간다. 손이 곱아서 감각이 둔하다. 간신히 힘을 주어 자동차 문을 열고, 운전석에 앉는다. 가죽시트를 씌운 의자는 얼음덩어리나 다름없고, 곱은 손으로 꽁꽁 언 핸들을 잡는다. 입에서는 하얀 입김이 나온다. 이제 질문을 해보자. 섭씨 26도에 햇살이 따뜻하고, 부드러운 바닷바람이 부는 마이애미비치에 살았다면 당신은 얼마나 더 행복할까? 0점(조금도 행복하지 않다)에서 10점(최고로 행복하다) 사이로 점수를 매겨보라. 이 질문에 대답해준 사람들 중 대부분이 4~6점 정도를 주었다.

자, 이제 당신은 차를 타고 출근길에 나선다. 고속도로에 들어서니 출근 차량으로 길이 꽉 막혀서, 30분이나 지각한다. 컴퓨터를 켜자 메일함에는 빨리 처리해야 하는 이메일들이 쌓여 있고, 상사는 여전히 못마땅한 얼굴로 일의 진행 상황을 묻는다. 퇴근 후 당신은 며칠간 먹을 식료품을 사들고 들어가, 집에서 맛있는 음식을 해 먹는다(정말 무지하게 맛이 있다). 그러고 나서는 소파에 편안히 기대어 재미있는 영화를 보고 잠자리에 든다.

플로리다에 산다고 해도 다를 바 없다. 차를 몰고 출근길에 올라 막히는 고속도로를 지나, 이메일 폭탄을 거쳐, 상사의 잔소리를 들은 뒤, 퇴근해서 장을 보고, 맛난 음식을 해 먹고, 재미있는 영화를 보고 잠이 든다. 자, 이제 다시 묻겠다. 당신이 마이애미비치에 산다면 얼마나 더 행복할까? 이제 대부분의 사람들은 0에서 2점 사이로 대답한다.

나는 실제로 10년간 마이애미비치에 살았다. 그 전후로는 스위스에서 쌓인 눈을 치우고, 때로는 한파로 꽁꽁 얼어붙은 자동차 유리 때문에 난감해하면서 살았다. 그렇다면 내가 스위스에서 살 때보다 마이애미비치에서 살 때가 더 행복했을까? 전혀, 조금도 더 행복하지 않았다.

이것이 바로 '초점의 오류(focusing illusion)'다. 노벨상 수상자인 대니얼 카너먼은 이런 효과를 "당신이 무언가를 생각하고 있는 동안에는 인생에서 그것만큼 중요한 것은 없다"라는 말로 설명한다.

우리가 인생의 한 면에 집중할수록, 그것이 우리 인생에 미치는 충격을 더 과대평가하게 된다. 처음에 우리는 주로 날씨에 초점을 맞추었다(독일은 꽁꽁 얼어 있고, 마이애미에는 햇살이 빛난다). 이런 측면은 독일과 마이애미의 행복감을 비교했을 때 상당히 중요한 요인으로 작용했다.

하지만 그 뒤에 우리는 아침에 출근해서 저녁에 소파에서 쉴 때까지의 전반적인 일과를 그려보았고, 그제서야 날씨는 하루를 구성하는 부분적 측면으로 여겨졌다. 1주, 1개월, 1년, 전 인생 등 더 장기적인 기간을 놓고 생각하면, 날씨는 무시해도 좋을 정도로 비중이 작아져 버린다.

그러므로 초점의 오류를 극복함으로써 많은 멍청한 결정을 피할 수 있고, 이는 좋은 삶을 위한 도구가 된다. (자동차, 커리어, 여행지 등) 특정한 것을 서로 비교하면, 한 측면에만 초점을 맞추어 비교하게 되고, 다른 많은 측면들은 간과하게 된다. 초점의 오류 때문에 한 측면에만 지나치게 중요성을 부여하게 되고, 실제보다 더 중대한 것이라 믿게 된다.

이런 오류에 빠지지 않으려면 어떻게 해야 할까? 많은 측면들을 일일이 다 비교할 수도 있지만, 쉬운 일이 아니다. 좀 더 실용적인 방법은 서로 비교하고 싶은 두 가지 것에 거리를 두고 큰 그림으로 바라보는 것이다. 물론 말은 쉽다. 예를 들자면, 어린아이는 자기 앞에 있는 것만 생각한다. 그래서 세 살배기에게서 장난감을 빼

앗으면 세상이 무너진 것처럼 울음을 터뜨린다. 다른 장난감도 많고, 그 장난감을 **빼앗**기지 않았어도 어차피 조금 더 가지고 놀다가 던져버렸을 텐데도 말이다. 그러니 살아가면서 우리는 순간적인 상황에서 벗어나는 법을 배워야 한다. 더운 여름밤 맥주 생각이 나서 냉장고를 열었는데 맥주가 하나도 없다 해도 나는 울음을 터뜨리지 않는다. 내 생각을 맥주에서 다른 데로 돌리면 되기 때문이다. 그러면 텅 빈 냉장고도 내 행복을 망치지 못하며, 맥주가 없다고 저녁 시간을 망칠 필요도 없다.

하지만 안타깝게도 이러한 능력을 키우기란 그리 쉬운 일이 아니다. 현재 상황을 넓은 시야로 바라보는 것은 참으로 힘들다. 그럴 수만 있다면 별로 중요하지도 않은 일에 흥분하지 않아도 될 텐데 말이다.

다른 직업을 가졌더라면, 다른 곳에 살았더라면, 다른 집에 살았더라면 혹은 다른 헤어스타일을 했더라면 얼마나 더 좋았을지 우리는 종종 자문한다. 정말로 삶이 조금은 달라졌을지도 모른다. 하지만 이제 당신은 초점의 오류를 알고 있기에 그런 효과가 생각보다 더 적다는 것도 알았다. 되도록 거리를 두고 당신의 삶을 바라보라. 그러면 지금 굉장히 중요해 보이는 것들이 아주 작은 점으로 축소된다는 것을 알게 될 것이다. 그리고 그 점은 전체적인 그림에 영향을 주지 않는다. 좋은 삶은 종종 광각렌즈를 통해 넓게 바라볼 때 가능하다.

지난번 파리의 트로카데로 정원 옆에 있는 샹그릴라 호텔에 체크인을 할 때였다. 한 남자가 프론트데스크 직원에게 호통을 치고 있었다. 에펠탑이 보이는 방을 주지 않았다고 그러는 모양이었는데, "당신이 내 파리 여행을 완전히 망쳐놓고 있다"라며 (영어로) 난리를 피웠다. 나는 고개를 저었다. 호텔방에서 에펠탑이 보이든 안 보이든 뭐 그리 큰일 날 일이란 말인가. 방에서는 잠을 푹 자는 것이 훨씬 중요하다. 호텔방에서 에펠탑을 볼 수 있는 것은 성공적인 파리 여행의 아주 작은 측면일 뿐이다. 게다가 호텔 밖으로 나가면 에펠탑을 실컷 볼 수 있다. 하지만 얼굴이 시뻘겋게 달아오른 미국인은 화가 나서 어쩔 줄을 몰라 했다. 초점의 오류가 작은 일을 크게 키우고 있었다.

돈이 관련되면 특히나 초점의 오류에 빠지기가 쉽다. 당신이 백만장자라면 얼마나 더 행복할까? 세계 최고 부자 워런 버핏은 언젠가 자신의 삶을 평범한 시민의 삶과 비교했는데, 그 두 삶이 크게 다르지 않았다. 버핏은 인생의 1/3을 당신이나 나처럼 평범한 매트리스 위에 누워서 보낸다. 옷도 평범하게 입고, 당신이나 나보다 비싼 옷을 입지 않는다. 그가 좋아하는 음료는 코카콜라다. 대학생보다 더 수준이 높거나 건강한 음식을 먹지 않는다. 평범한 책상과 의자에 앉아 일한다. 그는 1962년부터 지금까지 네브래스카주 오마하의 삭막한 사무용 빌딩에 있는 사무실로 출근하고 있다. 버핏의 일상을 우리의 일상과 시간대별로 비교해보면, 그가 어마어마한 부자라는 점이 그의 삶 전체에 그렇게 큰 영향을 미치는 것처럼 보이지 않는다.

작은 차이가 있다면 버핏은 개인 비행기를 가지고 있고, 우리는 이코노미 클래스에 끼어 앉아야 한다는 것이다. 하지만 우리는 이제 알고 있다. 비행기의 좁은 좌석보다(거기에 앉아서 여행하는 시간은 많아야 전체 인생의 0.1퍼센트나 될까 하는 수준이다) 좁은 시야가 더 나쁘다는 것을 말이다. 시시한 것에 초점을 맞추면 좋은 삶을 허비하게 될 뿐임을 명심하라.

◆　◆　◆

되도록 거리를 두고 자신의 삶을 바라보라. 그러면 지금 굉장히 중요해 보이는 것들이 아주 작은 점으로 축소된다. 그리고 알게 된다. 그 점은 전체적인 그림에 영향을 주지 않는다는 사실을.

사들인 물건은
어떻게 공중분해 되는가

마이너스 행복

당신의 자동차는 당신에게 얼마나 큰 즐거움을 주는가? 0점에서 10
점까지로 점수를 매겨보라. 자동차가 없다면, 집이나 노트북에 점
수를 매겨도 좋다. 심리학자 노버트 슈워츠, 대니얼 카너먼, 쑤 징
은 자동차 소유주들을 대상으로 이런 질문을 던졌고, 그 대답을 자
동차 가격과 비교했다. 그러자 비싼 자동차를 소유한 사람들일수록,
점수를 후하게 준 것으로 나타났다. 이를 테면 BMW 7시리즈의 주
인은 포드 에스코트 주인보다 50퍼센트 더 행복감을 느낀다는 결과
가 나왔다. 뭐 나쁘지 않다. 차에 어마어마한 돈을 들였으니, 행복
감의 형태로라도 투자에 대한 보상을 받아야 할 것이 아닌가.

　하지만 이제 약간 다르게 물어보자. 최근 자동차를 운전하면서
얼마나 행복했는가? 이 역시 앞의 심리학자들이 자동차 소유주들

에게 던진 두 번째 질문이다. 그런데 대답을 자동차 가격과 비교해 보았더니 이 질문에 대한 대답과 자동차 가격 사이에는 상관관계가 없었다. 똥차를 몰든 고급차를 몰든 상관없이 점수는 바닥을 쳤다.

첫 번째 질문은 자동차 가격과 그로 인한 기쁨 사이의 상관관계를 보여준다. 고급차일수록 더 행복했다. 하지만 두 번째 질문은 상관관계를 보여주지 않았다. 고급스러운 자동차라고 해서 운전자를 더 행복하게 해주는 것이 아니었다. 어떻게 된 일일까? 첫 번째 질문에서 당신은 자동차 자체를 생각했고, 두 번째 질문에서는 전혀 다른 생각을 했다. 운전 중에 한 전화 통화, 꽉 막힌 길, 멍청한 앞차 운전자, 운전하면서 떠올린 고민들. 간단히 말해, 자동차를 생각하면 자동차가 즐거움을 준다. 그러나 운전은 즐거움을 주지 않는다. 이것이 바로 우리가 앞에서 이야기한 초점의 오류다.

당신이 사들이는 모든 물건들도 마찬가지다. 당신이 X를 생각하면, X가 인생에 미치는 효과를 굉장히 과대평가하게 된다. 별장, 최신 평면 텔레비전, 루이비통 구두 등에 초점을 맞추면, 그 물건이 있어야 행복할 것 같다. 그러나 날마다 사용하다 보면, 그 물건이 미치는 행복 효과도 반감되어 버린다. 여기에 역생산성이 추가된다. 역생산성은 당신이 구입한 좋은 물건들을 관리하는 데 들어가는 시간적, 금전적 숨은 비용이자 그런 물건들의 은밀한 부작용을 말한다. 그렇게 따져보면, 그런 물건이 가져오는 행복감은 오히려 마이너스가 된다.

믿기 힘들다고? 예를 들어보자. 당신이 교외에 멋진 고급 저택을 구입했다고 하자. 이사해서 처음 3개월 동안은 방 15개짜리 저택 구석구석을 사용하고, 세세한 것에 즐거워한다. 하지만 6개월 정도 지나면, 이제 주변의 모든 것들에 익숙해지고 그저 일상에 정복당하여 눈앞에 닥친 다른 일들에 골몰하게 된다. 방 15개짜리 대저택과 시내 중심에 있던 방 4개짜리 아파트의 생활 규모가 차원이 다르기 때문에 청소를 도와줄 사람도 필요하고, 정원을 손질해줄 사람도 필요하다. 장보기도 걸어서는 불가능하며, 출퇴근에 하루 두 시간씩 소요된다. 그렇게 당신의 아름다운 저택이 주는 행복감은 이것저것 다 제하고 나면, 오히려 손실 상태가 된다. 행복감 결산이 마이너스로 나오는 것이다.

물론 앞의 저택은 가상의 예이다. 하지만 정말로 구체적인 예도 알고 있다. 내 친구 한 명은 요트를 가지고 있다. 아니, 가지고 있었다. 최근에 팔았으니까. 어쨌든 요트는 그를 약간 더 지혜롭게 만들었고, 그는 요트 주인이 가장 행복한 때는 바로 요트를 구입한 날과 요트를 팔아치운 날 이틀뿐이라고 딱 잘라 말하게 되었다.

자, 이제 좋은 삶을 원한다면 구입을 자제하는 편이 좋다는 걸 알았을 것이다. 그러나 초점의 오류와 상관없는 효용을 자랑하는 '재화'도 있다. 바로 경험이다. 행복한 경험을 할 때는 마음과 생각을 온전히 다 동원하게 된다. 그러므로 물건 대신 경험에 더 많이 투자하라. 게다가 대부분의 경우 경험은 뭔가를 사는 것보다 돈이 더 적게

들고, 역생산적인 효과도 없다. 책 읽기, 가족과 소풍가기, 친구들과 카드게임 하기……. 물론 주머니 사정이 좋아야 하는 경험들도 있다. 세계여행이나, 우주비행 같은 것들이다. 하지만 그럴 만한 돈이 있다면, 그 편이 포르쉐를 수집하는 것보다 더 나은 투자일 것이다.

아울러 중요한 것은 직업도 경험이라는 점이다. 직업 활동은 포르쉐를 운전하는 동안 포르쉐가 생각의 저편으로 사라져 버리듯이 단순하지 않다. 일은 우리의 생각을 온통 차지하고 계속해서 집중을 요구한다. 그러므로 좋아하는 일을 직업으로 삼으면 좋지만, 자신의 직업을 싫어하는 경우는 꽤 문제가 된다. 다른 생각을 하면서 너무나 싫어하는 일에서 주의를 돌리기는 힘들기 때문이다.

내가 작가가 된 것은 이런 생각 때문이었다. 나는 글쓰기를 무척 좋아한다. 그 결과물인 책보다 그 행위 자체가 내게는 훨씬 중요하다. 물론 새 책이 나와서 처음 손에 들면 그때마다 기쁘다. 하지만 곧 책은 책장으로 사라지고, 나는 더 이상 그것에 대해 생각하지 않는다. 내 생각은 이미 다음 책으로 옮겨가 있기 때문이다.

그러므로 돈은 많이 벌 수 있지만, 전혀 기쁨이 되지는 않는 일을 하는 것만큼 무의미한 일은 없다. 특히나 그렇게 번 많은 돈을 경험 대신 물건에 쏟아붓는다면 말이다. 워런 버핏은 이렇게 표현했다. "복통을 유발하는 사람들을 위해 일하는 것은 돈과 결혼하는 것이나 마찬가지다. 상황을 막론하고 비참한 일이다. 이미 부자가 되었다면, 정말 바보 같은 짓이다."

결혼도 마찬가지로 결국은 경험이다. 그러므로 오로지 정절을 지키기 위해, 또는 대안이 없어서 고통스러운 관계를 유지하는 것은 의미 없는 일이다. 초점의 오류도 별 도움이 되지 않을 것이다. 물론 관계가 늘 좋을 수만은 없다. 해가 나는 날이 있으면 흐리고 비가 오는 날도 있다. 하지만 흐린 날들이 주를 이루면 안 된다. 구름이 몰려오면 개선을 시도하라. 그마저 잘 안 되면 결단을 내려라. 인간관계(특히 배우자 관계)는 결코 생각의 뒤편으로 물러나지 않는다.

우리는 물건이 행복에 미치는 효과를 과대평가하고, 경험이 미치는 효과는 과소평가한다. 집에 대한 생각은 (당신이 이 집에 머무르고 있을지라도) 다른 일상적인 생각의 불협화음에 묻혀 사라진다. 경험의 경우는 그렇지 않다. 벌써 루이비통 신발을 샀는데 어떻게 하냐고? 그러면 최소한 의식적으로 그 신발을 생각하며 기뻐해보라. 아침마다 구두를 솔질하고 약을 칠해 윤을 내고, 밤에 잠자리에 들기 전에 다른 것 말고 새로 산 이 멋진 구두를 떠올려라. 그러면 초점의 오류가 예외적으로 행복감을 물씬 불러일으켜 줄 것이다.

◆ ◆ ◆

결국 인생에서 내가 오롯이 가질 수 있는 것은 경험뿐이다. 그러므로 좋은 삶을 원한다면 경험에, 특히 행복한 경험에 더 많이 투자하라.

연봉이 얼마나 되면
행복할까

재정적 완충장치

태양이 따갑게 내리쬐고, 모래는 거울처럼 공기를 반사한다. 입 안은 사포처럼 꺼끌꺼끌하다. 마지막 물 한 모금 마신 것이 무려 이틀 전이다. 그때부터 당신은 멀리 지평선 너머로 보이는 오아시스를 향해 가까스로 기어가고 있다. 자, 이런 상황에서 물 1리터에 얼마를 지불할 용의가 있는가?

당신이 돈을 지불하고 물 1리터를 샀다고 하자. 최악의 목마름을 달래고 난 뒤라면 다음 1리터에는 얼마를 지불하겠는가? 그리고 그 다음 1리터에는 또 얼마를 지불하겠는가?

당신이 초인적인 인내심을 가진 고행자가 아니라면, 당신은 아마도 첫 1리터에 연금 납부액을 포함해 가진 돈 전체와 별장까지도 기꺼이 내줄 것이다. 두 번째 물에는 롤렉스시계를 내줄 것이다. 세 번째 물에는 이어폰을, 네 번째 물에는 신발 깔창 정도를 내줄 수 있을까? 경제학자들은 이를 '한계효용체감의 법칙(law of diminishing marginal utility)'이라 부른다. 추가한 물은 계속 효용이 줄어들다가, 결국 만족감이 전혀 없는 지점에 이른다. 거의 모든 재화도 마찬가지다. 물, 옷, 텔레비전 채널, 그리고 돈까지도 말이다. 이제 우리는 해묵은 질문에 이른다. 돈은 과연 사람을 행복하게 할까? 이렇게 물어보자. 연봉이 어느 정도 되어야 그보다 더 벌어도 체감 행복에 더 이상 영향을 미치지 못할까? 계속 읽어나가기 전에, 이 정도면 더 이상 버는 것이 행복에 별 도움이 되지 않으리라 추정하는 액수를 페이지 여백에 적어보라.

이에 대한 연구 결과는 꽤 분명한 대답을 제시해준다. 아주 가난한 경우에 돈은 행복에 큰 역할을 한다. 소득이 너무 적으면 정말 힘들다. 연봉이 약 7천만 원 정도면 돈은 어느 정도 역할을 하고, 가구당 1억 3천만 원 정도의 연봉을 넘어서면(취리히에서는 그보다 조금 더 많이, 예나에서는 그보다 약간 적은 수준에서) 추가적인 소득이 행복에 미치는 효과는 거의 제로에 가까워진다. 그 뒤부터는 아무리 백만장자가 되어도 행복에는 별로 영향을 미치지 않는다. 뭐, 그다지 놀랍지는 않다. 백만장자의 삶을 한번 상상해보라. 해가 떠서 해가 질 때까지 모든 순간순간을. 그 사람도 역시 이를 닦아야 하고, 잠을 제대로 못 자서 몸이 찌뿌둥할 수도 있으며, 기분이 엿 같을 때가 있을 것이다. 가족 간의 소소한 갈등을 겪어야 하고, 노화와 죽음이 두려운 것도 매한가지다. 게다가 백만장자이기에 따르는 번거로운 일들이 추가된다. 골치 아픈 직원들을 다뤄야 하고, 언론을 따돌려야 하며, 스폰서를 받고자 하는 수많은 요청들을 처리해야 한다. 집에 근사한 수영장이 있다고 해서 이 모든 번거로움이 상쇄될까? 1978년 복권당첨자들의 행복도를 조사한 유명한 연구가 있는데, 어마어마한 금액을 받고 몇 개월이 지난 후 당첨자들의 행복도는 그 전보다 더 두드러지게 높지 않았다.

경제학자 리처드 이스털린은 1946년에 조사된 미국인의 행복지수를 1970년의 행복지수와 비교했다. 그랬더니 이 기간에 생활수준이 거의 배는 높아졌음에도(거의 모든 가정에 자동차, 냉장고, 세탁기가 있고, 온수도 마음껏 쓸 수 있었다), 삶의 행복도는 상당히 비슷했다. 이스털린은 18개국에서 행복도를 조사했는데, 다른 나라에서도 비슷한 것으로 나타났다. 2차 세계대전 직후의 사람들이라고 1970년대의 사람들보다 덜 행복하지 않았다. 물질적 풍요가 행복감에 그다지 반영되지 않았던 것이다. 학자들은 이를 '이스털린의 역설(Easterlin's paradox)'이라 부른다. 기본적인 욕구가 채워지면, 물질적으로 더 풍요로워져도 행복에는 별다른 영향을 미치지 않는다는 이론이다.

그렇다면 우리가 학문적 인식을 거슬러, 끊임없이 돈을 더 벌려고 애쓰는 이유가 무엇일까? 주된 이유는 부가 절대적인 것이 아니라 상대적인 것이기 때문이다.

당신과 당신 동료의 상반기 영업 실적이 아주 좋았고, 그중 당신이 더 많은 고객들을 끌어왔다고 하자. 이때 A) 당신 혼자만 1천만 원의 보너스를 받는 경우와 B) 당신은 1500만 원의 보너스를 받고, 동료는 2천만 원의 보너스를 받는 경우 둘 중 어떤 것이 더 좋을까? 당신이 대부분의 사람과 비슷하다면, 혼자만 1천만 원을 받는 쪽을 택할 것이다. B)의 경우가 돈을 더 많이 받는데도 말이다.

당신이 땅을 사서 집을 지었다고 해보자. 근사한 집이다. 당신이 필요한 것보다 방이 세 개나 더 있다. 그런데 1년 뒤 누군가가 당신 집 옆의 빈 부지를 사들여 대저택을 지었다. 얼마나 큰지 당신 집이 마치 하인들의 처소 같아 보일 지경이다. 당신은 갑자기 혈압이 오르고 행복감이 떨어진다. 당신 집도 여전히 살기 좋은데 말이다.

부는 상대적이다. 다른 사람과 비교가 될 뿐 아니라, 자신의 과거와도 비교가 된다. 직장생활 초기에 연봉이 6천만 원이었다가 지금은 1억 원을 받는 것이, 예전에 1억 원을 벌다가 지금은 7천만 원밖에 못 버는 것보다 더 행복할 것이다. 총액으로 따지면, 후자의 경우가 더 많지만 말이다.

다시 말하면 가난의 최저 한계선을 벗어난 경우 돈은 해석의 문제다. 좋은 소식이 아닐 수 없다. 돈이 당신을 행복하게 할지 안 할지는 당신의 손에 달려 있다는 것이니까.

자, 여기 돈을 대하는 대략적인 규칙을 소개한다. 첫째, 영어로 '퍽유머니(fuck you money)'라 불리는 개념이 있다. 직장에 사표를 던지면서 상사의 면전에 "퍽유!"라고 쏘아붙이고 당당히 걸어 나오는 장면을 상상해보라. 퍽유머니란 당신이 언제든지 재정적 곤궁에 빠지지 않고 직장을 때려치울 수 있을 만한 돈을 모으는 것을 말한다. 1년 연봉 정도면 퍽유머니가 될 수 있다. 퍽유머니는 자유다. 물질적인 독립보다 더 중요한 것은 퍽유머니로 한결 상황을 객관적으로 생각할 수 있다는 것이다. 퍽유머니를 아직 모으지 못했다면, 고정 지출을 되도록 줄여야 한다. 돈을 덜 쓸수록, 더 빨리 퍽유머니를 모을 수 있다. 퍽유머니가 있되, 별로 사용할 필요가 없다면, 그것이 최상이 아닌가.

두 번째 규칙은 수입이나 재산의 작은 변동에 그리 연연해하지 말라는 것이다. 주식 포트폴리오는 하루에도 1퍼센트씩은 등락하는 법이다. 별로 개의치 말라. 너무 돈, 돈 하지 말라. 늘 돈을 생각하고 있다고 돈이 더 빨리 불어나는 것이 아니다.

세 번째, 부자와 비교하지 말라. 불행한 생각만 들 뿐이다. 굳이 비교한다면, 자신보다 좀 덜 가진 사람과 비교하는 편이 좋다. 그러나 가장 좋은 것은 아무하고도 비교하지 않는 것이다.

네 번째, 당신이 대단한 부자라 해도, 검소하게 살라. 부는 시기심을 부르게 되어 있다.

가난에서 벗어나 어느 정도의 재정적 완충장치를 마련했다면, 돈이 아닌 다른 요소들이 당신의 좋은 삶을 결정한다. 돈 대신에 이런 다른 요소들에 더 집중하라. 마지막 장에서 살펴보겠지만, 진정한 성공은 재정적 성공과는 전혀 다르다.

◆ ◆ ◆

부는 상대적이다. 다른 사람과 비교가 될 뿐 아니라, 자신의 과거와도 비교가 된다. 결국 가난의 최저 한계선만 벗어난다면 돈은 해석의 문제가 된다. 돈이 당신을 행복하게 할지 안 할지는 오직 당신 손에 달려 있다.

PART 2

가치 있는 것만
남기기

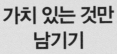

언제 게임을 멈출지 아는 것

능력의 범위

누구도 세상을 완벽하게 이해하지 못한다. 한 사람의 두뇌로 파악하기에 세상은 너무나도 복잡하다. 아무리 똑똑하고 많이 배운 사람도 눈곱만큼의 세상만 알 뿐이다. 어쨌든 그것만 해도 어딘가. 눈곱만큼만 알아도 그것이 고공비행의 출발점이자, 성공의 시발점이 될 수 있다. 이런 출발점이 없으면, 이륙 자체가 불가능하다.

투자가 워런 버핏은 '능력의 범위(circle of competence)'라는 놀라운 개념을 이야기한다. 능력 안에 놓인 것은 훌륭하게 해낼 수 있다. 그러나 능력의 범위 밖의 것은 잘 모르거나, 일부분밖에 모른다. 버핏의 삶의 모토는 다음과 같다. "능력의 범위를 알고, 그 안에 머물러라. 범위의 크기는 그다지 중요하지 않다. 중요한 것은 범위의 경계를 아는 것이다." 버핏의 사업 파트너 찰리 멍거는 이렇게 첨언한다. "당신의 재능이 어디에 있는지 알아내야 한다. 능력의 범위 밖에서 행복을 추구하면 성공할 수 없다." IBM을 설립한 톰 왓슨이 이 말의 살아 있는 증거다. 그는 자신에 대해 이렇게 말했다. "나는 천재가 아니다. 똑똑한 부분이 있고, 일관성 있게 그 주변에만 머무를 따름이다."

직업에 관해서도 이렇게 생각하라. 자신의 능력의 범위에 집중하면 금전적인 열매를 맺을 수 있을 뿐 아니라, 감정적인 열매도 얻을 수 있다. 구체적으로 말하면, 자신이 꽤 뛰어나다는, 돈 주고는 살 수 없는 기분 좋은 감정이 밀려온다. 게다가 매번 뭔가를 받아들일 것인지 거절할 것인지 결정하지 않아도 되니까 시간도 아낄 수 있다. 능력의 범위를 명확히 그어놓으면, 매력적이긴 하지만 자신에게 적합하지 않은 제안을 거르기가 쉬워진다.

중요한 것은 능력의 범위를 결코 넘어서는 안 된다는 것이다. 수년 전 한 재벌이 내게 자신의 전기를 써주면 13억 원을 주겠다고 제안한 일이 있었다. 굉장히 유혹적이었지만 나는 거절했다. 전기 집필은 내 능력의 범위를 벗어나는 일이기 때문이었다. 최고 수준의 전기를 쓰려면 당사자와 끊임없이 대화해야 하고 자료 조사도 엄청나게 꼼꼼하게 해야 한다. 소설이나 교양서와는 다른 능력이 필요한데, 나는 그런 능력을 가지고 있지 않다. 만약 내가 그 일을 맡았다면 너무 힘들었을 것이고, 분명히 좌절했을 것이다. 더 중요한 것은 기껏해야 그저 그런 책을 써냈을 것이다.

《RQ 위험인지능력》의 저자 딜런 에번스는 JC라는 이름의 백개먼(Backgammon, 두 사람이 주사위로 경기하는 보드 게임으로, 상대방의 말이 움직이는 것을 막으면서 말을 잡아 모은 사람이 승리함 – 옮긴이) 프로게이머에 대해 묘사한다. "JC는 의식적으로 몇몇 실수들을 저지르면서 상대방이 그런 상황을 어떻게 활용하는지를 보았다. 그러고는 상대방이 꽤 능란한 경우 게임을 중단했다. 그렇게 그는 공연히 돈을 더 낭비하지 않았다. 다시 말해 JC는 다른 많은 게이머들이 이해하지 못하는 것을 알고 있었다. 언제 게임을 그만둬야 할지를 알고 있었던 것이다." 그는 자신의 능력의 범위를 벗어나게 만들 상대를 파악하고 그들을 피했다.

능력의 범위를 넘어서게 하는 것 외에 또 하나의 강력한 유혹은 능력의 범위를 넓히라는 부추김이다. 기존의 범위에서 꽤 잘하고 있어서 자신감이 넘칠 때 이런 유혹이 크다. 그러나 범위를 확장하지 말라. 능력은 한 영역에서 다른 영역으로 그리 쉽게 옮겨지지 않는다. 체스선수가 사업에서도 좋은 전략가가 된다는 보장은 없으며, 실력 있는 심장외과 의사라고 병원경영도 잘한다는 법은 없다. 하물며 부동산 투기꾼이 좋은 대통령이 될 수 있을까.

그렇다면 능력의 범위를 어떻게 만들까? 당연히 위키피디아를 몇 번 클릭한다고 되지 않는다. 그 분야를 공부하는 것만으로도 부족하고, 충분한 시간이 필요하다. 미국의 디자이너 데비 밀먼은 "가치 있는 모든 일에는 시간이 든다"는 말을 자신의 모토로 삼았다.

또 하나 필요한 것은 심취하는 것이다. 어떤 것에 빠지는 것은 일종의 중독이다. 그래서 사람들은 그에 대해 대부분 좋지 않게 말한다. 컴퓨터 게임이나 드라마, 모형비행기 날리기에 중독된 청년 이야기를 꽤 듣게 되지만, 이런 '덕질'을 긍정적으로 평가할 시점이다. 어떤 것에 빠지면, 수천 수만 시간을 한 가지 분야에 투자하게 된다. 빌 게이츠는 젊은 시절 컴퓨터 프로그래밍에 빠졌고, 스티브 잡스는 캘리그래피와 디자인에 심취했다. 워런 버핏은 12세 때 처음 용돈으로 주식투자를 한 뒤부터 거의 투자에 중독이 되었다. 그러나 오늘날 아무도 게이츠, 잡스, 또는 버핏이 젊은 시절을 허비했다고 말하지 않는다. 오히려 그렇게 무언가에 심취했기에 상당한 수준에 도달하기까지 필요한 수천 시간을 투자할 수 있었다. 한 분야에 빠지는 것이 바로 능력의 엔진이다. 이렇게 심취하는 것의 반대는 싫어하는 것이 아니라, '그다지 흥미가 없는 것'이다.

그런데 능력의 범위가 왜 그리 강력한 개념일까? 최고의 프로그래머가 그저 잘하는 프로그래머보다 두 배로 일을 잘하는 것이 아니다. 세 배도, 열 배도 아니다. 같은 문제라도 최고 수준의 프로그래머는 '괜찮은' 프로그래머보다 천 배는 더 빠르게 문제를 해결한다. 변호사, 외과의사, 디자이너, 학자, 영업사원 모두 마찬가지다. 능력의 범위 안과 밖은 하늘과 땅 차이다.

또한 인생을 계획할 수 있다는 믿음은 환상이다. 허리케인이 곳곳에서 무작위로 휘몰아치지만, 오직 한 곳만 부드러운 바람이 분다. 그 장소가 바로 '능력의 범위' 안이다. 그곳이라고 물결이 아주 잔잔한 것은 아니지만, 그래도 안전하게 항해할 만하다. 다시 말해, 능력의 범위 안에서만 당신은 착각이나 생각의 오류를 피할 수 있다. 나아가 오직 여기서만 리스크를 무릅쓰고, 기존의 것에서 탈피할 수도 있다. 그것에 필요한 혜안이 생겼고, 무슨 일이 일어날지 예측이 가능하기 때문이다.

그러므로 당신에게 부족한 점이 있더라도 한탄하지 말라. 당신이 몸치라면 살사댄스를 추지 말라. 당신이 그린 말 그림을 아이가 못 알아본다면 화가의 꿈을 버려라. 친척 한 명만 와도 골치가 아프다면 식당을 해볼까 하는 생각을 버려라. 당신이 많은 영역에서 평균 혹은 평균 이하인지는 중요하지 않다. 최소한 한 가지 면에서 평균을 훨씬 웃도는 것이 중요하다. 그것만큼은 세상 어디에 내놓아도 손색이 없는 것이다. 뛰어난 것 한 가지가 못하는 것 천 가지를 상쇄한다. 능력의 범위 안에서 들이는 매 시간은 범위를 벗어나서 들이는 시간보다 천 배는 더 가치가 있다.

◆ ◆ ◆

나의 능력의 범위를 알 때 비로소 기존의 것에서 탈피할 수 있다. 그래야 착각하지 않고 무슨 일이 일어날지 정확히 예측할 수 있기 때문이다.

투기와 투자의
차이를 이해하라

꾸준함의 비밀

와이셔츠 단추를 풀고, 소매를 걷어붙인 주식 트레이더들이 여러 개의 수화기를 동시에 잡고는 마치 생사가 달린 문제인 양 살벌한 표정을 짓고 있다. 분위기가 상당히 삭막하다. 전화기를 부숴버릴 듯이 탁자에 내동댕이치기도 한다. 블룸버그(금융정보와 뉴스를 제공하는 미국의 미디어 그룹 - 옮긴이) 기사를 띄운 모니터 위로 서로의 면전에 대고 마구 소리를 지른다. 모니터에는 축제장의 불빛들처럼 주가가 반짝인다. 이것이 언론이 우리에게 중계해주는 주식시장 혹은 증권거래소의 이미지다.

장면을 바꾸어보자. 미국 네브래스카주 오마하의 평범한 한 빌딩 14층에 있는 지루한 사무실. 블룸버그 모니터도, 컴퓨터 단말기도, 이메일도 없다. 전화기가 놓여 있는 구식 책상 역시 하나뿐이다. 그곳에 그가 거의 50년째 날마다 앉아 있다. 바로 시대를 통틀어 가장 성공한 투자가인 워런 버핏이다.

이보다 더 대조적일 수가 있을까. 한편에는 테스토스테론이 저절로 분비되고 손에 땀을 쥘 만큼 분주한 주식 트레이더들이 있고, 다른 한쪽에는 차분하게 앉아 있는 머리가 하얗게 센 워런 할아버지가 있다. 투기와 투자의 차이를 이해한 사람은 삶의 곳곳에서 이와 비슷한 모습들을 발견할 것이다.

그렇다면 투기와 투자의 차이는 무엇일까? 증권 중개인들은 유가증권을 열심히 사고파는 행위를 통해 이윤을 얻으려 한다. 캘리포니아의 소프트웨어 회사의 주식을 살 것인지, 페루 동 광산의 주식을 살 것인지는 부차적인 문제다. 중요한 것은 증권 가격이 단기간에 원하는 방향으로 움직이는 것이다.

반면 클래식한 투자자들은 자기 호주머니 속처럼 속속들이 아는 소수 기업의 증권만 산다. 시장이 어떻게 생각하는지는 관심 없다. 그들의 투자는 장기적이고 자주 사고팔지 않아서 거래수수료도 피한다. 버핏과 그의 사업 파트너 찰리 멍거는 투자할 곳을 능동적으로 선택하지 않고, 사람들이 그들에게 제안할 때까지 기다린다. 버핏의 말을 빌리면 "찰리와 나는 전화벨이 울릴 때까지 기다려요."

투기자들과 투자자들 중 누가 더 성공적일까? 물론 양편 모두에 이익을 보는 사람들이 있고, 손해를 보는 사람들이 있다. 그러나 거장들은 투자자들 편에만 있다. 둘 사이의 중요한 차이는 투자자들은 장기간 보유하고, 투기자들은 그렇지 않다는 점이다.

우리의 두뇌는 단기적이고 비약적인 발전을 좋아한다. 등락과 빠른 변화, 선정적 뉴스에는 민감하게 반응하지만, 꾸준한 발전은 거의 지각하지 못한다. 그래서 우리는 아무것도 하지 않는 것보다는 무엇이라도 하는 것을, 우두커니 생각하는 것보다는 분주하게 움직이는 것을, 기다리는 것보다는 행동하는 것을 더 좋게 평가한다.

시대를 통틀어 가장 많이 팔린 책은 무엇일까? 베스트셀러 목록이나 서점 매대에 높다랗게 쌓여 있는 책들이 아니다. 꾸준하게 인쇄되는 성경이나 코란, 《마오쩌둥 어록》, 《공산당선언》, 《반지의 제왕》, 《어린 왕자》 같은 책이다. '롱셀러(long seller)'라 부르는 이런 책들 없이는 어떤 출판사도 살아남을 수가 없다. 브로드웨이 쇼, 여행상품, 노래 등 다른 많은 상품들도 마찬가지다. 시대를 통틀어 가장 많이 팔린 자동차는 무엇일까? 도요타의 코롤라다. 1966년부터 계속해서 신모델이 출시되며, 현재 11세대에 이르렀다. 코롤라를 슈퍼스타로 만든 것은 출시 첫해 판매실적 때문이 아니라, 장기간에 걸쳐 꾸준히 팔렸기 때문이었다.

그런 장기적 성공에서는 종종 보잘것없어 보이는 요소가 베이킹파우더처럼 작용한다. 작은 발전이 오래도록 쌓이는 것이다. 투자의 예를 들어보자. 가령 1천만 원을 5퍼센트의 이율로 투자하면, 1년 후에는 50만 원의 수익이 발생한다. 뭐, 얼마 되지 않는다. 하지만 이런 얼마 되지 않는 이윤을 계속해서 투자하면, 10년 뒤에는 1600여

만 원으로 불어나고, 20년 뒤에는 2600여만 원이 되며, 50년 뒤에는 무려 1억 1500만 원에 육박한다. 자본은 선형적이 아니라, 지수적으로 불어나기 때문이다. 우리의 두뇌는 장기적인 안목으로 작용하는 기관이 아니므로, 지수적 성장에 대한 감이 없다.

이것이 바로 꾸준함의 비밀이다. 장기적 성공은 베이킹파우더를 넣은 케이크처럼 부풀어 오른다. 느리고 지루한, 장기적인 과정이 최상의 결과를 도출한다. 우리의 삶도 마찬가지다.

빠르고 바쁘고 분주한 것이 우리 시대만큼 추앙되었던 세기는 없었다. '단절(disruption)'이라는 현대의 종교는 커리어, 회사, 삶을 계속하여 파괴하고, 새로워질 것을 요구한다. 그래야만 우리가 경쟁력이 있다고 이야기한다. 많은 사람들은 좋은 삶은 모험, 여행, 거주지 변경, 클라이맥스로 이루어져야 한다고 믿는다. 그러나 나는 반대라고 생각한다. 조용한 삶일수록, 더 생산적이다. 노벨상을 수상한 수학자 버트런드 러셀은 우리보다 훨씬 더 조용한 시대에 살기는 했지만, 같은 의견이었다. "위대한 사람들의 삶을 보라. 몇몇 위대한 순간들만 제외하면 고요하기 그지없었다. 소크라테스는 때때로 친구들과 향연을 갖기는 했지만……. 대부분의 시간은 크산티페와 조용히 보냈다. 오후에는 소화시키려 산책했고, 이런저런 친구도 만났다. 칸트는 쾨니히스베르크에서 10마일 이상 벗어난 적이 없었다고 한다. 다윈은 세계 일주에서 돌아온 뒤에는 죽을 때까지 조용히 집에 머물렀다……. 간단히 말해, 위대한 남자들은 특징적으로 조용한 삶을 살았고, 그들의 삶에서 즐거움은 밖에서 볼 때 별것 아닌 소소한 것들이었음을 알 수 있다." 위대한 여성 인물들도 다르지 않다. 산만함과 좋은 아이디어, 분주함과 깨달음, 행동과 결과 사이에는 긍정적인 상관관계가 존재하지 않는다.

이런 생각들이 좋은 삶을 사는 데 무슨 의미가 있을까? 덜 분주하고 덜 바쁘게, 더 꾸준히 살라고 하는 것이다. 일단 능력의 범위가 생기면, 가능한 한 오래 그 안에 머물라. 좋은 배우자를 만났거나, 살기에 적당한 곳, 혹은 충족감을 주는 취미를 찾았다면 그것을 고수하라. 인내와 꾸준함과 장기적인 안목은 굉장한 가치가 있지만, 상당히 과소평가되는 덕목들이다. 우리는 이런 덕목들을 다시 가꾸어 나가야 한다. 찰리 멍거는 "당신은 뛰어나지 않아도 된다. 다만 다른 사람보다 평균적으로 조금만 더 영리하게 오래오래 가면 된다"라고 말했다.

◆ ◆ ◆

당신은 투기를 하는가 투자를 하는가. 단기간의 성공을 원하는 투기자와 다르게, 투자자는 시장과 상관없이 장기적으로 투자한다. 삶의 진리는 느리고 지루한, 장기적인 과정만이 최상의 결과를 도출한다는 것이다.

맹목적 열정만큼
위험한 것은 없다

소명에 대한 믿음

안토니우스는 251년 이집트에서 부유한 지주의 아들로 태어났다. 18세가 되었을 때 부모를 잃었고, 교회에서 〈마태복음〉의 구절을 들었다. "네가 온전하고자 할진대 가서 네 소유를 팔아 가난한 자들에게 주라. 그리하면 하늘에서 보화가 네게 있으리라. 그리고 와서 나를 따르라!" 그는 정말로 전 재산을 기부하고 사막으로 떠나 오랜 세월 은자(隱者)로 살았다. 세월이 흐르면서 그를 따르는 사람들이 점점 늘어났다. 그렇게 안토니우스는 수도 생활을 창시하게 되었고, '수도사의 아버지'라고 불리고 있다.

그로부터 1천 년 뒤 어느 부유한 이탈리아 포목상의 아들에게도 비슷한 일이 일어났다. 아시시의 성 프란체스코는 방만한 삶을 사는 중에 꿈에서 하느님의 음성을 들었고, 역시나 자신의 전 재산을 기증하고, 자신의 옷을 거지와 바꾸어 입고는 은자의 삶을 살며, 중세교회의 개혁에 공헌했다. 차츰 다른 수도자들이 프란체스코에게 합류하여, 프란체스코회가 창립되었다.

'소명'이라는 말을 들으면 우리는 이렇듯 성 안토니우스나 아시시의 성 프란체스코를 떠올린다. 그들은 하느님의 부름을 따를 수밖에 없었다. 사도 바울, 성 아우구스티누스, 블레이즈 파스칼을 비롯한 성경 안팎의 회심자(과거의 생활을 뉘우쳐 고치고 신앙에 눈을 뜬 사람 - 옮긴이)들도 그러했다.

그러나 동시에 소명 혹은 사명이라는 말은 오늘날에도 많이 쓰인다. "제 소명을 어떻게 찾을 수 있을까요?" 많은 젊은이들이 종종 이런 질문을 한다. 그럴 때마다 나는 마른 침을 꿀꺽 삼킨다. 소명이라는 말은 기독교에서 유래된 말로, 신을 믿지 않는 사람에게는 이 말이 상당한 거부감을 불러일으키기 때문이다.

물론 오늘날 소명을 찾으려는 사람들은 세상을 등지려는 것이 아니라, 오히려 세상 속으로 더 깊숙이 들어가고자 한다. 그들은 사람마다 언젠가 삶에서 꽃피울 싹이 내재해 있다는 낭만적인 표상을 가지고 있다. 그래서 삶을 충만케 할 활동을 발견했으면 하는 희망으로 자신의 내면에 귀를 기울인다. 이는 위험한 일이다. 가슴 뛰는 소명을 찾아야 한다는 생각은 우리 시대의 커다란 환상 중 하나이기 때문이다.

미국인 존 케네디 툴은 소설가가 자신의 소명이라 생각했다. 26세에 첫 소설 원고를 유명 출판사인 사이먼 앤드 슈스터(Simon & Schuster)에 보내면서 세기의 소설이 될 것이라 확신했다. 하지만 여기뿐 아니라, 다른 출판사들에게도 줄줄이 퇴짜를 맞았다. 좌절한 그는 알코올중독에 빠졌고, 6년 뒤 미시시피주의 빌럭시에서 자동차 배기가스를 마시고 자살하고 말았다. 그의 어머니는 유작을 출간하겠다는 출판사를 찾았고, 1980년에 세상에 나온 소설 《바보들의 결탁》은 미국 남부문학의 걸작이라는 평을 들었다. 툴은 사후에 퓰리처상을 받았으며, 150만 부가 넘는 판매실적을 올렸다.

수학자이자 철학자인 버트런드 러셀은 "자신의 일이 너무 중요하다고 믿는 것은 신경쇠약에 가까운 증상"이라고 썼다. 스스로와 스스로의 일을 너무 중요하게 여기는 것, 바로 이것이 소명의 위험성이다. 존 케네디 툴처럼 소명을 성취하는 것에 너무 매이는 사람은 좋은 삶을 살 수 없다. 소설 쓰기를 자신의 유일한 소명으로 생각하지 않고, 단순히 생업쯤으로 생각했다면 툴은 추락하지는 않았을 것이다. 생업도 좋아서 하거나 완전히 매료되어서 할 수도 있지만, 문제는 일 자체, 즉 인풋이지, 성공하고 결과를 내는 아웃풋이 아니다. 따라서 "오늘 최소 세 페이지는 써야지" 하는 것이 "내일 노벨상을 받아야 하는데" 하는 것보다 낫다.

소명이 우리를 행복하게 한다는 낭만적 표상은 잘못된 것이다. 이를 악물고 소명을 붙잡는 사람은 힘들기만 할 뿐 행복하지 않다. 그리고 얼마 안 가 좌절할 확률이 높다. 소명은 대부분 비현실적인 기대와 연결되어 있기 때문이다. 세계 신기록을 세우겠다거나, 새로운 종교를 창시하겠다거나, 세상에서 기아를 완전히 몰아내겠다는 목표는 이뤄질 확률이 극도로 낮다. 물론 원대한 목표를 추구하는 것은 좋은 일이다. 그러나 목표에서 한 걸음 물러나 건강한 관계를 유지한다는 전제하에서만 그렇다. 맹목적 열정으로 소명을 좇는 사람은 십중팔구 불행한 삶을 살게 된다.

여기에 '선택 편향(selection bias)'이 추가된다. 우리는 소명의 삶을 성공적으로 살아낸 사람들만 보는 경향이 있다. 마리 퀴리는 15세에 학자의 길을 선택했고, 노벨상을 두 번이나 수상했다. 피카소는 13세에 미술학교에 입학했고 훗날 현대미술에 혁명을 일으켰다. 이런 특별한 이야기를 담은 전기, 인터뷰, 다큐멘터리 필름이 많다. 하지만 마음먹은 일들을 이루지 못하고 좌절해버린 사람들은 이와 비교할 수 없이 무수히 많다. 연구보고서를 단 두 사람(자신의 어머니와 아내)에게만 읽어주지 않은 좌절한 학자. 세기의 피아니스트를 꿈꾸다 지금은 외딴 지역에서 음악교사로 살고 있는 음악가. 소명의 달콤한 노래를 따르다가 곁길로 빠진 사람들은 한둘이 아니고, 지역 신문은 구태여 이런 사람들의 이야기를 싣지 않는다.

사람들은 이 일 외에 다른 선택은 없었다고 말한다. 낭만적이지만, 사실은 말도 안 되는 소리다. 석기시대 수렵채집인도, 중세의 농부도 다른 선택이 없었다. 오늘날 누군가가 내면의 음성이 기타에만 몰두하는 것밖에 다른 선택을 허락하지 않았다고 주장한다면,

그는 정신건강에 좀 문제가 있는 사람이라고 봐야 한다.

소명이 정말로 존재한다고 해도, 무턱대고 따르는 것은 전혀 바람직하지 않다. 해커나 테러리스트들도 자신의 소명을 찾았다고 생각하고, 자신의 일로 성취감을 느낀다. 히틀러도 나라를 구하는 사명을 받았다고 생각했을 것이다. 나폴레옹, 스탈린, 오사마 빈 라덴도 마찬가지다. 소명은 도덕적 나침반으로도 쓸모가 없는 듯하다.

그러면 어떻게 해야 할까? 내면의 음성을 듣지 말라. 소명은 직업적 소망에 불과하다. 낭만적인 의미의 소명은 존재하지 않고, 당신의 재능과 열정만이 있을 따름이다. 그러므로 당신의 객관적인 능력에 입각해서 생각하라. 다행히 잘하는 것과 하고 싶은 것이 일치할 경우도 있다. 또한 당신의 재능이 다른 사람에게도 먹혀야 한다는 점도 중요하다. 그 일로 먹고 살려면 그래야 한다. 영국 철학자존 그레이의 말을 빌리자면 "아무도 관심을 보이지 않는 재능을 가진 사람만큼 불행한 사람은 없다."

◆ ◆ ◆

원대한 목표를 추구하라는 말에 쉽게 속지 말라. 객관적인 판단력 없이 맹목적 열정으로 소명을 좇는 사람은 십중팔구 불행한 삶을 살게 된다.

생각보다 평판은
중요하지 않다

당신은 무척 똑똑한데 세상이 당신을 멍청하다고 생각하는 것과 당신은 멍청한데 세상이 당신을 똑똑하다고 생각하는 것, 이 둘 중에 무엇이 더 나을까?

2016년 밥 딜런이 노벨문학상을 받았을 때 그는 몇 주간 그에 대해 일언반구도 하지 않았다. 소감도 말하지 않았고, 인터뷰도 하지 않았다. 스웨덴 노벨상 위원회의 거듭된 전화도 받지 않았다. 그러자 각계에서 밥 딜런에 대한 비난의 목소리가 들끓었다. 어찌 그리 감사함을 모르느냐! 오만하다! 무례하다! 밥 딜런은 드디어 영국의 한 신문과 인터뷰를 했는데, 거기서도 무미건조하게 "매우 영광으로 생각한다"라고만 말했다. 마치 홍보컨설턴트가 시킨 것처럼 말이다. 밥 딜런은 시상식에도 불참했고, 3개월 후 뒤늦게 상을 받았다. 세계적으로 명망 있는 상에 조금도 관심이 없는 것 같았다.

1966년생인 그리고리 페렐만은 현존하는 가장 위대한 수학자로 꼽힌다. 그는 2002년 수학의 7대 난제 중의 하나를 풀었고 (나머지 6개는 아직 풀리지 않았다) 그 공로로 필즈상 수상자로 선정되었다. 필즈상은 수학계의 노벨상으로 여겨지는 상이다. 그러나 페렐만은 수상을 거부했다. 세계수학자대회에서 수여하는 백만 달러에 이르는 상금도 거부했다. 직업도 없이 어머니와 상트페테르부르크의 작은 아파트에서 은둔 생활을 하고 있기 때문에 그에게 돈이 필요할 것 같았음에도 말이다. 그러나 그에게는 수학만이 중요하다. 세상이 그와 그의 업적에 대해 어떻게 생각하건, 그로서는 진심으로 알 바 아니다.

처음 글 쓰는 일을 시작하고 나는 다른 사람들이 내 책을 어떻게 생각하는지에 대해 상당히 촉각을 곤두세웠다. 호의적인 서평이 실리면 기뻐했고, 비판에는 화가 났다. 세간의 갈채를 성공의 잣대로 삼았다. 그러다 40대 중반쯤 되자 나는 밥 딜런 모드가 되었다. 세간의 평가는 내 작업의 질과는 별로 상관이 없으며, 내 책을 더 좋게도, 더 나쁘게도 하지 못한다는 것을 깨달았다. 이를 깨닫자 내가 지은 감옥에서 풀려나는 듯했다.

자, 처음 질문으로 돌아가보자. 워런 버핏은 그 질문을 이렇게 표현한다. "공적으로는 세상에서 가장 형편없는 연인으로 보이지만 사실은 세상에서 가장 좋은 연인이 되고 싶은가, 아니면 세상은 당신을 최고의 연인으로 여기지만, 사실은 가장 형편없는 연인이 되고 싶은가?" 버핏은 여기서 좋은 삶의 가장 중요한 인식 중 하나를 이야기하고 있다. 바로 '내부의 점수표'와 '외부의 점수표'를 구분하는 것이다. 당신이 스스로를 어떻게 평가하는지가 더 중요한가, 외부 세계가 당신을 어떻게 평가하는지가 더 중요한가 하는 것이다. "아이들은 아주 어린 시절에 부모가 무엇을 중요하게 생각하는지를 배운다. 부모가 (당신이 실제로 무엇을 하든지 상관없이) 세상이 당신에 대해 어떻게 생각하는지에 비중을 두면 당신은 외적인 점수표를 가지고 자란다." 그리고 이런 경우 좋은 삶은 싹부터 죽어버리리라는 걸 짐작할 수 있다.

가능하면 좋은 이미지를 가지려고 노력하는 것은 유감스럽게도 깊숙이 숨겨진 본능이다. 수렵과 채집을 하며 살던 우리의 조상들에게 내면의 점수표와 외부의 점수표 중 무엇이 더 중요했겠는가? 물론 외부의 점수표가 중요했다. 다른 사람들이 자신을 어떻게 생각하는지에 따라 다른 사람들이 협력해줄 것인지 아니면 그룹에서 내쳐질 것인지 결정되었고, 이것은 생사를 좌우하는 일이었다. 외부의 점수표에 신경을 쓰지 않는 사람들은 유전자풀에서 제거되었다.

우리 조상들이 약 1만 년 전에 마을과 도시를 이루어 살기 시작하면서도 마찬가지였다. 이런 커다란 부락에서는 개개인 한 사람 한 사람을 더 이상 속속들이 알 수 없었기에 누가 이렇다더라 하는 '평

판'이 상당히 중요한 역할을 했다. 개인적인 앎을 대신하기 시작하여 소문이 세상을 정복했다. 다음번 친구 모임이 있을 때 가만히 지켜보라. 그 모임에서 하는 이야기의 90퍼센트는 다른 사람에 관한 이야기일 것이다.

그러므로 우리가 외적 평판을 중시하는 데에는 진화적으로 십분 이해할 만한 이유들이 있다. 그렇다고 외적 평판에 얽매이는 것이 오늘날에도 중요하다는 이야기는 아니다. 반대로 당신에 대해 다른 사람들이 뭐라 하든, 당신이 생각하는 것보다 그다지 중요하지 않다. 평판, 소문, 명성에 대한 당신의 감정적 반응은 굉장히 '치우쳐 있다', 다시 말해 여전히 석기시대 모드에 맞추어져 있다. 사람들이 당신을 추켜세우든, 험담을 하든, 그것이 당신 삶에 미치는 실제적인 효과는 당신의 생각보다 훨씬 적다. 그러므로 그로부터 자유로워져라. 그러면 여러 가지 이익이 있다. 첫째, 감정적 롤러코스터를 타지 않아도 된다. 어차피 장기적으로는 자신에 대한 평판을 일부러 좋게 끌어올릴 수는 없다. 피아트 그룹 회장이었던 지아니 아그넬리는 "노년이 되면 합당한 평판을 얻게 된다"라고 말했다. 그 말은 단기적으로는 꾸미고 위장할 수 있지만 평생은 그렇게 못한다는 말이다. 둘째, 평판이나 명성에 과도하게 신경을 쓰다 보면 우리를 진정 행복하게 만드는 것이 무엇인지를 제대로 깨닫지 못하게 된다. 셋째, 그렇게 외적 평가에 신경을 쓰는 것은 상당한 스트레스가 되어, 우리를 좋은 삶에서 멀어지게 한다.

내적 평가로의 전환은 오늘날 시급히 필요하다. 그도 그럴 것이 저널리스트 데이비드 브룩스의 말처럼 오늘날 "소셜미디어 문화가 개인을 스스로의 브랜드매니저로 만들고 있기 때문이다. 그래서 사람들은 페이스북, 트위터, 인스타그램 등 SNS를 통해 자신에 대한 멋지면서도 왜곡된 이미지를 양산하고 있다." 브룩스는 우리 모두 조심하지 않으면 '인정을 갈구하는 기계(approval-seeking machine)'가 될 수 있다고 말한다. 페이스북의 좋아요 수, 팔로워 수 등이 합쳐져서 사회적 지위를 결정하는 것처럼 보인다. 그러나 이것은 진정한 사회적 지위가 아니다. 이런 그물에 한번 걸려들면 박차고 나와 좋은 삶을 살기가 힘들어진다.

그러므로 결론은 세상이 당신에 대해 쓰고 트윗하고 포스팅하는 것은 모두 그들 마음이라는 것이다. 사람들은 험담과 밀담을 하고, 때로는 추켜세우고, 때로는 저격하고 '디스'할 것이다. 이 모든 것을 당신이 억지로 조절할 수 없다. 그러나 당신이 정치인이나 유명인사가 아니고, 광고를 찍어서 돈을 벌지 않는다면, 평판에 너무 신경 쓰지 말라. '좋아요' 같은 것에 너무 연연해하지 말라. 검색 사이트를 공연히 기웃거리지 말고, 인정을 갈구하지 말라. 대신 거리낌 없이 거울 속의 자기 모습을 볼 수 있도록 그냥 그렇게 살라. 워런 버핏은 이렇게 말한다. "다른 사람들은 못마땅해하지만 정작 나는 내가 하는 일을 좋아할 때, 행복하다. 반대로 다른 사람들은 나를 칭찬하지만 나는 내가 하는 일에 만족감이 없을 때, 불행하다." 이것이 바로 완벽한 내면의 점수표다. 외부의 칭찬이나 비난에 대해 편안한 마음으로 초연해져라. 중요한 것은 당신이 스스로를 어떻게 생각하느냐 하는 것이다.

◆ ◆ ◆

사람들이 당신을 추켜세우든, 험담을 하든, 그것이 당신 삶에 미치는 실제적인 효과는 당신의 생각보다 훨씬 적다. 그러므로 지금 당장 그런 평판으로부터 자유로워져라.

사람은
변하기 어렵다는 진실

영리한 기업가가 사람을 뽑는 법

취리히 공항에 갈 때 마다 이런저런 작은 변화들이 눈에 띈다. 이쪽 구역엔 못 보던 가게가 새로 생겼고, 저쪽 구역엔 커피숍이 입점했다. 저 위에는 어마어마한 광고판이 빛을 발하고, 아래쪽에는 새로운 셀프 체크인 기기들이 군인처럼 줄지어 늘어서 있다. 때때로 나는 자동차를 몰고 새로운 주차공간에 들어갔다가 약간 어리둥절해하기도 하고, 공항 터미널의 리모델링한 구역에 가서는 콘센트를 찾아 이리저리 살피기도 한다. 나는 한 달에 한 번 정도 이런 복잡한 공항을 가로지른다. 무려 30년째다. 나의 두뇌는 매번 조금씩 변한 구조에 적응해야 하지만, 그리 어렵지 않게 게이트로 가는 길을 찾을 수 있다. 그렇지만 내가 어린 시절 엄마 손을 잡고 출장을 다녀오는 아버지를 마중하러 처음으로 공항에 갔던 때를 떠올리면(그

때 나는 비행기 계단을 내려오는 아버지를 향해 활주로 위에서 손을 흔들었다) 지금의 공항은 당시와는 변해도 너무 많이 변했다는 사실을 실감하게 된다. 당시 취리히 클로텐 공항은 넓은 홀 하나로 이루어져 있었고, 이륙을 앞둔 비행기와 아직 도착하지 않은 승객을 확성기로 호명했다. 이착륙을 알리는 보드는 주기적으로 드르륵 소리를 내면서 철자와 숫자가 바뀌었다. 오늘날 취리히 국제공항은 세 개의 활주로가 있는 활기 넘치는 쇼핑 공간이다. 역이나 도시, 대학 등 당신이 잘 아는 장소도 마찬가지일 것이다. 자주 가서 잘 눈에 띄지는 않았지만, 오래전과 비교하면 같은 장소인지 의심이 들 만큼 확 바뀌었을 것이다.

하지만 당신 스스로는 어떤가? 당신은 세월이 흐르면서 얼마만큼 바뀌었는가? 20년 전 당신이 어떤 사람이었는지를 한번 돌아보라. 외적인 것들(직업, 거주지, 외모)이 아니라, 당신의 성격, 기질, 가치관, 좋아하는 것을 생각해보라. 20년 전의 당신과 지금의 당신이 얼마나 다른가? 0점(전혀 변하지 않았다)에서 10점(완전히 다른 사람이 되었다)까지로 얼마나 변했는지 점수를 매겨보라.

내가 이런 질문을 던진 대부분의 사람들은 지난 20년간 자신의 성격, 가치, 기호의 변화에 대해 대략 2점에서 4점 정도를 주었다. 취리히 공항만큼 확 바뀌지는 않았지만, 어쨌든 어느 정도는 바뀌었다는 이야기다.

그렇다면 당신은 다음 20년간 당신이 얼마만큼 변할 것이라고 생각하는가? 이에 대해 사람들은 보통 좀 더 낮은 점수를 준다. 0점 내지 1점 정도. 다시 말해 대부분의 사람들이 앞으로는 그들이 내적으로 변하지 않으리라 생각한다는 것이다. 변해도 아주 조금만 변할 것이라고 말이다. 역이나 공항, 도시의 변모와는 분명히 차이가 난다. 하지만 정말로 우리의 인성이나 가치관, 호불호가 정확히 지금의 상태로 정지해 있을까? 물론 그렇지 않을 것이다. 하버드대학의 심리학자 대니얼 길버트는 이를 '역사의 종언 환상(end of history illusion)'이라 부른다. 사실인즉슨 우리는 앞으로도 과거에 우리가 변해온 정도로 변한다는 것이다. 어느 방향으로 변할지는 모르지만, 당신이 미래에 지금과는 다른 가치관, 다른 인성의 사람이 된다는 것은 확실하다. 연구 결과는 이를 분명히 보여준다.

하지만 인성이나 가치관 같은 추상적인 개념들은 차치하고, 단순히 당신이 좋아하는 것들을 따져보자. 지난 20년을 돌아보라. 당시 당신이 좋아하는 영화는 무엇이었는가? 지금은 어떤 영화를 좋아하는가? 당시 당신의 우상은 누구였는가? 지금은 누구인가? 당시 당신의 가장 친한 친구들은 누구였는가? 지금은 누구인가? 1분간 시간을 가지고 대답해보라.

대니얼 길버트는 이런 개인적인 선호의 변화를 측정할 수 있는 천재적인 아이디어를 떠올렸다. 그는 사람들에게 다음 두 질문을 던졌다. A) 10년 전 당신은 어떤 밴드를 좋아했는가? 지금 이 밴드의 콘서트 티켓에 얼마를 지불할 용의가 있는가? B) 현재 당신이

좋아하는 밴드는 어떤 밴드인가? 10년 뒤 이 밴드의 콘서트 표에 얼마를 지불하겠는가? 조사 결과, 이 차이는 상당히 컸다. 10년 전에 좋아하던 밴드의 공연을 지금 보기보다 현재 좋아하는 밴드의 공연을 10년 뒤에 보는 데 돈을 더 내겠다는 사람들이 61퍼센트나 되었다. 이는 우리가 역사의 종언 환상을 갖고 있으며, 우리의 선호가 얼마나 불안정한지를 보여주는 증거다.

자, 이제 좋은 소식과 나쁜 소식이 있다. 우선 좋은 소식부터 말해보자. 당신은 당신의 성격 변화에 약간의 영향을 미칠 수 있다. 대부분의 인성 발달은 유전적 프로그램에 따라 진행되기에, 영향력을 많이 발휘할 수는 없지만, 어쨌든 약간은 발휘할 수 있다. 이런 가능성을 활용해야 할 것이다. 가장 효율적으로 활용하는 길은 자신의 우상을 통해서다. 그러므로 당신이 추앙할 사람을 신중하게 선택하라.

나쁜 소식은 이것이다. 당신은 다른 사람들을 변화시킬 수 없다는 것. 배우자나 자녀도 그렇게 할 수 없다. 성격을 변화시키는 동인은 내부에서 나와야지, 외부의 압력이나 이성적 설득은 통하지 않는다.

그러므로 좋은 삶을 위한 나의 가장 중요한 규칙 중 하나는 '사람을 변화시켜야 하는 상황을 피하라'는 것이다. 이런 단순한 전략은 내게 많은 실망과 불쾌한 상황을 피하게 해주었고, 힘과 에너지를 아끼게 해주었다. 구체적으로 말하면 나는 내가 성격을 고쳐주어야 하는 사람들을 고용하지 않는다. 내가 고칠 수 없기 때문이다. 물질적으로 큰 이익을 볼 수 있다 해도, 기질이 맞지 않는 사람과는 일하지 않는다. 또한 어떤 조직을 이끄는 역할을 맡아 달라는 제안이 왔는데, 그 조직원의 사고방식을 바꿔야 하는 경우는 절대로 맡지 않는다.

영리한 기업가들은 예로부터 그렇게 행동해왔다. 사우스웨스트 항공은 창립 때부터 일관되게 "태도를 보고 채용하라. 기술은 익히면 된다"는 채용원칙을 고수하고 있다. 기질은 바꿀 수 없다. 최소한 단기간에는 힘들며, 외부의 압력으로도 바뀌지 않는다. 반면 능력은 훈련으로 연마할 수 있다.

나는 많은 사람들이 이런 간단한 원칙을 무시하는 것을 보며 놀란다. 내 지인 중에 모임을 즐기고, 파티를 좋아하는 사교계의 왕 같은 사람이 있다. 이 사람은 성격이 내향적인 미인과 결혼하여, 조용한 아내를 사교계의 여왕으로 변신시키고자 애썼다. 물론 그런 노력은 통하지 않았고, 결혼은 빠르게 파경을 맞았으며 비싼 대가를 치러야 했다.

이와 비슷한 삶의 규칙이 있다. "좋아하고 신뢰가 가는 사람들하고만 같이 일해라." 찰리 멍거는 "신뢰할 수 있는 사람들만 상대하고, 다른 모든 사람들은 상관하지 않는 것이 좋다. (……) 지혜로운 사람은 쥐약 같은 사람들을 멀리한다. 쥐약 같은 사람들은 꽤 많다"라고 했다. 어떻게 하면 이런 해로운 사람들을 삶에서 떨쳐버릴 수 있을까? 추천할 만한 방법이 하나 있다. 매년 12월 31일이면 나와 아내는 우리와 잘 맞지 않았던 사람들, 더 이상 상관하고 싶지 않은 사람들의 이름을 각각 작은 쪽지에 적어서, 차례로 불태워버린다. 상당히 유익하고 도움이 되는 의식이다.

◆ ◆ ◆

사람은 자신의 성격은 변화시킬 수 있지만, 다른 사람들은 변화시킬 수 없다. 배우자나 자녀도 마찬가지다. 그러므로 좋은 삶을 위한 가장 중요한 규칙 중 하나는 상대를 변화시켜야 하는 상황을 피하는 것이다.

이룰 수 있는 목표와
그렇지 않은 목표

삶의 작은 의미

미국 작가 테리 피어스가 동료 게리에게 전화를 하자 다음과 같은 메시지가 들려왔다. "안녕하세요. 게리입니다. 이것은 자동응답기가 아니라, 자동질문기입니다. 두 가지 질문을 할게요. 당신은 누구시지요? 그리고 무엇을 원하시죠?" 잠시 사이를 두고 게리의 음성은 이렇게 이어졌다. "시시한 질문이라고 생각하신다면, 95퍼센트의 사람들이 이런 질문 하나에도 제대로 대답하지 않고 살고 있음을 생각하십시오."

"당신은 누구입니까?"라는 질문에 당신은 어떻게 대답할 것인가? 대부분의 사람들은 이름과 직업을 댈 것이다. 때로는 가족 사항("나는 두 아이의 엄마입니다")이나 성격("나는 사람들을 좋아해요")을 짧게 언급할 수도 있다. 그러나 그런 대답은 별로 쓸모가 없다. 그렇다고 그렇게 대답하는 사람들을 탓할 수도 없다. 자신의 정체성을 한두 문장으로 대답하기는 불가능하기 때문이다. 당신이 누구든, 당신의 삶과 당신의 본질을 말하려면 프루스트적 깊이를 갖는 소설 한 권은 필요할 것이다.

우리의 삶은 무한히 많은 측면으로 구성되기에 한 줄의 말로는 적절히 표현할 수가 없다. 그럼에도 우리는 언제나 우리를 단순화시킨다. 게리에게 전화할 때뿐 아니라, 재미있게도 우리가 자기 자신을 이해하는 방식에서도 마찬가지다. 우리는 스스로에 대한 이미지를 갖고 있다. 그것은 캐리커처처럼 단순하고, 허무맹랑하고, 일목요연한, 매우 긍정적인 이미지다. 우리는 〈당신의 인생은 인과적이지 않다〉에서 우리 모두가 자신의 삶의 역사를 어떻게 꾸며내는지 보게 될 것이다. 하지만 한 가지만 미리 말하면 "당신은 누구입니까?"라는 질문에는 대답하지 않는 것이 낫다. 대답하려 하면 시간만 낭비하게 된다.

자, 그럼 이제 두 번째 질문으로 넘어가자. "용건이 뭐지요? 무엇을 원하시죠?"라는 질문이다. 첫 질문과는 달리 이 질문은 대답이 가능하다. 그리고 이 질문에 대답하는 것은 중요하다. 삶의 목표, 삶의 의미에 대한 질문이니까 말이다. 하지만 '의미'라는 말은 상당히 모호해서, '삶의 큰 의미'인지 '삶의 작은 의미'인지 구분해야 한다.

'삶의 큰 의미'를 찾고자 하는 사람은 왜 우리는 세상에 있을까, 우주는 왜 존재할까, 그 모든 것은 대체 무엇일까 등의 질문을 던지고 답을 찾는다. 지금까지 모든 문화가 신화를 통해 이런 질문에 대답해왔다. 지구가 거대한 거북의 등이라는 이야기는 특히나 매력적이다. 이것은 중국뿐 아니라, 남아메리카에서도 발견되는 신화다. 기독교 신화는 신이 만물을 6일간 창조했으며, 최후의 심판 날에 세상은 종말을 맞는다고 말한다. 하지만 신화와 달리 과학은 삶의 큰 의미에 대한 답을 발견하지 못했다. 과학에서는 물질과 에너지가 존재하는 한, 생명은 목적 없이 계속 진화한다고 설명한다. 더 우위에 있는 목적은 인식할 수 없다. 세계는 기본적으로 의미가 없다. 그러므로 삶의 큰 의미를 추구하는 것. 시간만 낭비할 따름이다.

반면 '삶의 작은 의미'를 묻는 것은 중요하다. 이것은 개인적인 목표와 야망, 사명 같은 것들이다. 즉 게리의 자동응답기의 두 번째 질문에 관한 것이다. 개인적인 목표 없이는 좋은 삶을 살 수 없다. 2천 년 전 로마의 철학자 세네카도 이미 알았던 사실이다. 세네카는 "그대가 하는 모든 것은 하나의 목표를 지향해야 한다. 이 목표를 늘 염두에 두라"고 했다. 목표에 도달하리라는 보장은 없다. 하지만 목표가 없는 사람은 그 무엇에도 도달하지 못한다.

삶의 목표는 굉장히 중요하다. 한 가지 예를 들어보자. 미국의 연구자들이 17~18세 학생들을 대상으로 금전적 성공을 얼마나 중요하게 생각하는지를 물었고, "1) 중요하지 않다, 2) 약간 중요하다, 3) 아주 중요하다, 4) 필수불가결하다"로 답하게 했다. 그리고 세월이 많이 지난 후 그때 설문 응답자들을 대상으로 현재의 수입과 전

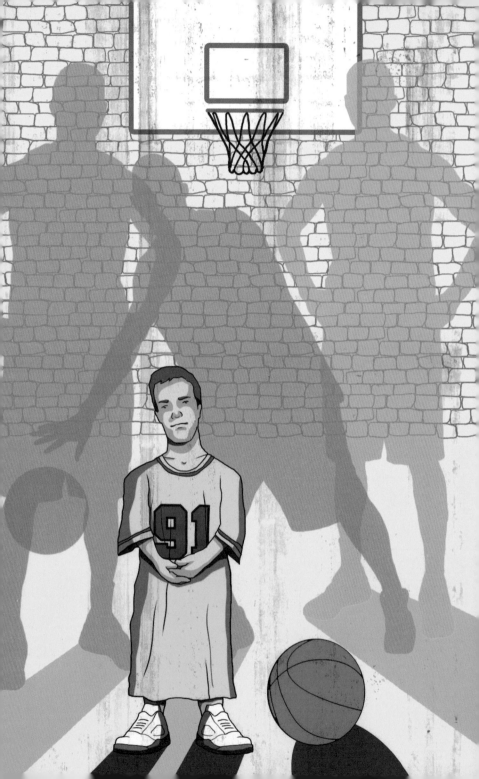

반적인 삶에 어느 정도로 만족하는지를 물었다. 그러자 첫 번째 결과로 학생 시절 금전적 야망이 높을수록, 중년기의 수입도 높은 것으로 나타났다. 여기서 바로 목표가 효력을 발휘한 것이다. 그러나 이런 결과는 기껏해야 심리학자들만 놀라게 한다. 이들은 오랫동안 인간이 파블로프의 개처럼 외부의 자극에만 반응할 거라고 믿어왔기 때문이다.

연구의 두 번째 결과는 젊은 시절에 학업을 마친 뒤 돈을 많이 벌겠다는 목표를 정하고, 나중에 그 목표를 달성한 사람들이 전반적으로 삶에 대한 만족감도 높더라는 것이다. 반면 돈이 상당히 중요했지만, 금전적 목표가 없었던 사람들은 삶에 대한 불만족감이 높았다. 자, 이제 당신은 '역시 돈이 행복을 좌우하는군'이라고 생각할지도 모른다. 하지만 여기서 이야기하는 것은 그것이 아니다. 부가 삶의 목표가 아닌 사람들에게는 높은 수입이 삶의 만족감에 별로 영향을 끼치지 못했다. 따라서 행복과 불행을 좌우하는 것은 돈이 아니라, 목표를 달성했는지 여부다. 삶의 다른 목표들도 마찬가지다.

그렇다면 목표는 왜 효과를 발휘할까? 목표가 있는 사람들은 이를 이루기 위해 더 노력하기 때문이다. 그리고 목표가 있으면 결정도 더 쉽게 할 수 있다. 살다 보면 수많은 기로에 놓이게 된다. 이때 즉흥적인 기분에 따를 수도 있지만, 목표가 있는 사람은 목표를 기준으로 선택하면 된다. 그러므로 금전적 성공을 필수불가결한 것으로 본 학생들이 보수가 더 좋은 직업(의사, 변호사, 컨설턴트 등)을 선택한 것도 놀랄 일이 아니다.

따라서 삶에서 목표를 갖는 것은 추천할 만한 일이다. 물론 여기에는 두 가지 문제가 있다. 노벨상 수상자 대니얼 카너먼에 따르면 "도달하기 힘든 목표는 불만족스러운 삶을 만드는 비결"이기 때문이다. 그러므로 현실적인 목표를 가져야 한다. 키가 엄청 작은데 농구선수를 꿈꾼다면, 무리수를 두고 있는 것이다. 최초로 화성에 착륙한 사람이나, 대통령, 억만장자가 되겠다는 거창한 목표도 적절하지 못하다. 그런 목표를 이루기 위해 요구되는 요소의 99퍼센트가 당신이 통제할 수 없는 범위에 있기 때문이다. 비현실적인 목표는 행복을 망치는 주범이다. 그러므로 당신의 목표를 의식적으로 약간 모호하게 표현하라(가령 억만장자가 되겠다고 하는 대신 돈을 많이 벌겠다는 식으로 말이다). 목표에 도달하면 정말 훌륭한 일이고, 그러지 못했다 해도 최소한 (부분적으로는) 목표를 이룬 것으로 해석할 수 있기 때문이다. 의식적으로 그렇게 할 필요도 없다. 당신의 두뇌가 자동적으로 그렇게 할 것이다.

목표는 인생에 영향력을 발휘한다. 목표는 중요하다. 하지만 대부분의 사람들은 삶의 작은 의미도 충분히 생각하지 않고 산다. 그들은 아예 목표가 없거나 유행하는 목표를 자신의 목표로 삼는다. 삶의 목표를 정하되, 허황된 목표가 아닌, 현실적인 목표를 정하는 것이 좋은 삶으로 이어진다는 것을 명심하라. 빠르게 어딘가에 도달하기보다, 현재 어디로 향하고 있는지 방향을 알고 가는 것이 중요하다.

◆ ◆ ◆

부가 삶의 목표가 아닌 사람들에게는 높은 수입이 삶의 만족감에 큰 영향을 끼치지 못했다. 의외로 대다수의 사람들에게 행복과 불행을 좌우하는 것은 돈이 아니다. 목표를 달성했는지 여부다. 행복해지고 싶다면 현실적인 목표를 세우고 달성하라.

당신의 삶이
사진첩이 아닌 이유

두 개의 자아

당신에게 소개하고 싶은 사람이 있다. 당신과 가장 친하지만, 아직 이름은 모르는 두 사람. 바로 당신의 '경험하는 자아'와 '기억하는 자아'이다.

경험하는 자아는 당신의 의식 중에서 현재의 순간들을 체험하는 자아이다. 당신의 경우 경험하는 자아는 지금 이 문장을 읽고 있다. 잠시 후면 책을 덮고 옆으로 치운 뒤, 어쩌면 일어나서 커피를 내리게 될 것이다. 경험하는 자아는 지금 당신의 행동뿐 아니라, 당신의 생각과 감정을 경험한다. 피곤하다든지, 이가 아프다든지, 긴장하고 있다든지 하는 신체적인 상태도 지각한다. 이 모든 것이 경험의 순간에 녹아들어 있다.

한순간은 어느 정도 길이일까? 심리학자들은 약 3초 정도를 한

순간으로 본다. 그것은 우리가 현재로 느끼는 시간이다. 즉 '지금'이라는 말로 결집되는 경험이 바로 한순간이다. 이보다 더 긴 시간은 이미 여러 순간이 이어지는 것으로 경험된다. 자는 시간을 빼면 하루는 대략 2만 개의 순간으로 구성되고, 평균 수명을 산다고 가정할 때 일생은 5억 개 정도의 순간으로 이루어진다.

한순간 동안 두뇌를 질주하는 그 모든 인상들은 어떻게 될까? 거의 모든 인상이 완전히 손실되어 버린다. 한번 시험해보라. 24시간, 10분, 3초 전의 순간에 정확히 어떤 경험을 했는가? 재채기를 했을지도 모른다. 멍하니 창밖을 쳐다봤을 수도 있고, 바지에 묻은 과자 부스러기를 털어냈을지도 모른다. 하지만 무엇을 했던지 현재에는 그런 인상이 남아 있지 않다. 경험의 백만 분의 일만큼도 남지 않는다. 우리는 정말로 어마어마한 경험 낭비 기계가 아닐 수 없다.

그것이 바로 당신의 '경험하는 자아'이다. 두 번째로 소개하고 싶은 이는 당신의 '기억하는 자아'이다. 기억하는 자아는 경험하는 자아가 내버리지 않은 아주 적은 것들을 모아서, 평가하고, 정리하는 당신의 의식이다. 24시간, 10분, 3초 전에 당신이 지금까지 먹었던 초콜릿 중 가장 맛있는 초콜릿을 입 속에 넣었던 경우 기억하는 자아는 그것을 아직 알고 있을 것이다.

두 자아 간의 차이는 단순한 질문에서 드러난다. '당신은 행복합니까?'라는 질문이다. 잠시 시간을 내서 이 질문에 답해보라.

자, 당신은 어떻게 이런 답에 이르렀는가? 당신이 경험하는 자아와 상의한 경우, 그는 당신에게 현재 경험되는 상태를 전달해주었을 것이다. 바로 지금 3초간의 상태를 말이다. 방금 당신이 읽은 문장을 쓴 작가로서 나는 그 대답이 긍정적으로 나왔기를 바란다. 반면 당신이 기억하는 자아에게 행복한지 물었다면, 기억하는 자아는 요즘 어떤 기분인지, 요즘 생활에 얼마나 만족하는지 등 당신의 일반적인 정서 상태에 대해 일반적인 발언을 해주었을 것이다.

그런데 유감스럽게도 이 두 자아의 대답은 대부분 일치하지 않는다. 몇몇 연구자들이 휴가 중인 대학생들의 행복도를 조사했다. 하루에 여러 번 핸드폰으로 질문을 던지면서 문득문득 임의로 현재의 상태를 체크했고, 다른 한편으로는 휴가가 끝난 다음 대학생들에게 질문을 던졌다. 그 결과 경험하는 자아가 기억하는 자아보다 더 행복한 것은 아니었다. 놀랄 일이 아니다. 기억에는 장밋빛 안경이 작용하는 법이니 말이다. 나중에 돌아보면 많은 것들이 더 좋게 보인다. 이렇게 기억은 시스템 오류에 취약하기 때문에, 우리가 기억력을 신뢰해서는 안 된다는 의미이기도 하다.

이런 오류가 얼마나 큰지 다음 실험이 보여준다. 첫 번째 실험에서 대학생들은 손을 1분간 14도의 차가운 물에 넣고 있었다. 상당히 불쾌한 경험이다. 두 번째 실험에서는 1분간 14도의 차가운 물에 손을 담갔다가 이어 30초간 15도의 찬 물에 담가야 했다. 그 뒤에 연구자들은 학생들에게 이 두 실험 중 어떤 것을 반복하고 싶은지를 물었다. 그러자 80퍼센트의 학생들이 두 번째 실험을 반복하

고 싶다고 말했다. 사실은 말도 안 되는 대답이다. 객관적으로 보면 두 번째 실험이 더 안 좋기 때문이다. 첫 번째 실험을 고스란히 실행한 뒤 30초간 추가적으로 꽤 불쾌한 시간을 견뎌야 하는 게 아니겠는가.

그런데 왜 학생들은 두 번째 실험을 선택하는 것일까? 노벨상 수상자 대니얼 카너먼은 이를 '정점과 종점 규칙'이라 명명한다. 카너먼은 우리가 어떤 일화에서 주로 정점과 종점을 기억한다는 것을 확인했다. 그 외 다른 것들은 기억 속에 흘러들어 가지 않는다. 앞의 물 실험의 경우 정점 경험은 14도의 차가운 물로 동일했다. 반면 종점 경험은 서로 달랐다. 첫 실험의 종점(14도)이 두 번째 실험의 종점(15도)보다 더 불쾌했다. 그래서 경험하는 자아 입장에서 보면 (그리고 객관적으로 보면) 두 번째 실험이 더 불쾌한데도, 두뇌는 두 번째 실험을 더 유쾌하게 기억했던 것이다.

시간의 길이는 중요하지 않다. 실험 시간이 60초건, 90초건 대학생들의 평가에 별로 영향을 미치지 못했다. 일반적으로 말하면 휴가가 1주든 3주든 기억에는 차이가 없다는 것이다. 감옥살이를 1개월 하거나 1년 하거나 기억에는 별 영향을 미치지 못한다. 옥살이의 경험은 비슷한 강도로 기억에 남는다. 이런 오류를 '지속 기간 경시(duration neglect)'라고 부른다. 이것은 정점과 종점 규칙과 더불어 두 번째로 중요한 기억의 오류이다.

경험하는 자아가 상당히 낭비적인 반면(모든 것을 다 폐기해버리기 때문에), 기억하는 자아는 굉장히 오류에 취약해서, 잘못된 결론으로 오도한다. 기억하는 자아의 잘못된 판단 때문에 우리는 짧고 강도 높은 즐거움을 너무 과대평가하고, 고요히 오래 지속되는 소소한 즐거움을 과소평가한다. 장시간 산책보다 번지점프를 더 멋지다고 생각하고, 배우자와의 일상적인 섹스보다 원나잇 스탠드를 더 짜릿하게 느끼며, 좋은 책보다 유튜브 비디오를 더 재미있다고 생각한다.

그러다 보니 출판계에서도 자극적인 책들이 인기다. 종군기자, 익스트림 암벽 등반가, 스타트업 기업가, 행위예술가가 쓴 책들이 그렇다. 그런 책들은 한 번 사는 인생, 지지부진하게 살아서는 안 된다고 설교한다. 모험적으로 살아야 살맛이 나고, 평온하고 소소한 삶은 실패한 인생이라고 한다. 이런 저자들과 독자들은 기억하는 자아의 함정에 걸려든 것이다. 맨발로 미국을 횡단하고, 기록적인 속도로 에베레스트산을 정복하는 것은 나중에 돌아볼 때만 멋진 체험으로 다가온다. 실행하는 순간에는 힘들기만 하다. 익스트림 스포츠는 현재의 행복을 희생하여 기억을 살찌우는 활동이다.

그렇다면 경험하는 자아와 기억하는 자아 둘 중에 어느 것이 중요할까? 물론 둘 다 중요하다. 아름다운 기억을 포기하고 싶은 사람은 없을 것이다. 하지만 우리는 일반적으로 기억하는 자아를 더 높이 평가하는 경향이 있다. 그래서 현재에 충실하기보다는 추억을 모으는 데 집중한다. 이 두 자아를 비교해보라. 당신에게 무엇이 더

중요한지 결정하라. 현재의 충만한 삶이 더 좋은가, 꽉 찬 사진첩이
더 좋은가?

◆ ◆ ◆

기억에는 장밋빛 안경이 작용한다. 나중에 돌아보면 많은 것들이
더 좋게 보인다. 이렇게 기억은 시스템 오류에 취약하기 때문에 기
억력을 신뢰해서는 안 된다.

체험이 기억보다 낫다

당신에게 가장 좋은 경험을 상상해보라. 10년간 카리브해 크루즈 여행, 우주선을 타고 은하수 횡단하기, 아니면 최고급 식당에서 하느님과 식사를 하면서 1947년산 샤토 슈발 블랑(20세기 최고의 와인으로 꼽히는 프랑스 보르도 지역의 레드 와인 - 옮긴이)을 곁들인다든지……. 이런 경험을 위해 당신은 얼마를 지불할 용의가 있는가?

잠시 시간을 내어 자신이 상상하는 최고의 경험과 그 경험에 얼마를 지불할 용의가 있는지 가격상한선을 메모해보라.

만약 그런 환상적인 경험을 깡그리 잊고 기억할 수 없다면, 그 체험에 얼마를 지불하겠는가? 여행 후에 카리브해 호화 유람선이 어떻게 생겼는지 전혀 기억이 안 나고, 우주선에서 내려서는 별이 얼마나 환상적으로 빛났는지 더 이상 알지 못한다면, 하느님이 남자였는지 여자였는지는 물론이고, 샤토 슈발 블랑이 어떤 맛이었는지 도통 떠올릴 수 없다면? 아무리 머릿속을 뒤져보아도 아무것도 남아 있지 않다면 말이다. 이 질문에 대답한 대부분의 사람들은, 그렇다면 돈을 주고 그런 체험을 할 가치가 없다고 답했다.

당신도 마찬가지일 것이다. 하지만 멋진 체험을 한 뒤 하루 동안 기억을 간직할 수 있다면, 얼마를 지불하겠는가? 1년간 기억난다면? 또는 10년을 기억할 수 있다면 얼마를 지불하겠는가?

유감스럽게도 이에 대한 학문적 조사 결과는 존재하지 않는다. 하지만 주변 사람들에게 물어본 결과, 경험은 기억을 통해 비로소 소중해지는 것으로 나타났다. 이런 현상을 '기억의 계좌'라 부른다. 기억에 오래 남을수록, 그 경험은 더 소중한 것이다. (긍정적인) 기억이 죽을 때까지 지속되면 그 경험은 최고의 가치를 지닌 경험이며, 기억이 남은 인생의 절반까지만 미치면 그 경험은 절반의 가치만을 지닌다. 이렇게 0점까지 내려간다. 전혀 기억에 남지 않는 경험은 전혀 가치가 없는 것으로 느껴진다. 이런 생각은 놀라우면서도 황당하다. 기억과 상관없이, 아무것도 경험하지 않는 것보다는 환상적인 경험을 하는 편이 더 좋지 않겠는가. 어쨌든 체험하는 순간은 환상적인 시간인 것을! 그리고 어차피 죽으면 아무것도 기억하지 못한다. 당신과 내가 더 이상 존재하지 않게 될 테니까 말이다. 죽음은 당신의 기억을 완전히 지울 것이다. 그러므로 이때까지 기억을 질질 끌고 가는 것이 그렇게 중요하지 않다.

치매 환자의 감정 세계를 살펴보면 꽤 재미있다. 그들은 순간순간을 경험하지만, 기억하지 못하기 때문이다. 지금까지 알려진 바로는, 대부분의 동물들도 마찬가지다. 그들은 순간에 충실할 뿐, 기억은 별로 없다. 그래서 "저 사람들은 어차피 기억도 못할 텐데" 하면서 치매 환자들을 함부로 대하는 사람들이 생긴다. 기억하지 못하는 것은 맞지만 치매 환자들도 순간순간은 경험한다. 경험하는 자아는 작동하는 것이다. 당신도 마찬가지다.

연구에 따르면 아름다운 기억이 있는 사람들이 더 행복하다고 한다. 특히나 그들이 장밋빛 안경을 쓰고 추억을 떠올리는 경우에 말이다. 그래서 많은 심리학자들은 의도적으로 시간을 내어 과거의 아름다운 기억을 떠올리라고 조언한다. 하지만 내가 보기에 이 노력은 미심쩍다. 과거를 길어 올리는 것보다 차라리 현재의 아름다운 순간을 만드는 데 시간을 투자하는 게 낫지 않은가? 내 생각에는 현재의 순간을 의식적으로 경험하는 데 들이는 수고가 과거의 기억을 새록새록 떠올리는 데 들이는 수고보다 더 낫다. 그리고 현재의 체험이 과거의 흐릿한 기억보다 더 강하고, 다채롭고 더 즐겁지 않은가? 그렇다고 순간을 만끽하기 위해 낙하산을 타고 뛰어내리거나, 완벽한 일몰을 마주해야 한다는 것이 아니다. 당신이 지금처럼 의자에 앉아 이번 장을 읽고 있다 하여도 (바라건대) 당신은 행복한 시간들을 경험하고 있는 것이다. 해묵은 기억을 뒤지는 대신, 이런 시간의 파편들을 의식적으로, 신체적으로 지각하라. 기억을

뒤져봤자 어차피 많이 발굴할 수도 없다. 휴가 여행의 경우에도 정점이나 종점만 기억날 뿐이 아니던가. 그것이 우리가 지난 장에서 살펴보았던 대니얼 카너먼의 '정점과 종점 규칙'이었다. 정점과 종점 외에 두세 가지 다른 장면도 떠오를지도 모른다. 하지만 그것이 전부다. 사람들은 여전히 기억한다는 것이 영화를 보듯 다시 한 번 필름을 돌리는 것이라 믿는다. 그렇지 않다. 기억은 일차원적이고, 추상적이며, 종종 부정확하고, 부분적으로는 멋대로 꾸며낸 것이며, 결국은 쓸데없는 것이다. 한마디로 말해 우리는 기억의 가치를 너무 과대평가하고, 경험하는 순간의 가치는 과소평가한다.

1960년대에 들어 '지금, 여기(Be Here Now)' 의식이 주목받으면서, 이런 경향에 처음으로 필요한 수정이 이루어진 적이 있다. 당시 젊은이들은 환각제, 자유연애, 해프닝을 통해 이런 가치관을 실험했다. 1971년 해고당한 하버드대학 교수 리처드 앨퍼트(인도의 구루 '람 다스'라는 이름으로 잘 알려져 있다)는 베스트셀러 《지금 여기에 살라》를 썼다. 한창 떠오르는 생의 감정을 위해 이보다 더 좋은 모토는 없을 텐데, 람 다스가 설파했던 대부분의 가르침은 오랜 불교적 가르침들로, 그는 그것을 서구사회에 적절히 접목시켰다. 오늘날에는 '마음 챙김(mindfulness)'이라는 개념으로 60년대의 '현재에 충실한 삶'이 다시 유행하고 있다. 도시의 힙스터, 요가 스승, 라이프스타일 코치들이 마음 챙김 명상에 심취해 있다.

마음 챙김이 때로 '앞날은 전혀 생각하지 않는 것'으로 혼동되는 것만 제외하면 상당히 좋은 현상이다. 또한 "하루하루를 마지막 날인 것처럼 살라" 하는 흔한 조언도 우려스럽다. 조언을 듣는 대상을 순식간에 병원으로, 무덤으로, 감옥으로 내몰기 때문이다. 그러므로 미래를 준비하고 위험한 함정들을 제때 알아채고 멀찌감치 돌아가는 것도 좋은 삶에 속한다는 것을 알아야 한다.

우리의 두뇌는 자동적으로 과거, 현재, 미래 이 세 가지 시간적 차원에 몰두한다. 문제는 그중 어떤 것에 가장 집중해야 하는지다. 그러므로 나의 조언은 이것이다. 때로는 장기적인 계획을 세워라. 그리고 그 계획이 세워지면 현재에 집중하라. 미래의 기억 대신에 현재의 경험을 극대화하라. 아름다운 일몰을 보면 사진 찍는 대신 그 순간을 즐겨라. 환상적인 순간들로 이루어진 삶은 기억이 없다 해도 환상적인 삶이다. 경험을 기억의 계좌에 넣는 납입금으로 여기는 걸 멈춰라. 그래 봤자 세상을 떠나는 날에는 기억의 계좌도 모두 없어져 버리는 것이다.

◆ ◆ ◆

멋진 기억이 많다고 행복하거나 좋은 삶을 사는 것은 아니다. 행복이나 만족은 현재의 상태이기 때문이다. 그러니 지금 체험하는 것에 집중하자.

당신의 인생은
인과적이지 않다

자기 위주 편향

1차 세계대전에 대해 당신은 알고 있는가? 1914년에 사라예보에서 세르비아의 한 청년이 오스트리아-헝가리 제국의 황태자를 암살했고, 이어 오스트리아-헝가리 제국은 세르비아에 전쟁을 선포했다. 당시 거의 모든 유럽 국가들이 각각 동맹을 맺고 있었으므로, 이제 이들은 두 진영으로 나뉘어 전쟁에 참가하게 되었다. 그런데 어떤 동맹도 우세하지 않아 전황은 교착상태를 유지하다가, 결국은 유례없는 대량 살상과 물적 손실이 일어났다. 베르됭은 이 참혹했던 참호전을 상징하는 도시가 되었으며, 1918년 총 1700만 명의 전사자를 내고 전쟁이 끝났다.

당신은 1차 대전에 대해 이 정도를 머릿속에 넣고 있을 것이다. 역사학자가 아닌 이상에는 말이다. 역사학자라면 당신은 그게 다가 아님을 알 것이다. 전쟁의 정황은 우리가 생각하는 것보다 훨씬 복합적이었고, 복잡했으며, 우연으로 점철되어 있었다. 우리는 지금도 1차 세계대전이 왜 세르비아에서 시작되었는지 이해하지 못한다. 당시에는 암살이 (오늘날보다 더) 많았고, 동일한 이유로 독일이 프랑스에게 먼저 선전포고를 하거나, 프랑스가 독일에게 먼저 선전포고를 했을 수도 있기 때문이다. 또한 참호전이 왜 그리 오래 지속되었는지도 알지 못한다. 1차 세계대전이 일어나기 바로 전에 무기 기술이 상당히 개선되어 독가스, 잠수함, 기관총, 최초의 공중 무기들이 등장했고, 나중에 돌아보면 이것이 전선을 훨씬 더 유동적으로 만들었을 수도 있었는데 말이다.

우리의 두뇌는 종종 컴퓨터와 비교된다. 하지만 이런 비유는 적당하지 않다. 컴퓨터는 가공하지 않은 데이터를 정보의 최소 단위인 비트 형태로 저장한다. 그러나 두뇌는 날것의 데이터가 아닌, 가공된 데이터를 저장한다. 두뇌가 좋아하는 형태는 비트가 아니라 스토리다. 왜 그럴까? 우리의 두뇌 속 저장 공간이 한정되어 있기 때문이다. 뇌세포가 800억 개라고 하면 굉장히 많아 보이지만, 그것은 우리가 보고, 듣고, 읽고, 냄새 맡고, 맛보고, 생각하고 느끼는 모든 것을 저장하기에는 충분하지 않다. 그래서 두뇌는 데이터를 압축하는 트릭을 고안했다. 그것이 바로 스토리다.

실제 세계는 스토리를 알지 못한다. 당신이 확대경을 들고 10년간 전 세계를 누비며 돌 하나하나를 뒤집어본다 해도, 당신은 이야기를 한 개도 발견하지 못할 것이다. 눈에 보이는 것은 암석과 동물과 식물과 균류뿐이다. 최신 현미경을 동원하면 세포, 분자, 원자, 마지막에 소립자까지 볼 수 있지만, 이야기는 도무지 발견되지 않는다. 1차 세계대전의 한가운데에 있었다 해도, 당신은 1차 세계대전을 보지 못했을 것이다. 이상한 철모를 쓴 사람들로 가득한 참호와 그루터기만 남은 숲, 공중을 날아다니는 총알, 그리고 수많은 시체와 말의 사체만을 보았을 것이다.

두뇌는 사실로부터 어떻게 기억을 자아낼까? 사실을 압축적이고(compact), 일관되고(consistent), 인과적인(causal) 이야기로 연결시킴으로써 기억을 만들어낸다. 이 3C가 중요하다. 압축적이라는 말은 이야기가 짧고 단순하고, '구멍'이 없다는 뜻이다. 일관적이라는 말은 이야기에 모순이 없다는 것이며, 인과적이라는 말은 원인과 결과가 있다는 것이다. 즉 A는 B로 B는 C로 이어지는 논리적인 전개를 보인다는 뜻이다.

두뇌는 저절로 이렇게 기억을 만들어낸다. 전쟁이나 주가지수 변화, 유행의 흐름과 같은 사실뿐 아니라, 자기 자신의 인생 이야기도 마찬가지다. 스토리를 만드는 것은 지난 장에서 살펴보았던 기억하는 자아의 주된 업무다. 삶의 이야기는 당신이 누구이며, 어디에서 왔고 어디로 가는지, 당신에게 무엇이 중요한지 등을 그 내용으로 담는다. 그것을 '자아상'이라 부르기도 한다. 이런 삶의 이야기는 아주 압축적이다. 누군가 당신에게 당신이 누구냐고 물어보면 당신

은 불과 두세 문장으로 짧게 대답할 것이다. 또한 당신 삶의 이야기는 일관적이다. 모순된 일은 편하게 망각해버리고, 기억이 나지 않는 틈은 (전혀 의식하지 못하는 가운데) 고안한 이야기로 메꾼다. 당신 삶의 이야기는 인과적이기도 하다. 당신의 행동은 이해가 가능하고, 당신의 삶에 일어나는 모든 일은 이유가 있다. 압축적이고, 일관적이고, 인과적이다.

하지만 당신이 머릿속에 넣고 다니는 이야기는 얼마나 사실적일까? 나의 세 살배기 아들들이 분필로 담벼락에 끼적여놓은 나의 초상화만큼이나 실제와는 거리가 멀 것이다. 이제 당신은 "그럴 수도 있지, 그게 문제라도 되나요?"라고 말할지도 모른다. 물론 문제가 된다! 네 가지 이유에서다.

첫째, 우리는 생각보다 훨씬 더 빠르게 변한다. 기호(취미, 좋아하는 음악이나 음식)뿐 아니라, 변하지 않을 것만 같은 인격적 특성과 가치관도 변한다. 우리는 20년 혹은 40년 뒤의 우리 자신을 위해 현재 주당 70시간씩 이를 악물고 일하며, 자녀를 키우고, 별장도 구입하지만, 정작 그 세월 뒤의 우리 자신은 지금 우리가 상상하는 사람이 아니다. 미래의 우리 자신은 별장 같은 것은 전혀 원하지도 않고, 자신이 왜 그리 이름 모를 고용주와 주주에게 일주일에 70시간씩 봉사하다가 심근경색에 이르렀는지 정말 이해가 가지 않는다는 듯 고개를 설레설레 흔들지도 모른다.

둘째, 우리의 삶은 보기보다 계획대로 되지 않는다. 우연이 생각보다 커다란 역할을 한다. 하지만 최근 100년 사이에 우리는 수천 년간 인류의 사상적 장비로 자리매김해왔던 운명, 혹은 행운의 여신 포르투나에 대한 생각을 뇌리에서 거의 지워버렸다. 그래서 사고나 질병, 전쟁, 죽음 등 갑자기 안 좋은 일이 닥치면 너무나 충격을 받는다. 지난 세기만 해도 이런 불행들은 기꺼이 용인되었다. 사람들은 마음속으로 운명의 여신의 갑작스러운 방문에 대비하고 있었다. 오늘날 운명은 '시스템의 고장' 정도로 여겨지지만, 운명의 여신에게 다시 필요한 장비를 주고 역할을 하게 한다면 좋은 삶이 될 것이다.

셋째, 우리가 상상력으로 지어낸 삶의 이야기는 각각의 사실을 (전후관계에 얽매여 다르게 해석하거나 구실을 붙이지 않고) 있는 그대로 판단하기 어렵게 한다. 구실이나 핑계는 실수에서 배울 수 없게 방해하는 브레이크 패드다.

넷째, 우리는 스스로를 실제보다 더 선하고, 더 멋지고, 더 성공적이고, 더 똑똑하다고 여긴다. 이런 '자기 위주 편향(self-serving bias)'은 현실적으로 보지 못하게 함으로써 위험을 더 많이 감수하게 한다. 스스로를 너무 중요하게 여기게 한다.

우리는 잘못된 자아상을 가지고 살아가고 있다. 우리는 우리가 생각하는 것보다 훨씬 다면적이고 모순적이고 불합리한 존재다. 그러므로 사람들이 당신을 잘못 평가해도 놀라지 말라. 당신도 그렇게 하고 있으니 말이다. 자신에 대한 현실적인 상을 알고 싶다면,

배우자나 오랜 친구처럼, 오래전부터 당신을 잘 아는 사람, 그리고 솔직하게 말해줄 수 있는 사람에게 물어보라. 일기를 써보는 것도 좋다. 몇 년 전 일기를 간혹 다시 읽어보라. 놀라게 될 것이다. 모순과 결점, 어두운 면까지 포함하여 스스로를 가능하면 있는 그대로 보는 것은 좋은 삶의 모습에 속한다. 스스로를 아는 사람은 앞으로 자신이 원하는 모습이 될 확률이 더 많다.

◆ ◆ ◆

역사를 배우는 것은 세상일의 대부분이 우연적이고 혹은 운명적이라는 것을 알기 위해서다. 세상은 꼭 어떤 이유와 결과로 움직이지 않는다. 특히 이런 태도는 불행을 대할 때 특히 도움이 된다. 나쁜 일은 그냥 벌어지는 것일 뿐이다.

죽음에 대한 생각은
시간 낭비

제임스 딘 효과

"인생의 마지막 순간 인생을 돌아보면서 어떤 말을 하게 될까?" 이런 생각을 해본 일이 있는가? 숭고한 생각처럼 보이지만 사실은 상당히 쓸데없는 생각이다. 임종 당시 정신이 그렇게 똘망똘망한 사람은 거의 없기 때문이다. 저승으로 가는 가장 커다란 문은 심근경색, 뇌졸중, 암이다. 이 중 심근경색과 뇌졸중은 철학적 고찰을 할 시간을 주지 않는다. 암의 경우 시간은 있지만 대부분 진통제 때문에 이미 제정신이 아니다. 치매나 알츠하이머를 앓던 중 맞는 임종 시에도 인생의 깨달음에 이를 수가 없다. 설사 '마지막 순간'에 자신의 삶을 돌아볼 여유가 있다 해도, 앞에서 살펴본 것처럼 그 기억은 현실과 한참 유리된 것들이다. 기억하는 자아가 시스템 오류를 일으켜, 거짓된 이야기를 주워섬기기 때문이다.

따라서 죽음의 순간이나 마지막 시간을 가정해보는 것은 쓸모없는 짓이다. 어차피 지금 상상하는 것과는 다르게 될 테니 말이다. 당신이 마지막 순간에 어떤 기분일지도 전 인생과 관련하여 전혀 중요하지 않다.

노벨상을 수상한 대니얼 카너먼은 기억이 저지르는 여러 가지 체계적 오류를 발견했는데, 그중 하나가 바로 '지속 기간 경시'의 오류다. 어떤 일의 시간적 길이는 기억에 반영되지 않는다는 것이다. 당신의 두뇌는 3주간의 휴가든 1주간의 휴가든 나중에 돌아보면 비슷하게 평가한다. 전체적인 판단에는 휴가의 정점과 종점만이 중요하게 작용하기 때문이다. 전반적으로 흥미로운 영화도 끝이 불만족스러우면 기억 속에서 나쁜 영화로 남는다. 파티, 음악회, 책, 강연, 거주지, 파트너 관계 등도 마찬가지다.

그렇다면 전 인생을 평가할 때도 마찬가지일까? 안나의 인생을 평가해보면서 과연 그런지 한번 살펴보기로 하자. "안나는 결혼하지 않았고 아이도 없었다. 그녀는 굉장히 행복했고 즐겁게 일했으며, 휴가와 여가를 즐기고 친구도 많았다. 그리고 30세 되던 해에 갑자기 교통사고로 고통 없이 저세상으로 갔다." 자, 안나의 인생이 얼마나 매력적인지 5점(그저 그렇다)을 중간점수로 하여 1점(비참하다)에서 9점(엄청 멋지다)까지 점수를 매겨보라.

이제 베르타의 인생을 평가해보라. "베르타는 결혼하지 않았고 자녀도 없었다. 그녀는 굉장히 행복했고, 일도 재미있게 했으며 휴가와 여가를 만끽하고, 친구도 많았다. 인생의 마지막 5년간은 전처럼 그렇게 행복하지는 않았지만, 그런대로 유쾌하게 지냈다. 그리고 35세에 갑작스럽게 교통사고를 당해 고통 없이 저세상으로 갔다." 자, 베르타의 삶에도 점수를 매겨보라.

미국의 연구자들이 대학생들에게 이와 비슷한 삶의 이야기를 제시했을 때, 학생들은 베르타보다 안나의 인생에 더 높은 점수를 주었다. 하지만 이건 이치에 안 맞지 않는가? 안나와 베르타는 모두 30년간 굉장히 행복하게 살았고, 안나는 바로 세상을 떠난 반면, 베르타는 전만큼 좋지는 않았지만, 그런대로 유쾌한 5년을 더 보냈는데 말이다. 이성적으로 따지면 베르타의 삶에 더 좋은 점수를 주어야 할 것이다. 하지만 안나의 삶은 클라이맥스에서 끝을 맺은 반면 베르타는 좀 더 하강한 수준에서 끝을 맺었다. 여기에서도 정점과 종점의 규칙이 작용하는 것이다. 추가적인 5년간의 유쾌한 삶이 헤아려지지 못한다니 놀랍다. 연구자들은 이런 결과를 '제임스 딘 효과(James Dean effect)'라 명명했다. 제임스 딘은 한창 인생의 클라이맥스를 구가하던 중 교통사고로 세상을 등졌다. 꽃다운 나이 24세 때였다. 그가 이후 수년 혹은 수십 년간 그럭저럭 행복하고, 그럭저럭 성공적인 배우로 살다가 인생을 마쳤다면, 그의 인생은 그토록 매력적으로 여겨지지 않았을 것이다.

자, 이제 안나와 베르타의 인생을 다시 평가해보자. 단, 이번에는 자동차 사고가 (안나의 경우) 60세에, (베르타의 경우) 65세에 일어났

다. 다른 모든 것은 그대로다. 이제 당신은 이 두 사람의 인생에 몇 점을 주겠는가?

연구에 참가한 실험대상자들도 이 질문에 다시 답했고, 그 결과 (정점과 종점의 규칙에 따라) 안나의 인생이 베르타보다 더 높은 점수를 받았다. 그러나 당혹스럽게도 이제 안나가 경험하게 된 추가적인 30년간의 행복한 세월이 전혀 점수에 반영되지 않았다. 안나가 30세에 죽었건, 60세에 죽었건 간에 그녀 인생의 매력도에는 별다른 영향을 미치지 못했다. 베르타의 경우도 마찬가지였다. 이것이야말로 정말 말이 안 되지 않는가. 이는 지속 기간 경시의 오류를 보여주는 전형적인 예이다.

우리는 인생 경로의 매력을 평가하는 것을 상당히 힘들어하며, 체계적인 사고의 오류를 범한다. 안나와 베르타 같은 가상 인물의 경우에는 용서할 수 있는 일이다. 하지만 자신의 진짜 인생이라면 그럴 수 없을 것이다. 당신이 제임스 딘처럼 인생의 클라이맥스에 세상을 떠나지 않고, 꽤 긴 세월을 신체적 정신적으로 기력이 소진되다가 세상을 떠날 것임을 직시하라. 신체적 정신적으로 쇠약해지면서 순간순간의 평균적 행복은 불편이 없던 젊은 시절에 비해 감소할 것이다. 여기서 어떤 결론을 이끌어낼 수 있을까? 이런 쇠약함이 당신의 전 인생에 대한 평가를 흐리지 못하게 하라. 좋은 삶을 살다가 임종 때 몇 시간 힘들게 보내는 것이, 괴로운 인생을 보내고 마지막에 아름다운 죽음을 맞는 것보다 더 낫다. 노화와 죽음은 좋은 삶을 산 대가로 치러야 하는 것들이다. 만찬을 즐긴 다음에는 상당한 가격을 치러야 한다. 나는 커리부어스트(소시지에 케첩과 커리 가루를 뿌린 독일의 길거리 음식 - 옮긴이)와 같은 음식에는 그런 금액을 지불할 용의가 없다. 그러나 고급 레스토랑에서 좋은 사람들과 여섯 가지 코스 요리를 즐겼다면 기꺼이 넉넉히 지불할 것이다.

결론적으로 '누가 더 오래 사나?'를 시합하는 것은 천박한 일이다. 그리고 좋은 죽음보다는 좋은 삶이 훨씬 낫다. 어떻게 하면 좋은 삶을 살지에 대해 많이 생각하되, 어떻게 하면 좋게 죽을지를 생각하는 것에는 시간을 낭비하지 말라. 죽음에 대한 생각은 기껏해야 당신의 철천지원수의 죽음을 슬쩍 그려볼 때 외에는 하등의 쓸모가 없는 것이다. 뭐 그런 생각은 해도 된다. 그것은 정신건강에 도움이 된다. 세네카도 이렇게 말하지 않았는가. "안심하라. 그대여. 그대의 원수는 죽게 될 것이다. 그것을 위해 그대는 손가락 하나 까닥할 필요도 없다."

◆ ◆ ◆

좋은 삶을 살다가 임종 때 몇 시간 힘든 것이, 괴로운 인생을 보내고 마지막에 아름답게 죽는 것보다 더 낫다. 그러니 좋은 죽음에 대한 생각으로 시간을 낭비 말자.

과거의 상처로부터
벗어나려면

자기 연민의 소용돌이

광대인 카니노는 공연을 시작하기 직전에 사랑하는 아내가 그를 배반하고 다른 남자와 떠나려 한다는 사실을 알게 된다. 이제 그는 무대 뒤에서 홀로 분장하면서 울음을 참느라 애쓴다. 무대 앞에는 관객들이 그가 출연하기를 기다리고 있고, 잠시 후면 그는 관객을 웃겨야 한다. 쇼는 계속되어야 하는 것이다. 그는 '의상을 입어라'라는 아름답고 슬픈 아리아를 부르고 분장한 얼굴 위로 눈물이 뚝뚝 떨어진다.

1892년에 초연된 루지에로 레온카발로의 오페라 〈팔리아치〉의 1막은 그렇게 끝난다. '의상을 입어라'는 여태껏 작곡된 곡 중 가장 슬픈 아리아로 꼽힌다. 전 세계의 굵직한 테너치고 이 아리아를 부르지 않은 사람이 없을 정도다. 엔리코 카루소, 플라시도 도밍고,

호세 카레라스도 이 구슬픈 아리아를 불렀다. 유튜브에 '파바로티(Pavarotti)'와 '의상을 입어라(Vesti la giubba)'를 입력하면, 어릿광대 카니오를 연기하는 파바로티의 자기 연민에 찬 음성이 당신의 마음을 아프게 할 것이다.

2막에서 이 오페라는 비극적인 결말로 끝난다. 칼부림이 일어나고, 모두가 죽고 만다. 클라이맥스가 지나간 뒤의 이런 결말은 사람들의 마음을 그리 동요하게 하지 못한다. 하지만 이 오페라가 초연된 이래 눈물에 젖은 광대의 모습은 우리의 문화적 기억 속에서 지워지지 않았고, 대중문화 속에도 자리매김했다. 그리하여 스티비 원더의 노래 '광대의 눈물(Tears of a clown)'은 1960년대 가장 많이 팔린 싱글이 되었다.

이 아리아를 들으면 눈시울이 뜨거워질 수밖에 없지만 카니오 같은 태도가 너무 오래 지속되면 좋지 않다는 것은 확실하다. 자기 연민은 삶의 역경에 대한 가장 비생산적인 반응이고 아무것도 변화시키지 못한다. 그냥 감정적 소용돌이일 뿐이다. 그런 소용돌이 속에서 오래 허우적거릴수록 더 나빠지기만 한다. 자기 연민에 사로잡힌 사람들은 빠르게 망상에 빠진다. 주변 사람들, 아니 온 인류가, 혹은 온 우주가 자신을 힘들게 하기로 공모한 듯한 느낌을 받는다. 그러다 보니 자기 연민에 빠진 사람을 둘러싸고 악순환이 일어나, 어느 순간 주변 사람들 모두 자연스럽게 그 사람에게서 등을 돌리게 된다. 그래서 나는 내 안에서 자기 연민의 기미가 감지되면, 곧장 이 위험한 소용돌이에서 벗어나려고 노력한다. "당신이 구덩이 안에 있다면, 구덩이 파는 걸 중단하라"는 모토로 말이다.

투자가 찰리 멍거는 늘 인쇄된 카드를 한 묶음 가지고 다니는 친구 이야기를 들려준다. 그 친구는 누군가 조금이라도 자기 연민의 빛을 띠는 사람을 만나면, 카드 묶음의 맨 위 장을 꺼내어 상대의 손에 쥐어준다. 그 카드에는 이렇게 적혀 있다. "당신의 이야기는 너무나 내 마음을 울리네요. 나는 당신보다 더 비참하게 지내는 사람을 본 적이 없어요." 약간 인정머리 없는 방법이긴 하지만, 상대에게 자신이 얼마나 자기 연민적인 태도를 구사하고 있는지를 깨닫게 해주는 신선하고 위트 있는 방법임에 틀림없다. 멍거의 말이 옳다. 자기 연민은 치명적으로 잘못된 사고다.

자기 연민은 집단적 차원에서도 좋지 않다. 예를 들어 '과거사 처리'의 문제도 그렇다. 과거사 처리는 몇십 년 때로는 몇백 년 전에 있었던 사건의 희생자들을 다루는 문제다. 대학의 많은 연구자들은 이런 피해의 역사적 뿌리를 노출시키고, 세밀하게 분석한다. 문제는 '과거사 처리'를 위해 그 사건의 희생자를 자처하는 집단들의 자기 연민을 강화할 때 벌어진다. 물론 오늘날의 아프리카계 미국인들은 노예제도와 인종차별 정책의 후손들이다. 여성, 원주민, 유대인, 동성애자, 이민자 모두가 그런 과거와 관계되어 있다.

그럼에도 불구하고 집단적인 자기 연민적 사고는 매우 유해하다. 자기 연민적 태도 자체는 오늘의 집단을 과거의 희생자와 동일화

할 것을 요구하고, 그 과정에서 동일화가 강한 이와 아닌 이들의 차이만 부각시킨다. 이로 인해 오늘의 시점에서 함께 문제를 해결할 수 있는 사람들이 갈라진다. 과거사 처리에 대한 더 많은 이들의 동의가 필요한 때에 동의하는 이들이 줄어드는 것이다. 과거의 문제를 해결하는 방법은 간단하다. 그냥 인정하고, 헤쳐 나가는 것이다. 그런데 자기 연민적 태도는 이 두 가지 태도 중 어떤 것에도 도움이 안 된다. 심지어 그냥 견디는 데도 도움이 안 된다. 집단적인 자기 연민은 개인적인 연민과 마찬가지로 아무런 득이 없다.

'처리'의 두 번째 형태는 개인적인 영역에서 이루어진다. 심리치료사의 소파에서 환자들은 자신의 유년시절을 파헤치며, 망각하는 편이 좋았을 온갖 일들을 끄집어낸다. 그리고 그런 일들에 현재의 달갑지 않은 상황에 대한 책임을 뒤집어씌운다. 이런 일은 두 가지 면에서 문제가 있다. 첫째, 다른 사람, 특히 자기 부모의 잘못에도 유효기간이 있다는 것이다. 마흔이 넘었는데 아직도 부모의 탓을 하는 사람은 미성숙한 사람으로, 어려움을 겪어도 싸다.

둘째, 연구에 따르면 유년기의 트라우마(부모의 죽음, 이별, 방치, 성적 학대)와 성인이 되었을 때의 행복감이나 성공 여부는 별로 상관관계가 없다고 한다. 미국 심리학회 전 의장 마틴 셀리그만은 몇 백 개의 연구를 분석하고 이런 결론을 내렸다. "유년시절의 사건들과 성인의 인격 사이의 빈약한 상관관계조차 입증하기 힘든데, 하물며 크고 중대한 영향이 있다는 암시는 없다." 과거사보다는 유전자가 결정적으로 작용하며, 유전자의 구성은 우연에 기초한다. 그러므로 현 상황에 대한 책임을 유전자에 돌릴 수는 있다. 난소 복권을 탄식하라. 하지만 그런다고 무슨 도움이 될까?

결론을 내려보자. 자기 연민의 진창을 뒹굴지 않는 것은 정신건강의 중요한 규칙에 속한다. 삶이 완벽하지 않다는 사실을 인정하라. 당신의 인생이나 다른 사람의 인생이나 마찬가지다. 로마의 철학자 세네카는 "운명이 내던져져 당신을 강타할 것이다. 삶은 쉽지 않다"라고 했다. 한 번 불행했다고, 계속 불행하게 살라는 법이 어디 있는가? 지금 삶이 힘들다면 뭔가 조치를 취하라. 아무것도 할 수가 없다면, 그 상황을 견뎌라. 한탄하는 것은 시간낭비다. 자기 연민에 빠져 있는 동안에는 불행을 극복하는 데 도움되는 일을 전혀 하지 못한다. 그리고 자기 연민은 원래의 불행에 더하여 스스로를 갉아먹는 불행을 추가하는 행위다.

◆ ◆ ◆

자기 연민은 아무것도 변화시키지 못한다. 그 속에서 오래 허우적거릴수록 더 나빠지기만 한다. 그러니 자기 연민의 기미가 조금이라도 감지되면, 곧장 이 위험한 소용돌이에서 벗어나려고 노력하라.

즐거움과 의미는
양립할 수 있을까

다음 활동은 당신에게 얼마나 즐거움을 주는가? 초콜릿 케이크를 먹는 것, 전쟁터에서 조국을 위해 싸우는 것, 취미 생활을 열심히 하는 것, 아이들을 키우는 것, 아프리카에 병원을 세우는 것, 지구 온난화를 막는 것, 월드컵 축구경기를 구경하는 것, 몸이 불편한 할머니가 길 건너는 것을 도와주는 것, 카리브해로 떠나는 힐링 여행. 0점(하나도 즐겁지 않다)에서 10점(너무나 즐거워서 그보다 좋은 것은 상상할 수 없다)까지 점수를 매겨보라.

대부분의 사람들은 초콜릿, 텔레비전 시청, 힐링 여행 등에 9점이나 10점을 주고, 자녀 양육에 2점 내지 3점을 준다.

자, 그럼 다음 질문이다. 위에 열거한 활동들은 당신 생각에 얼마나 의미가 있는가? 0점(전혀 의미가 없다)에서 10점(굉장히 의미가 있다)까지 점수를 매겨보라.

대부분의 경우 점수 서열은 아주 달라질 것이다. 자녀 양육이 힐링 여행보다 훨씬 높은 점수를 얻을 것이고, 몸이 불편한 노인을 도와주는 것이 초콜릿을 먹는 것보다 훨씬 의미 있게 다가올 것이다.

그렇다면 이제 무엇이 중요할까? 우리가 어디에 집중해야 할까? 어떤 활동이 좋은 삶을 구성하는 것일까? 즐거운 일인가 의미 있는 일인가?

기원전 5세기에 이미 그리스 철학자들은 이런 질문에 답했다. 소수의 쾌락주의자들은 가능하면 직접적인 즐거움을 많이 누려야 좋은 삶을 살 수 있다고 주장했다. 쾌락을 뜻하는 영어의 형용사 'hedonic'은 고대 그리스어 'hedoné'에서 유래했는데, 이 단어는 원래 즐거움, 기쁨, 향락, 감각적 욕망을 뜻한다. 구체적으로 말하면, 스마트폰으로 재미있는 유튜브 영상을 볼 수 있고, 동시에 노인이 길을 건너는 걸 도와줄 수 있다면 당연히 전자를 택한다는 의미다.

대부분의 철학자들은 직접적인 즐거움은 저속하고 퇴폐적이고 동물적인 것이며, 좋은 삶은 무엇보다 소위 고차원적인 기쁨들로 구성된다고 주장했다. 그리고 이런 고차원적인 기쁨을 추구하는 것을 행복주의라고 불렀다. 이런 용어가 생기자마자, 철학자들은 이것을 어떤 내용으로 채워야 할지 고민을 거듭했고, 많은 철학자들은 고결한 삶만이 좋은 삶이라는 결론에 도달했다. 즉 월드컵 경기를 보는 대신 아프리카에 병원을 짓는 쪽이 더 행복하다는 것이다. 어떤 미덕은 특히나 행복하게 만드는 것으로 여겨졌다. 예를 들면 플라톤과 아리스토텔레스는 사람은 가능하면 용기 있고 담대하며 정의롭고 지혜로워야 한다고 보았다. 몇백 년 뒤 가톨릭 교회는 이 네 가지 개념을 흔쾌히 받아들여, 가톨릭의 사대덕목으로 현대화시켰다. 바로 절제, 용기, 정의, 지혜가 그것이다. 하지만 이런 논리를 따른다면, 이상한 결론에 도달한다. 하버드대학의 심리학자 대니얼 길버트가 지적한 것처럼 "아르헨티나 해변에서 일광욕을 하는 나치 전범은 사실은 행복한 것이 아닌 반면, 식인종에게 산 채로 먹히고 있는 경건한 선교사는 행복한 형국"이 되어버리는 것이다.

런던 경제 대학 심리학자 폴 돌런은 이 난국을 해결하고자 했고 다음과 같은 결론을 내렸다. 모든 음에 두 가지 특성(음 높이와 소리 크기)이 있듯이 모든 경험의 순간도 두 가지 요소를 가지고 있다. 즉 쾌락의 요소와 의미의 요소 말이다. 쾌락의 요소는 직접적인 즐거움이다. 반면 의미의 요소는 각각의 순간이 주는 의미를 느끼는 것이다. 가령 초콜릿을 먹는 것은 대부분의 사람들에게 쾌락적 요소는 높고 의미적 요소는 낮게 경험된다. 그리고 몸 불편한 노인을 돕는 일은 쾌락적 요소는 낮지만, 의미적 요소는 높게 경험된다.

폴 돌런은 '의미 있는 것'을 구체적으로 정의하지 않음으로써 2500년 된 미덕의 사상누각을 허물었다. "보면 안다"라는 모토에 충실하게 모든 인간은 자신이 경험하는 순간이 의미가 있는지, 없는지 단박에 안다는 이야기다. 지금 이 책을 읽는 당신에게 쾌락적 요소는 최고급 와인을 한 모금 마시는 것보다 적을 것이다. 하지만 바라건대 의미적 요소는 더 높을 것이다. 이 책의 저자로서 나는 이번 장을 쓰는 것이 솔직히 즐겁지는 않다. 나는 이를 악물고 쓰고 있다. 하지만 이런 생각을 잘 정리해서 글로 옮기는 것이 아주 의미 있는 일로 느껴진다. 의미와 즐거움을 행복의 두 가지 기본 구성 요소로 보는 것은 노벨상 수상자 대니얼 카너먼의 말마따나 "용감하고 독특한 시각"이 아닐 수 없다.

매년 할리우드에서는 400~500개의 영화가 탄생한다. 정말 거대한 산업이다. 따라서 관객들이 극장에 가서 영화를 보는 이유를 알아내고자 하는 것이 놀랄 일도 아니다. 그걸 알아야 확실한 블록버스터를 만들 수 있으니까 말이다. 그렇게 오랜 세월 소위 쾌락주의적 영화이론이 판을 쳤다. (너무 지루하지 않게, 그러나 너무 스트레스가 되지 않게) 적절한 긴장을 선사해야, 지지부진한 일상을 살아가고 있는 관객들의 발걸음을 영화관으로 인도할 수 있다는 것이다. 관객들에게 아름다운 배우들과 해피엔드로 이어지는 재미있는 줄거리를 안겨주어라! 하지만 이상한 것은 〈인생은 아름다워〉, 〈쉰들러 리스트〉, 〈뷰티풀 마인드〉처럼 이런 법칙에 기초하지 않는, 즉 쾌락주의적으로는 설명되지 않는 블록버스터들이 계속해서 등장한다는 점이다. 최근에 들어서야 영화학자들은 훌륭한 감독과 작가들이 이미 예로부터 알고 있던 사실을 확인했다. 순수한 재미 외에 의

미의 요소도 중요하게 작용하며, 무거운 내용의 저예산 영화라 해도, 충분한 의미가 담겨 있으면 좋은 영화가 될 수 있다는 것을 말이다.

의미는 노동시장에서도 중요한 역할을 한다. 특히 젊은 취업자들은 연봉을 조금 손해 보더라도 '의미 있는' 프로젝트에 참여하고 싶어 한다. 이상적인 스타트업 기업에는 좋은 소식이고, 대기업에는 안 좋은 소식이다. 대기업은 의미 손실을 높은 쾌락주의적 요소(높은 연봉)를 통해 상쇄해야 한다. 물론 예술가들은 이런 트레이드오프(trade off, 하나를 얻으려면 하나는 희생해야 하는 경제관계 – 옮긴이)를 진즉부터 알고 있었다. 예술적 아름다움을 고수하다 죽을 것인가, 아니면 알량한 돈을 위해 대중의 비위를 맞출 것인가?

나는 독자들에게 즐거움과 의미 사이에 적절한 균형을 맞추라고 조언하고 싶다. 지나친 것은 좋지 않다. 극단으로 치달을수록 한계효용이 감소하기 때문이다. 초콜릿을 2킬로그램쯤 먹거나, 24시간째 멍하니 텔레비전을 보고 나면 초콜릿, 텔레비전 모두 식상해진다. 마찬가지로 밤낮으로 세계를 구하기 위해 애쓰면서, 즐거운 일은 전혀 허락하지 않는다면 그 역시 행복과는 거리가 먼 삶이다. 그러므로 가장 좋은 것은 의미 있는 활동과 즐거운 활동을 번갈아 하는 것이다. 세계를 구하는 데 작지만 일조했다면, 일단 맥주 한잔을 하라.

◆ ◆ ◆

쾌락과 의미가 배치된다는 생각을 버려라. 좋은 삶은 의미와 즐거움 사이에 적절한 균형을 맞추는 능력에 달려 있을 뿐이다.

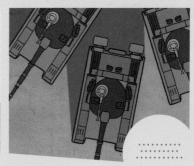

PART 3

인생의 주도권을
쥐는 법

타협할 수 없는
원칙 정하기

품위의 범위

1939년 독일이 폴란드를 침공하여 2차 세계대전이 일어난 직후, 영국은 도버 해협을 통과해 유럽 대륙으로 군인들을 파병하기 시작했다. 이들의 임무는 곧 있을 독일과의 전투에서 프랑스를 돕는 것이었다. 1년 뒤인 1940년 5월, 30만 명의 영국군이 프랑스 북쪽의 작은 항구도시인 덩케르크와 그 주변에 주둔하고 있었다. 독일군은 그 달에 벨기에와 네덜란드를 침공하고 프랑스로 진격해 들어왔고, 며칠 지나지 않아 영국군은 포위되고 말았다. 이제 독일군이 그들을 완전히 섬멸해버리는 것은 시간문제였고, 상황은 절망적이었다. 이때 한 영국 장교가 런던으로 무전을 쳤다. 내용은 단지 세 단어로 이루어져 있었다. "그렇게 되지 않더라도(But if not)." 이 말을 도대체 어떻게 해석해야 할까?

성경에 밝은 사람이라면 바로 알 것이다. 이 말은 구약성서(다니엘서 3장 18절)에 나온다. 바빌론 왕 느부갓네살은 하느님을 경외하는 세 청년에게 "너희들이 나의 신을 섬기지 않고, 그 황금 상에 절하지 않으면, 너희를 타오르는 불가마 속에 던지겠다"고 말한다. 그리고는 세 청년에게 생각할 시간을 준다. 하지만 그 청년들은 이렇게 대답한다. "느부갓네살 왕이시여, 이 일에 대해서는 우리가 논의할 필요가 없습니다. 우리의 하느님이 우리를 불가마와 임금님의 손에서 우리를 구해주실 것입니다. 하지만 '그렇게 되지 않더라도' 우리는 절대로 임금님의 신을 섬기거나, 그것을 새긴 황금 상에 절하지 않을 것입니다."

그러므로 1940년 5월 런던으로 보낸 무전은 이런 뜻이었다. 이곳 덩케르크의 상황은 어둡다. 우리는 포위되었다. 기적이 아니면 살아 돌아갈 수 없을 것이다. 하지만 무슨 일이 있어도 우리는 투항하지 않기로 결심했다. "그렇게 되지 않더라도"라는 짧은 말에 그 모든 의미가 담겨 있었다. 그것은 완전한 맹세의 표현이었다.

며칠 뒤 영국인들은 800대의 폭격기와 어선, 상선, 레저용 요트까지 동원해 대담한 철수 작전을 펼쳐 33만 8천 명의 영국군과 프랑스군을 구했다. 훗날 이 사건은 '덩케르크의 기적'이라 불리게 되었다.

요즘 사람들은 성경을 잘 알지 못하기에 "그렇게 되지 않더라도"의 의미를 금방 알아채는 사람은 거의 없다. "내 눈에 흙이 들어가기 전에는 안 된다"는 말과 비슷한 뜻이라고 보면 된다.

이런 태도는 삶에서 절대로 타협할 수 없는 영역을 가리킨다. 이유가 필요 없는 우선순위와 원칙들을 포함하는 영역이다. 나는 제시된 금액의 1/10을 받고도 할 마음이 있는 일이 아니면 그 어떤 일도 돈만 보고는 하지 않는다. 돈이 내게 결정적인 요인이 되어서는 절대 안 된다는 뜻이다. 또한 나는 결코 내 아이들의 사진을 온라인상에 올리지 않을 것이고, 결코 누군가에게 내 가족이나 친구에 대해 나쁜 말을 하지 않을 것이다. 아직 그럴 일은 없었지만, 설사 그럴 만한 계기가 있다 해도 말이다. 나는 이것을 능력의 범위를 본 따 '품위의 범위(circle of dignity)'라 부른다. 이런 생각은 앞에서 살펴본 서약과도 통한다. 품위의 범위는 각각의 서약을 통합하는 것으로, 이런 서약들을 세 가지 종류의 공격으로부터 지켜준다. A) 더 나은 논지, B) 생명의 위협 C) 악마의 계약. 이번 장에서는 그중 첫 번째 공격인 더 나은 논지부터 살펴보자. 두 번째, 세 번째 위험에 대해서는 다음 두 장에 걸쳐 자세히 살펴보려고 한다.

능력의 범위처럼 품위의 범위도 그 크기가 어느 정도인지는 중요하지 않다. 하지만 경계가 어디인지를 정확히 아는 것은 중요하다. 품위의 범위를 확정하는 것은 계몽의 정신과는 상관이 없다. 품위의 범위는 평소 내가 대변하던 명확한 사고, 이성, '더 나은 논지'의 승리 등에 배치된다. 그래도 될까? 진보란 모든 것을 의문시하고 잘못된 것을 고쳐나가는 데 있지 않은가? 그렇다. 하지만 좋은 삶을 위해서는 불가침성을 띠는 품위의 범위가 필요하다. 나아가 그 범위 안의 것들에는 이성적으로 이유를 붙이지 않는 것이 필수적이다. 만약 이유를 따지기 시작하면, 결코 잠잠해질 수가 없고, 당신의 삶은 기초를 잃게 된다. 당신의 기호, 원칙, 확신을 뒤엎을 더 나은 논지가 나올 수 있음을 늘 염두에 두기 때문이다.

그러면 어떻게 품위의 범위에 이르게 될까? 머리로 생각하는 것으로는 안 된다. 아마도 세월이 흐르면서 그런 범위가 생길 것이다. 대부분의 사람들은 중년 즈음이면 그렇게 된다. 품위의 범위가 생겨나는 것은 인격적 성숙의 중요한 단계다. 그때까지는 약간의 경험을 해야 한다. 잘못된 결정도 내려보고, 실망도 해보고, 실패도 해보고, 위기도 겪어보고……. 어떤 원칙을 고수하고 어떤 원칙을 포기할 것인지 충분히 숙고해야 한다. 어떤 사람들은 끝까지 품위의 범위가 만들어지지 않는다. 그런 사람들은 기초가 없다 보니 밖에서 밀려드는 영리한 논지들에 늘 끌려다닌다.

그러므로 품위의 범위를 꼭 붙들어라. 작은 범위가 큰 범위보다 더 강하다. 두 가지 이유에서다. 우선, 그 범위에 너무 많은 것이 들어 있으면, 서로 충돌을 일으킨다. 12개의 우선순위에 모두 부응할 수는 없기 때문이다. 둘째, 품위의 범위에 들어 있는 것이 적을수록, 더 진지하게 확신하게 되고, 더 잘 지킬 수 있게 된다. "약속은 신성한 것이라, 절대로 남발하면 안 된다"고 워런 버핏은 경고한다. 이것은 다른 사람들에 대한 약속뿐 아니라, 자기 자신에 대한 약속에도 해당된다. 그러므로 협상 불가능한 원칙을 정할 때는 굉장히 잘

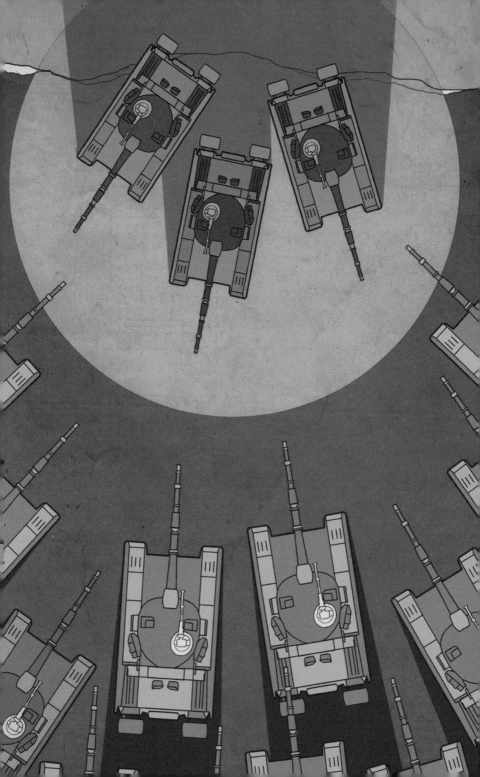

선별해야 한다.

그러나 한 가지는 각오해야 한다. 타협할 수 없는 원칙을 붙잡고 나가면, 분명 몇몇 사람들은 실망시킬 수밖에 없다. 특히 당신이 좋아하는 사람들을 실망시킬 수 있다. 사람들의 마음을 상하게 하고 상처를 주게 될 것이다. 반대로 사람들에게 실망하고 모욕과 상처를 받게 될 것이다. 당신은 이 모든 감정들을 견딜 준비가 되어 있어야 한다. 그것이 품위의 범위를 위해 지불해야 하는 값이다. 꼭두각시만이 갈등 없는 삶을 살 수 있는 법이다. 능력의 범위는 1만 시간이다. 품위의 범위, 그것은 1만 개의 상처.

값을 지불할 수 있겠는가? 아니, 질문이 잘못되었다. 지불할 수 없을 만큼 귀한 것에는 가격 자체가 없기 때문이다. 마틴 루터 킹은 "뭔가를 위해 죽을 준비가 되어 있지 않다면 삶을 살 만큼 성숙하지 않은 것이다"라고 했다. 좋은 삶을 살 만큼 성숙하지 않은 건 분명하다.

◆ ◆ ◆

자신에게 품위의 범위가 생기는 것은 인격적으로 성숙했다는 신호다. 그것이 크거나 작은 것은 중요하지 않다. 나 자신이 그런 범위를 갖고 있는 사람인지가 중요하다.

세상은 언제나
당신의 취향을 공격한다

품위의 방어

1965년 9월 9일 미국의 젊은 해군소속 조종사 제임스 스톡데일은
미국의 항공모함 오리스카니에 탑재된 전투기에 올라 북베트남으
로 출발했다. 늘 했던 것처럼 진지들을 폭격한 뒤 퇴각하려다 예기
치 못한 대공포화에 사출좌석을 통해 비행기에서 탈출했다. "나는
300미터 상공에 있었고, 20초간 비상낙하산을 타고 내려왔다. 아
래를 내려다보고는 내가 작은 마을의 큰길에 착지하게 되리라는 걸
알았다. 군인들은 내게 총을 쏘았고, 사람들은 나를 향해 주먹을 들
어보였다." 스톡데일은 즉각 포로가 되어, 다른 미군포로들이 갇혀
있는 악명 높은 하노이 힐튼 포로수용소에 수감되었다. 사람들은
그를 심문했고, 매질했고, 고문했다. 스톡데일은 베트남 전쟁이 끝
날 때까지 7년 반이나 포로 생활을 했으며, 그중 4년은 독방에 갇혀

있었다.

고문자들에게 조금만 숙이고 들어갔다면 모진 학대는 피할 수 있었으련만. 가끔 미국을 욕했더라면, 다른 수감자들처럼 고문을 당하지 않아도 되었으련만. 스톡데일은 그런 생각을 하지 않았고, 의식적으로 고문을 감수했다. 이것이 그에겐 자존심을 잃지 않는 유일한 가능성이었다고 나중에 그가 말하기도 했다. 애국심이나 전쟁이 문제가 아니었다. 나라에 대한 믿음은 상실한 지 오래였다. 그는 다만 내적으로 무너지지 않으려 했고, 스스로를 위해 그렇게 했을 따름이었다.

한번은 베트남군이 스톡데일을 다른 감옥으로 이송시키려 했다. 베트남군은 시내를 잠시 통과할 때 스톡데일이 국제 언론에 깨끗하고 영양상태가 좋은 모습으로 보여지길 원했다. 하지만 감옥을 나서기 전, 스톡데일은 의자로 자신의 얼굴을 내리쳐서, 피가 흐르고 눈이 퉁퉁 부어오르게 만들었다. 베트남군은 언론에 그의 모습을 선보일 수가 없었다. "그날 저녁에 나는 누워서 울었다. 내가 그들에게 저항할 힘이 있었다는 사실이 그렇게 기쁠 수가 없었다."

겉으로 보면 상당히 불합리해 보인다. 고문자들의 요구에 응하는 것이 더 이성적인 일이 아니었을까. 고분고분하게 굴고, 대세를 따르고, 눈에 띄지 않게 하고, 미군의 개입에 의문을 표시하고……. 석방된 다음에 그러지 않고서는 고문으로 죽을 수밖에 없었을 것이라고 말하면 아무도 뭐라고 할 사람이 없다. 하지만 스톡데일은 대체 어떻게 7년 반을 견딜 힘이 있었던 것일까? 힘이 있었다고 한들, 어떻게 나중에 돌아보면서 포로로 갇혀 있던 시절을 "정말로 소중한" 시절이었다고 평가할 수 있었을까?

내적 확신을 외적으로도 변호하지 않으면, 당신은 점점 더 꼭두각시가 된다. 그러면 다른 사람들이 자기들의 목적을 위해 당신을 이용할 것이고, 늦든 빠르든 당신은 자포자기하게 될 것이다. 더 이상 싸우지 않고, 힘든 일을 견디지 못하며, 의지력이 위축될 것이다. 겉으로 무너지는 사람은 언젠가는 속으로도 무너지기 마련이다.

수용소 문학이라는 장르가 있다. 알렉산드르 솔제니친의《수용소 군도》에서, 엘리 비젤의《나이트》, 프리모 레비의《이것이 인간인가》를 거쳐, 빅터 프랭클의《죽음의 수용소에서》까지를 아우르는 장르다. 이런 문학은 종종 잘못 읽힌다. 거기서 끔찍한 상황에 대한 생존 비결을 읽어내려고 하는 것이다. 그러나 사실 살아남는 것은 대부분 운이 결정한다. 아우슈비츠에는 생존 전략이 없다. 전쟁의 막바지에 이송된 사람은 1942년에 이미 아우슈비츠에 들어간 사람보다 풀려날 가능성이 상대적으로 높다. 게다가 살아남은 자만이 수용소 문학을 쓸 수 있지 않은가. 죽은 자는 말이 없다. 스톡데일이 낙하산을 타고 적군의 마을에 떨어졌을 때, 그를 향해 쏜 총알이 그에게 명중하지 않았던 것은 행운이었다.

하지만 우리는 여기에서 한 가지 원칙을 읽어낸다. 그것은 바로 하루를 견딜 힘을 낸 사람, 그렇게 하루 또 하루를 견디는 사람은

조금씩 조금씩 생존 가능성이 높아진다는 사실이다. 어느 순간 아우슈비츠는 해방되고, 전쟁 포로 생활도 언젠가는 끝나기 때문이다. 할 수 있는 한, 충분히 오래 견디기만 하면 되는 것이다. 그리고 지금의 행동 반경이 매우 적다 할지라도, 내적으로 외적으로 무너지지 않은 사람만이, 포기하지 않고 의지를 간직하는 사람만이 그렇게 견딜 수 있다.

이미 말했듯이 이 모든 것은 우연 혹은 하늘이 돕는다는 커다란 가정에서만 가능하지만, 그럼에도 이런 극한 상황을 겪어낸 사람들의 수기는 우리같이 평범한 사람들에게도 중요하다. 우리는 다행히 고문을 당하거나, 독방에 수감되거나, 영원한 얼음에서 참고 견딜 필요는 없다. 하지만 우리 역시 날마다 우리의 의지와 원칙과 취향에 대해 공격을 당한다. 품위의 범위를 공격당하는 것이다. 이런 공격들은 고문처럼 거칠지는 않다. 알아채지도 못할 정도로 미묘한 경우도 많다. 광고, 사회적 압력, 묻지도 않은 조언들, 부드러운 선동, 유행, 대중매체, 법. 날마다 품위의 범위를 향해 많은 화살이 날아온다. 치명적이지는 않지만, 자존감에 상처를 입히고 감정적 면역력을 약화시키기에 충분하다.

사회는 왜 그렇게 당신에게 화살을 쏘아댈까? 당신과 관심사가 다르기 때문이다. 사회는 사회의 결속을 중요시하지, 개개인의 사적인 관심사를 중요시하지 않는다. 개개인은 없어도 되는 존재이며, (무엇보다 그 개인이 약간이라도 구별되는 원칙을 대변하면) 빠르게 전체에 대한 위협으로 간주한다. 사회는 주류 사회의 분위기에 맞추어 비슷비슷하게 행동하는 사람은 잠잠히 내버려둔다. 그러므로 당신은 이런 화살을 맞을 각오를 하고, 품위의 범위를 지켜나가야 한다.

당신의 서약을 감싸는 품위의 범위라는 보호벽은 공격당할 때 비로소 능력을 발휘한다. 당신은 높은 이상을 대변할 수도 있고, 고귀한 원칙을 내세울 수도 있고, 정말 독특한 취향을 추구할 수도 있다. 이런 것들을 방어해야만 비로소, 스톡데일의 말을 빌자면 "행복감에 눈물을 흘리게" 될 것이다.

경험으로 알다시피, 가장 혐오스러운 공격은 대부분 신체적인 것이 아니라 언어적인 것이다. 이에 대한 방어 전략을 하나 소개한다. 당신이 가령 회의 같은 곳에서 악의적인 말로 공격을 받았다면, 공격자에게 그의 말을 한 마디 한 마디 반복해달라고 요청하라. 그러면 대부분 공격자의 기가 꺾이는 것을 볼 수 있을 것이다. 세르비아의 대통령 알렉산다르 부치치는 어느 인터뷰에서 한 웹사이트에서 자신을 모욕한 저널리스트에게 그 공격적인 말을 한 마디 한 마디 읽어줄 것을 요청했다. 그러자 그 저널리스트는 창피한 나머지 인터뷰를 중단하고 말았다.

확실한 품위의 범위를 가진 사람은 우리를 매혹한다. 영화 〈죽은 시인의 사회〉에서 선생님을 변호하기 위해 책상에 올라갔던 토드 앤더슨처럼 말이다. 자신의 신념을 지키려 했던 소크라테스만 생각해도 그렇다. 사람들은 그에게 사형을 언도했고, 그는 평온하게 독배를 마셨다.

대부분의 경우 품위의 범위는 생사를 가르는 것이 아니라, 그저 투쟁에 관계되는 것이다. 주도권을 잡으려는 투쟁이다. 가능하면 공격자가 우위를 점하지 못하게 하라. 양보할 수 없는 일인 경우, 가능하면 오랫동안 주도권을 놓지 말라. 포기해야 한다면, 상대에게 항복에 대한 높은 대가를 치르게 하라. 이런 확신은 엄청난 힘을 발휘한다. 이것이 좋은 삶의 열쇠다.

◆ ◆ ◆

자신을 보호하는 품위의 범위는 외부로부터 공격당할 때 비로소 제 능력을 발휘한다. 품위의 범위가 인생의 보호막인 이유는 이것이 삶의 주도권과 관계가 있기 때문이다.

돈을 주어도
팔지 않을 것들이 있는가

악마의 계약

알프스 산맥은 중부 유럽의 거대한 장애물이다. 예로부터 산맥이 남북을 가로막아 사람과 물자의 왕래가 힘들었다. 용감한 사람들은 계속하여 산맥을 통과하는 길을 개척하고자 애썼는데, 가장 유명한 고갯길은 고타드였다. 고타드는 스위스의 주 우리와 독일 도시 테신 사이, 알프스 중부에 위치해 있었는데, 이 루트의 난점은 북쪽부터 이 고갯길에 이르는 사이에 굉장히 깊고 험한 쉘레넨 계곡이 버티고 있다는 사실이었다. 이런 깊은 협곡을 어떻게 극복해야 할까? 13세기, 그 답은 소위 악마의 다리를 건설하는 것이었다.

우리주의 주민들은 계속해서 다리를 건설하는 데 실패했고, 결국 주지사는 절망한 나머지 그쪽의 방언으로 이렇게 외쳤다. "휴, 악마한테나 다리를 놓으라고 할 수밖에!" 그런데 이 말이 끝나기도 전에,

주민들 앞에 악마가 나타나 계약을 제시했다. 다리를 놓아줄 테니, 다리를 맨 처음 건너는 자의 영혼을 자신에게 달라는 것이었다.

영리한 주민들은 계약을 받아들이는 척하고 은밀히 묘안을 짜냈다. 맨 처음 숫염소 한 마리가 다리를 건너게 만들었던 것이다. 악마는 당연히 엄청나게 화가 나서 집채만 한 바위를 들어 다리를 부수고자 했다. 그러자 그 순간 경건한 여인이 나타나 그 바위에 십자가를 새겼다. 이런 신적인 상징에 헷갈린 악마는 바위를 떨어뜨려 버렸고, 바위는 천둥소리를 동반하며 쉘레넨 계곡 아래로 추락했는데, 다행히 새로 건설한 다리를 아슬아슬하게 비켜나 괴셰넨 마을 아래로 굴러 떨어졌다. 이 바위는 지금도 볼 수 있는데, 그 이래로 '악마의 바위'로 불리고 있다.

주민들은 영혼을 팔았으나 다행히 무사히 오갈 수 있는 혁명적인 다리를 얻었다. 악마에게 영혼을 판 이야기는 모든 문화에 등장하지만, 대부분은 이보다 불행한 결말을 맺는다. 오스카 와일드의 소설 《도리언 그레이의 초상》에서 주인공 도리언 그레이는 스스로를 영원히 젊고 아름답게 남기는 대신, 그의 초상화만 나이를 먹는 대가로 악마에게 영혼을 판다. 그렇게 그레이는 방탕한 생활을 계속하고, 그의 초상화는 흉측한 모습으로 늙어간다. 급기야 그레이는 견디지 못하고, 초상화를 파괴해버리고, 그로써 스스로를 파괴해 버린다. 이보다 더 유명한 것은 연금술사 요한 게오르크 파우스트가 악마와 맺은 계약이다. 그는 전지적인 인간이 되기 위해 모든 욕

망을 겪어 보고자 영혼을 판다. 괴테는 《파우스트》를 고전의 반열에 올렸고, 학생들의 필독서가 되었다. 그 이래로 학생들은 《파우스트》를 저주하고 있지만 말이다.

'영혼을 판다'는 것은 무슨 의미일까? 각 시대와 각 문화에는 경제적 거래가 금기시되는 것들이 있다. 거래 자체가 안 되는 것, 매매가 안 되는 것, 돈으로 거래할 수 없는 것. 이런 것들은 신성해서, 가격이 없다. 하지만 이제 경제학자들에게 가격이 없는 것은 없다. 신성한 것들은 '상당히 과대평가'되어 있을 뿐, 충분한 금액을 제시하면 상대방이 약해진다고 본다. 프리드리히 뒤렌마트의 《노부인의 방문》도 그런 이야기를 담아 큰 인기를 끌었다. 이 희곡에서 백만장자가 된 클레어 자하나시안은 자신의 전 연인을 죽이는 대가로 엄청난 금액을 지불하겠다고 제안하고, 결국 원하던 것을 얻는다.

다음 질문을 던져보라. 당신의 삶에서 무슨 일이 있어도, 아무리 많은 돈을 주어도 팔지 않을 것들이 있는가? 잠시 시간을 가지고 생각해본 다음 페이지의 여백에 그것을 기록해보라.

무엇을 적었는가? 물론 당신의 생명, 가족들의 생명, 친구들의 생명, 어쩌면 모든 인간의 생명…… 이런 것들을 적었을 것이다. 당신의 건강은 어떨까? 1천억 원을 받고 백혈병이나 우울증에 걸릴 용의가 있는가? 당신의 의견은 어떠한가? 당신의 의견에 값을 매길 수 있는가? 어떤 정치가들은 적잖은 돈을 받고 기업에 자신의 영향력을 판다. 당신도 그럴 수 있겠는가? 최저생활비로 살아가고 있다면 고민할 것인가? 시간은 어떠한가? 당신의 주의력이나 원칙은?
아무리 많은 돈을 줘도 포기하지 않을 것들이 있는가?

어떤 것들은 분명하게 결정할 수 있지만, 어떤 것들은 그렇지 않
을 것이다. 요점은, 앞에서 보았듯이 좋은 삶을 위해서는 작지만 확
실하게 정의된 품위의 범위가 필요하다는 것이다. 그로써 우리는
품위의 범위를 다루는 마지막 장에 이르렀다. 우리는 이런 범위를
다음 세 종류의 공격에서 보호해야 한다. A) 더 나은 논지, B) 생명
의 위협, C) 악마의 계약. 이번 장은 악마의 계약, 바로 거래에 대한
것이다. 품위의 범위를 명확하게 설정하지 않은 사람은 유혹적인
거래 제안이 올 때마다 새롭게 고민해야 할 것이다. 그러면 시간낭
비가 심하게 될 뿐 아니라, 자아존중감과 명성에도 금이 간다. 그리
고 장차 있을 미래의 제안에 취약해지게 만든다. 악순환인 것이다.

당신의 삶에도 이런 제안이 없지 않을 것이다. 하버드대학의 교
수 마이클 샌델은 책 《돈으로 살 수 없는 것들》에서 '거래'가 지난
50년간 얼마나 많은 삶의 영역으로 파고들어 왔는지를 보여주었다.
전에는 돈으로 사고팔 수 없었던 것들이 지금은 협상 대상이 되고
있다. 가령 한 여성은 아들의 교육비 마련을 위해 1만 달러를 받고
이마에 한 회사를 홍보하는 영구 문신을 새겼다. 물론 당사자가 자
원한 거래였지만, 전에는 신성하게 여겨졌던 대상, 즉 사람 몸을 광
고판으로 강등시켰다는 점에서 논란을 일으켰다. 또한 은행은 은퇴
자들의 생명보험에 투자하고 있다. 이 사람들이 조기에 사망할수록

은행은 더 많은 수익을 올린다. 이런 수백 가지의 예들이 이제 시장 경제가 과거에 신성하게 여겨졌던 영역으로 침투해 들어오고 있음을 보여준다. 입법자들이 이런 경제논리의 확산에 제동을 걸어줄 것이라고 생각한다면 오산이다. 자신의 품위의 범위에 대한 공격을 막아내는 것은 우리 자신에게 달려 있다.

품위의 범위를 뚜렷하게 정의하라. 경제 바이러스가 가치의 면역계에 침투하는 것을 용인하지 말라. 품위의 범위 안에 있는 것들은 협상할 수 없다. 얼마나 많은 돈을 제시하든 안 되는 건 안 되는 것이다. 그것에 응하는 것은 악마와 계약을 맺는 것이고, 그런 계약으로부터 다리를 건설하려 했던 주민들처럼 무사히 빠져나오기는 쉽지 않다.

◆ ◆ ◆

경제적 가치를 두고 품위의 범위를 명확하게 설정하지 않은 사람은 유혹적인 거래 제안이 올 때마다 새롭게 숙고해야 한다. 그러면 시간낭비가 심할 뿐 아니라, 자아존중감과 명성에도 금이 간다. 얼마나 많은 돈을 제시하든 안 되는 건 안 되는 것이다.

진짜 걱정만 남기고
해결하는 법

만성적 두려움

당신이 신이고 이제 새로운 동물을 창조할 수 있다고 해보자. 하드웨어는 이미 결정했다. 새 동물은 침팬지와 같은 모습이 될 것이다. 이제 소프트웨어를 결정해야 한다. 그 동물이 위험, 특히나 확실하지 않은 모호한 위험에 얼마나 강하고 빠르고 민감하게 반응하도록 할 것인가?

피조물의 '위험 센서'를 너무 무디게 설정하면, 이 동물은 얼마 안 가 절벽에서 굴러 떨어지거나 천적에게 먹히고 말 것이다. 그래서 순식간에 멸종될 것이다. 반면 위험 센서를 너무 민감하게 설정하면, 새로운 동물들은 겁에 질려서 그 자리에서 꼼짝하지 않을 것이고, 번식할 기회를 잡기도 전에 굶어 죽고 말 것이다.

따라서 적절한 정도의 걱정이 필요하다. '걱정 탐지기'를 적절히 조절해야 하는 것이다. 하지만 '적절하다'는 것은 어느 정도일까? 적절한 양은 치명적인 양극단 사이의 정확히 중간 정도에 있을까? 그렇지 않다. 동물의 소프트웨어는 약간 더 신중하게 프로그래밍해야 한다. 어른거리는 그림자를 보고 한 번 더 피하는 편이 한 번 덜 피하는 것보다 더 낫다. 그리하여 동물이 상당히 소심하고 걱정 많고, 겁이 많도록 해야 한다. 하지만 아예 먹이를 찾는 일을 포기할 정도가 되도록 해서는 안 된다.

정확히 이것은 진화 과정에서 모든 동물에게 일어난 일이다. 인간들도 예외는 아니라서 우리는 아침 일찍부터 밤늦게까지 걱정에 시달린다. 이런 내적 불안은 우리 두뇌의 아주 정상적인 소프트웨어 요소다. 이런 요소는 생물학적으로 확실하게 고정된 것이라서, 꺼버릴 수가 없다. 걱정이 없었다면 당신도, 나도, 그 외 다른 사람들도 존재할 수 없었을 것이다. 우리의 끊임없는 걱정이 수백만 년 동안 완벽한 생존 전략으로 자리매김해 온 것이다.

그러므로 그에 대해 기뻐하라! 다만 한 가지 문제점이 있으니, 오늘날 당신의 걱정은 실제적인 생명의 위협과는 더 이상 무관하다는 것이다. 당신은 더 이상 물웅덩이마다 검치호가 매복하여 호시탐탐 당신의 생명을 노리는 사바나에 살고 있지 않다. 간단히 말해, 당신의 걱정의 90퍼센트는 쓸데없는 것이다. 머릿속의 걱정거리는 전혀 위험한 문제가 아니거나, 어차피 당신이 영향을 끼칠 수 없는 것들이다. 한밤중에 지구 온난화나 증권가 분위기, 혹은 천국에 대해 걱정해봤자 아무런 소용이 없다. 잠만 설치게 될 뿐이다.

끊임없는 걱정과 두려움은 만성 스트레스가 되어 수명을 단축시킨다. 예를 들면 참새들에겐 너구리, 부엉이, 매 등 천적이 많다. 캐나다 연구자들은 숲의 한 구역에 그물을 쳐서 천적이 참새들에게 접근하지 못하도록 만들었다. 하지만 참새들은 별로 안정감을 느끼지 못했다. 그러자 연구자들은 숲에 보이지 않게 스피커를 설치했다. 숲의 한쪽에는 천적들의 소리를 들려주었고, 다른 쪽에는 자연에서 나는 무해한 소리들을 들려주었다. 그러자 '험악한' 소리를 들은 참새들은 알을 40퍼센트나 적게 낳았고, 낳은 알도 크기가 더 작았다. 그중 부화된 수도 얼마 되지 않았고, 갓 깨어난 새끼들의 대부분은 얼마 살지 못하고 굶어 죽었다. 어미 새들이 두려움으로 먹이를 물어다 주지 못했기 때문이었다. 살아남은 소수도 몸이 약했다. 이 실험은 실제적인 위험이 아니라, 두려움만으로도 생태계를 좌우할 수 있음을 명백히 보여준다.

참새에게 해당되는 것은 인간에게도 해당된다. 더 안 좋은 것은 우리에게는 천적에 대한 두려움만이 아니라, 더 다양한 걱정거리들이 있다는 것이다. 게다가 우리의 생각은 툭하면 삼천포로 빠진다. 맞닥뜨린 실제적인 문제를 회피하기 위해 추상적인 문제에 골몰하기도 한다. 이렇듯 만성적 두려움이 생기면 잘못된 결정에 이를 수 있고, 객관적으로 볼 때는 전혀 아무 일이 없는데도 삶의 질이 떨어질 수 있다.

이쯤 되면 머릿속 스피커를 끄는 스위치라도 알려준다면 감사한 마음이 들 것이다. 하지만 유감스럽게도 그런 건 없다.

스토아학파라 불리는 그리스로마 철학자들은 걱정거리들을 날려 버리기 위해 다음과 같은 방법을 추천했다. 즉, 당신이 어떻게 해볼 수 있는 것과 그렇지 않은 것을 구분하라는 것이다. 어떻게 해볼 수 있는 것에 대해서는 조치를 취하면 된다. 반면 영향을 끼칠 수 없는 일은 더 이상 생각하지 말아야 한다. 미국의 신학자 라인홀트 니부어는 2천 년 뒤 그것을 다음과 같은 문장으로 정리했다. "주여, 제게 바꿀 수 없는 일들을 받아들일 수 있는 평온과, 바꿀 수 있는 일들을 바꾸는 용기를 주소서. 그리고 이 둘을 구별할 수 있는 지혜를 주소서." 간단하게 들린다. 그렇지만 간단하지 않다. '평온'은 단추를 누른다고 얻어지지 않는다.

최근에는 명상이 만병통치약으로 추앙되고 있다. 특히나 내적 불안과 슬금슬금 기어드는 걱정에 대항하는 수단으로 말이다. 물론 명상은 진짜로 통한다. 하지만 명상하는 동안만이다. 명상에서 깨어나자마자, 다시 생각과 감정들이 예전의 강도로 밀려든다.

철학과 명상은 좋은 것이다. 그러나 구체적인 전략이 더 유용하다. 여기 내 경험상 썩 잘 통했던 세 가지 전략을 소개한다.

첫째, 공책 한 권을 준비하여 '나의 커다란 걱정 책'이라고 제목을 붙여라. 그리고 날마다 걱정에 할애하고 싶은 시간을 정하라. 가령 하루 10분을 확보하여, 지금 신경이 쓰이는 모든 것을 기록하라. 합당한 걱정이건, 멍청한 것이건, 부풀려진 것이건 상관없다. 그 일을 마치면 그날의 나머지 시간들은 어느 정도 걱정 없이 지낼 수 있을 것이다. 당신의 두뇌가 이제 당신이 걱정거리들을 불러오고 있고, 간단히 무시하고 있지 않다는 것을 알기 때문이다. 날마다 이런 의식을 행하여, 새로운 페이지에 적는다. 며칠 하다 보면 늘 비슷비슷한 걱정거리 몇 개가 당신을 괴롭히고 있음이 눈에 띌 것이다. 그러고 나서 주말이 되면 그 주에 메모했던 내용들을 훑어보며, 수학자 버트런드 러셀의 지시를 따르라. "뭔가에 대해 이리저리 궁리하고 싶은 생각이 들자마자 할 수 있는 가장 좋은 일은 본능이 요구하는 것보다 더 많은 시간을 들여 그것을 생각하는 것이다. 그리하여 결국 병적인 매력이 저절로 사그라질 때까지 말이다." 구체적으로 말해, 가능하면 최악의 결과들을 상상하고, 심지어 그 이상으로 생각하라는 것이다. 그러다 보면 대부분의 걱정들이 사라지는 것을 확인하게 될 것이다. 이제 진짜 걱정만 남고, 그에 대해 조치를 취하면 된다.

둘째, 보험을 들라. 보험은 대단한 발명품이다. 우아한 걱정킬러가 아닐 수 없다. 보험의 진정한 서비스는 만일의 경우 금전적인 보상을 받는 것이 아니라, 보험 계약 기간 동안 걱정을 덜 수 있다는 것이다.

셋째, 집중해서 일하라. 잡념에 대항하는 최상의 치료법이다. 집중할 수 있고 성취감을 느낄 수 있는 방법으로는 명상보다 낫다. 이것만큼 쓸데없는 곳에 주의를 돌리지 않게 만드는 건 없다.

이런 세 가지 전략을 삶에 적용하면, 걱정 없는 삶, 좋은 삶을 살 수 있는 확률이 높아진다. 그러다 보면 최소한 중년에 이르면 마크 트웨인이 만년에 토로했던 말을 떠올리며 미소 짓게 될 것이다. "나는 나이가 많이 들었고, 많은 근심 걱정 속에서 세월을 보냈다. 그중 대부분은 전혀 일어나지 않을 일들이었다."

◆ ◆ ◆

스토아학파 철학자들은 걱정거리를 날려버리기 위해, 당신이 어떻게 해볼 수 있는 것과 그렇지 않은 것을 구분하라고 했다. 어떻게 해볼 수 있는 것에 대해서는 조치를 취하라. 그러나 영향을 끼칠 수 없는 일은 더 이상 생각하지 말라.

모든 것에
뚜렷할 필요는 없다

의견의 과부하

최저임금을 인상해야 할까? 유전자 조작 식품을 판매해도 될까?
인간이 지구 온난화를 야기하는 것일까, 아니면 일부 녹색당원들의
히스테리적 생각일까? 샤리아(이슬람의 법 체계로, 가족·사회·경제
부터 종교까지 아우른다 - 옮긴이) 신봉자들을 유럽에서 추방해야 할
까? 틀림없이 당신은 이 모든 질문에 대답할 준비가 되어 있을 것
이다. 정치에 관심이 있는 사람이라면 두 번 생각해볼 필요도 없을
것이다. 하지만 이런 질문은 그렇게 순간적으로 답변하기에는 너무
복잡한 문제들이 아닌가. 최소한 한 시간은 끙끙거리며 생각해봐야
할 것이고, 짧은 시간으로는 논리적인 설명이 불가능하다.

우리의 뇌는 의견의 화산이다. 쉴 새 없이 의견과 견해들을 쏟아
낸다. 질문이 중요한지, 대답할 수 있는 질문인지, 복잡한지 간단

한지는 상관이 없다. 뇌는 콘페티(축제 때 뿌리는 작은 색종이 조각들 - 옮긴이)처럼 대답들을 뿌려댄다.

그렇게 하면서 우리는 세 가지 잘못을 저지른다. 첫째, 전혀 관심이 없는 주제에 대해서 의견들을 쏟아낸다. 최근 나는 친구들과 이야기하는 중에, 올림픽 도핑 스캔들에 대해 열을 내면서 한 가지 입장을 대변하는 나 자신을 발견했다. 스포츠는 관심 분야가 아닌데도 말이다. 당신도 신문을 들추다 보면, 의견의 화산이 끓어오르기 시작하는 것을 느낄 것이다. 그러다가 뚜껑이 열리려고 하는 자신을 발견할 것이다. 뚜껑을 잘 잡고 있어라.

두 번째 실수는 대답할 수 없는 질문들에 대해 의견을 쏟아내는 것이다. 증시가 언제 또 폭락할까? 우주가 한 개가 아니고 여러 개일까? 돌아오는 여름 날씨가 어느 정도로 더울까? 전문가들조차도 알지 못한다. 그러니 여기서도 당신은 공연히 의견을 폭발시키지 않도록 조심하라.

세 번째 실수는 복잡한 문제에 대해 너무 성급하게 답변하려 한다는 것이다. 이것이 지금까지 언급한 세 가지 실수 중 가장 중대한 실수다. 미국의 심리학자 조너선 하이트는 이런 실수를 할 때 우리 안에서 어떤 일이 일어나는지를 자세히 연구했다. 연구 결과에 따르면 우리는 (어려운 질문에서 특히) 곧장 한쪽 편을 선택하는 경향이 있다. 그리고 나서야 이성과 상의하여 우리의 선택을 뒷받침해주는 이유들을 찾아낸다. 이것이 소위 '감정 휴리스틱(affect heuristic)'이라고 하는 것이다. 여기서 감정(affect)은 1차원적이고 즉각적인 감정을 말한다. 이런 감정은 피상적이며, 단 두 가지 특징을 가지고 있다. 긍정적이냐 부정적이냐, 마음에 드느냐 마음에 들지 않느냐 하는 것이다. 어떤 얼굴을 본다 - 마음에 든다, 살인에 관한 뉴스를 듣는다 - 마음에 들지 않는다, 주말에 해가 난다 - 마음에 든다, 하는 식이다. 이런 감정이야 적절하지만, 어려운 문제로 가면 사정이 달라진다. 감정을 올바른 대답과 혼동하기 시작하는 것이다. 감정은 순식간에 주어지고, 이를 변호하기 위해 우리의 두뇌는 해당 감정을 설명할 수 있는 이유, 사례, 에피소드를 찾아 나선다. 그렇게 우리의 의견이 만들어진다.

이렇게 빠른 의견 형성에 근거해서 완전히 잘못된 결정을 내릴 수도 있다. 하지만 의견을 찔끔거리지 말아야 할 또 하나의 이유가 있다. 어떤 것에 대해 의견을 갖지 않아도 된다는 것이 마음을 더 안정시키고 평온하게 만들어준다는 점이다. 이것은 좋은 삶을 이루는 중요한 요소다.

마음속에 '너무 복잡해' 통을 마련하라. 그러고는 관심이 없거나, 대답할 수 없거나, 대답하는 데 군이 시간과 노력을 기울이고 싶지 않은 모든 문제들을 그 통에 집어넣어라. 걱정하지 말라. 그렇게 해도 날마다 당신이 의견을 가져도 되거나 가져야만 하는 주제들이 여전히 남을 테니까.

최근에 한 기자가 내게 정치적 지향에 대해 물었다. 작가라고 하면 세계의 모든 문제에 대해 의견을 가지고 있는 듯이 보이는 것 같다. 국가의 개입은 많을수록 좋은지, 소득세보다 재산세를 올리는 편이 더 정의로운지 등을 질문했다. 나는 그의 눈을 똑바로 쳐다보며 "모르겠어요"라고 말했다. 그는 볼펜을 내려놓더니, 나의 이런 간단한 답변의 의미를 모르겠다는 듯이 곤혹스러운 미소를 지었다. 그러고는 "무슨 말씀이시죠? 모르시겠다고요?"라고 물었다. "아직 깊이 생각해보지 않았어요"라고 하자, "그래도 무슨 의견이 있으실 거 아니에요"라고 했다. 그래서 나는 "아니요. 의견을 갖고 있을 필요가 없어요. 그 주제는 내겐 '너무 복잡해' 통에 들어 있거든요"라고 대답했다.

모든 것에 대해 의견을 가지고 있을 필요가 없다는 생각은 해방감을 선사해준다. 의견이 없다고 지적으로 떨어지는 사람은 아니다. 의견이 없다는 사실에 대해 부끄러워하지 말라. 의견이 없다는 것은 우리가 누릴 수 있는 자유이자 권리다. 오늘날 진짜 문제는 정보의 과부하가 아니라 의견의 과부하다.

그러므로 자신이 의견을 개진할 주제를 의식적으로 선택하라. 왜 저널리스트, 블로거, 트위터리언들이 당신이 생각할 주제를 제시하게 하는가? 당신은 그들의 하수인이 아니다! 그러므로 심사숙고해서 취사선택하고, 나머지는 모두 '너무 복잡해' 통으로 보내버려라. 이런저런 것에 대해 판단해야 하는 상황을 피하라. 세상은 당신의 코멘트 없이도 잘 돌아갈 것이다.

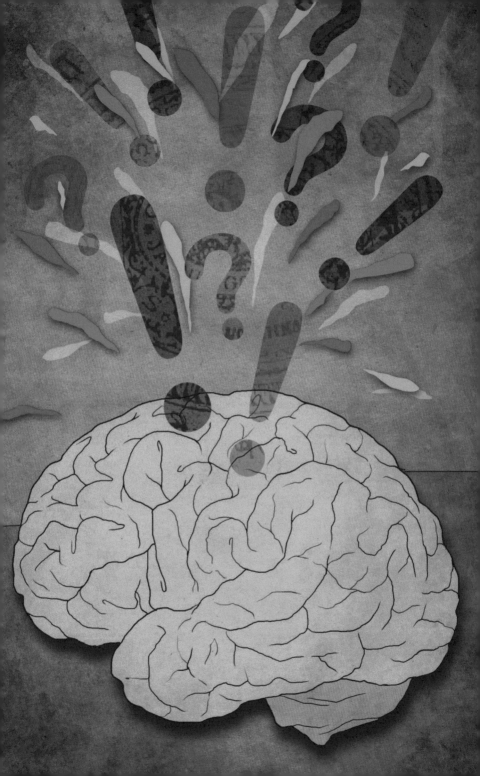

그러나 정말로 의견을 개진해야 한다면, 어떻게 해야 할까? 시간을 가져라. 그리고 조용히 그에 대해 글을 써보라. 글을 쓰는 것은 생각을 정리하는 최고의 방법이다. 모호한 생각도 그것을 문장으로 표현하다 보면 분명해진다. 외부의 견해도 구하라. 가능하면 당신과 다른 생각을 하는 사람들의 의견을 물어보라. 그렇게 당신의 의견을 확립하고 난 다음에는 그것을 다시금 캐물어라. 그 논지를 무력화시켜라. 그래야 그 논지가 탄탄한 것인지 알 수 있다.

성급한 의견을 표하지 않을수록 삶은 더 좋아진다. 나는 당신 의견의 99퍼센트가 쓸데없는 것이라고 주장하고 싶다. 1퍼센트만이 사생활이나 직업 활동에 중요하다. 그리고 작은 범위의 주제에 속한다 해도, 당신의 첫 의견을 무턱대고 취하지는 말라. 당신이 모두가 당신에 대해 반대 입장을 피력하는 텔레비전 토크쇼에 초대받았다고 상상하라. 반대 입장을 자신의 입장처럼 유려하게 표현할 수 있어야 자신의 의견을 대변할 자격이 있다.

◆ ◆ ◆

모든 것에 대해 의견을 가지고 있을 필요가 없다는 생각은 해방감을 선사해준다. 의견이 없다고 지적으로 부족한 사람이 아니다. 오늘날 진짜 문제는 정보의 과부하가 아니라 의견의 과부하다.

실패를 대하는 나만의 방식

정신적 요새

523년 어느 날 아침 철학자이자 정치가인 보에티우스의 집 대문을 누군가 쾅쾅 두드렸다. 40세를 갓 넘은 보에티우스는 그때까지 굉장히 명망 높고 자의식이 강한 성공한 지식인으로 살아온 사람이었다. 유수한 로마 귀족 출신으로 당대 최고의 교육을 받은 뒤 테오도리쿠스 왕 아래서 재상의 지위에 올랐고, 모범적인 결혼생활을 영위했으며 아들들도 훌륭하게 키웠다. 그리스어 문헌을 라틴어로 번역하는 일에 전심전력하기도 했다(당시 그리스어로 된 고전을 원어로 읽을 수 있는 사람은 거의 없었다). 사람들이 그의 집 문을 다급하게 두드렸던 아침은 그렇게 부와 명성과 사회적 지위와 창조성이 최고조에 달했던 날이었다. 하지만 그는 테오도리쿠스 왕을 모반했다는 의심을 샀고, 억울하게 사형선고를 받았다. 집과 재산, 서적을 모두

압류당하고, 자녀들까지 빼앗겼다. 그는 감옥에서 자신의 마지막 책인 《철학의 위안》을 집필했고 투옥된 지 1년 만에 신분에 맞게 검을 사용해 사형이 집행되었다.

《철학의 위안》은 종교 서적도 아니면서 중세에 가장 많이 읽힌 책 중 하나가 되었다. 이 책에 무슨 내용이 담겼을까? 사형을 선고받은 보에티우스가 절망적으로 감옥에 앉아 있을 때 그에게 나이 들고 우아한 여인의 모습으로 '철학'이 찾아온다. 그리고 그에게 세상에 대해 설명해주며, 이런 출구 없는 상황 속에서 견뎌 나갈 수 있게끔 정신적인 도구들을 알려준다. 여기서 '철학'이 추천하는 것, 물론 보에티우스가 추천하는 것을 요약해보자면 다음과 같다.

첫째, 운명을 받아들여라. 보에티우스의 시대에 운명은 곧잘 포르투나 여신의 모습으로 의인화되었다. 이 여신은 계속해서 행복의 바퀴(포르투나의 수레바퀴)를 돌린다. 바퀴가 돌아가다 보면 가장 아랫부분이 가장 윗부분이 되기도 하면서 자리를 교대하게 된다. 올라가고자 하는 사람은 나중에 다시 아래로 내려가야 한다는 사실을 받아들여야 한다. 따라서 지금 위에 있건, 아래에 있건 너무 개의치 말라. 모든 것은 다시 돌아갈 수 있다.

둘째, 당신이 가진 것, 귀중하게 생각하는 것, 사랑하는 것은 모두 유한하다. 당신의 건강, 배우자, 자녀, 친구, 집, 재산, 고향, 명성, 지위, 이런 것들은 모두 덧없는 것. 이를 악물고 이것들을 추구하지 말라. 여유 있는 마음으로 운명이 당신에게 그것들을 허락하면 기뻐하라. 이런 것들은 늘 지나가고 깨지기 쉽고, 일시적인 것임을 명심하라. 이 모든 것은 단지 빌린 것이고, 언제든지, 늦어도 죽을 때는 다시 반납해야 함을 의식하며 살면 가장 좋을 것이다.

셋째, 당신이 보에티우스처럼 많은 것 혹은 모든 것을 잃었다면, 당신의 삶에 좋은 것이 주를 이루고 있었다는 점(그렇지 않으면 탄식하지도 않을 테니까), 그리고 모든 달콤한 것에는 쓴 것이 섞여 있음을 상기하라. 탄식은 타당치 않다.

넷째, 당신의 생각과 사고의 도구, 불행과 상실과 실패를 스스로 해석하는 방식은 아무도 당신에게서 앗아갈 수 없다. 그 누구도 무너뜨릴 수 없는 이런 자유를 '정신적 요새'라 불러도 좋을 것이다.

이 모든 내용을 당신은 틀림없이 이미 듣거나 읽어본 적이 있을 것이다. 보에티우스에게도 이런 생각은 새로운 것이 아니었다. 이런 생각들은 보에티우스가 살았던 당시보다 1천 년도 더 전인 기원전 4세기에 아테네에서 태동하여, 기원후 첫 200년 간 로마에서 부흥을 맞이했던 굉장히 실용적인 삶의 철학인 스토아 철학의 기본 가르침이다. 대표적인 스토아 철학자로는 세네카(부자), 에픽테투스(노예), 아우렐리우스(로마 황제)가 있다. 놀랍게도 스토아 철학은 지금까지도 일상적인 삶의 질문에 대해 실질적인 답변을 하는 유일한 철학으로 남아 있다. 다른 철학적 조류들은 지적으로는 상당히 흥미롭지만, 실질적인 문제에 대해서는 거의 도움이 되지 않는다.

보에티우스는 기독교가 유럽인의 정신세계에 그림자를 드리워 삶

의 책임을 신이라는 가상적 존재에게 위임하기 전, 마지막 스토아 철학자 중 한 사람이었다. 그 그림자는 1천 년 뒤에야 서서히 걷혔다. 하지만 계몽주의의 찬란한 부상 뒤에도 스토아 사상은 계속해서 주목받지 못했고, 지금까지도 숨겨진 지식으로 남아 있다. 스토아적 사고는 여기저기서 한 번씩 빛을 발한다. 가령 홀로코스트에서 살아남은 신경정신과 의사 빅터 프랭클은 "인간의 마지막 자유는 바로 주어진 상황에 대해 자신의 태도를 선택할 수 있는 것이다"라고 했다. 이것이 바로 정신적 요새다. 프리모 레비의 작품을 읽다 보면, 그가 나치 강제수용소에서의 경험을 얼마나 스토아적인 태도로 묘사하고 있는지 놀라게 된다. 하지만 전체적으로 스토아학파의 생각은 오늘날 우리에게 낯설다. 그래서 오늘날에는 '운명'을 '포르투나의 수레바퀴'가 아닌 시스템 고장으로 치부한다. 실업, 기아, 전쟁, 질병, 심지어 죽음까지도 우리는 모든 것에서 예외적으로 작동한 시스템에 책임을 돌린다.

하지만 그것은 잘못된 생각이다. 운명의 타격이 (최소한 우리가 살아가는 지역에서는) 드물어진 탓에 우리에게 감정적으로 더 강하게 다가온다. 하지만 세상이 복잡해지고, 상호간에 더 연결되어 있을수록, 뜻밖의 운명적 타격이 주어질 확률이 더 높아진다. 그러므로 상실에 감정적으로 대비하기 위한 생각의 도구에 투자하는 것이 그 어느 때보다 더 중요하다.

보에티우스가 아니어도, 제3제국의 유대인이 아니어도 운명적 타격을 입을 수 있다. 인터넷에서의 비상식적 마녀사냥이 당신을 끌어내릴지도 모르고, 글로벌 금융위기가 당신의 저축을 모조리 날려버릴 수도 있다. 당신의 파트너가 페이스북 친구와 사랑에 빠져 당신을 떠날 수도 있다. 모두 나쁜 일이지만 아무것도 치명적인 것은 없다. 가장 큰 운명의 타격들은 어차피 이미 극복했다. 무지막지한 정자들의 경쟁률을 뚫고 당신이 이 세상에 태어난 일이나, 당신이 이 세상에 태어나기까지 당신의 어머니, 할머니, 증조할머니, 고조할머니, 그 위의 할머니들이 견뎌야 했던 어마어마한 출산의 고통들을 생각해보라(어떤 분들은 과다 출혈로 숨졌다). 그래도 당신의 주식이 반 토막 났다고 탄식하겠는가?

세상은 불안과 우연으로 점철되어 있고, 이것들이 간혹 당신의 삶에도 침투해 들어올 것이다. 사회적 지위나, 값비싼 자동차, 은행 계좌, 사회적 성공에서 행복을 찾지 말라. 그 모든 것은 보에티우스가 경험한 것처럼 한순간 날아갈 수도 있는 것들이다. 오직 당신의 정신적 요새에서 행복을 찾아라.

◆ ◆ ◆

나의 생각과 사고의 도구, 불행과 상실과 실패를 스스로 해석하는 자기만의 방식을 가져라. 그러면 아무도 당신에게서 행복을 앗아갈 수 없다.

언제나 나보다
잘나가는 사람은 있다

<hr>

질투의 독성

신랄한 언변을 구사하는 미국 작가 고어 비달은 과거 인터뷰에서 "친구가 성공할 때마다, 내 안의 무언가가 죽는다"라고 말했다. 모든 사람이 때때로 느끼는, 그러나 아무도 드러내놓고 인정하고 싶지 않은 감정을 솔직하게 표현한 것이다. 정말 쓸데없고 무의미하며 독성이 있는 감정, 바로 질투다.

질투가 무의미하다는 것은 어제오늘의 인식이 아니다. 고대 그리스 철학자들도 이미 이 감정을 경고하고 나설 정도였으니까. 성경에도 가인과 아벨의 이야기를 포함한 10여 개의 이야기가 질투의 파괴력을 보여준다. 잔혹 동화라 할 수 있는《백설공주》역시 1급 질투 드라마다.

노벨상 수상자 버트런드 러셀 역시 질투를 불행으로 몰고 가는 가장 주된 원인으로 보았다. 시기와 질투는 신체적 불편이나 재정적 곤궁보다 더 심하게 삶의 행복감을 해친다. 그러므로 이런 감정을 관리하는 능력은 좋은 삶에서 기본적으로 갖추어야 할 능력이다. 이런 버릇을 제어하면, 삶에서 많은 유익을 누릴 수 있다. 하지만 이런 감정은 기본적으로 진화적 프로그램이어서 쉽게 제압할 수가 없다.

질투는 인간적일 뿐 아니라, 다분히 동물적이다. 영장류학자 프란스 드발과 사라 브로스넌은 꼬리감는원숭이 두 마리에게 단순 과제를 수행하게 하고 상으로 오이를 한 조각씩 주었다. 원숭이들은 자못 만족스러운 듯 오이 조각을 받았다. 이어 다음 차례에서는 똑같은 과제를 수행하게 하고, 한 원숭이에게는 오이 한 조각을, 다른 원숭이에게는 달콤한 포도 한 송이를 상으로 주었다. 그러자 오이를 받은 원숭이는 상대가 포도를 받은 것을 질투해, 오이 조각을 우리 밖으로 던져버리고는 협력을 거부했다.

무엇보다 우리는 나이, 직업, 환경, 삶의 방식이 비슷한 사람들을 질투한다. 테니스선수는 테니스선수들과 비교하고, 전문경영인은 전문경영인들과, 작가는 같은 작가들과 비교한다. 교황과 자신을 비교하는 사람이 있는가? 교황에게 질투심을 느끼는 사람은 별로 없을 것이다. 알렉산더 대왕이나, 석기시대 당신이 사는 지역에 살았던 갑부, 다른 행성의 주민이나, 엄청난 위엄을 뽐내는 백상어, 거대한 레드우드 나무도 마찬가지다. 이들 모두는 정말 멋진 생물들이지만, 질투의 대상으로는 적합하지 않다.

그로써 우리는 이미 질투 문제의 해결책을 찾았다. 아무와도 비교하지 말라. 그러면 질투에서 자유로워질 수 있다. 모든 비교를 엄격히 금하라.

하지만 때때로 의도치 않게 비교하게 되는 경우가 있다. 캘리포니아대학에서도 그런 일이 있었다. 법이 바뀌어서 대학구성원들의 연봉을 모두 공개하는 것이 의무가 되었고, 그렇게 웹사이트에서 모두가 다른 동료들은 얼마를 버는지 볼 수 있게 되자, 평균 미만의 급료를 받는 사람들은 업무에 대한 불만족감에 시달리게 되었다. 다시 말해, 투명성을 통해 행복이 파괴된 것이다.

이보다 훨씬 더 막대한 규모의 비교 실험은 바로 소셜미디어에서 행해지고 있다. 페이스북이 많은 유저들을 좌절시키고 피곤하게 한다는 것은 공공연한 사실이다. 훔볼트대학 연구자들이 이와 관련해서 원인을 조사해본 결과, 으뜸가는 원인은 역시나 질투심 때문이었다. 그도 그럴 것이 페이스북은 애초부터 비슷비슷한 사람들이 서로를 비교하도록 만들어져 있기 때문이다. 당연히 질투심이 유발될 수밖에 없는 구조다. 그러므로 나는 독자들에게 소셜미디어는 멀찌감치 피해 다니라고 권하고 싶다. (좋아요 수, 팔로워 수, 친구수 등) 멍청한 통계들은 비교의 욕망을 끝 간 데까지 자극하여 우리를 불행하게 만든다. 이뿐만 아니다. 소셜미디어에 올리는 사진들은 당신 친구들의 평범한 생활과 달라 보인다. 그 사진들은 세심하

게 선택된 것들이고, 이런 사진들을 보다 보면 친구들이 당신보다 훨씬 더 행복하게 지내고 있는 듯한 느낌을 받게 된다.

인간들이 오늘날처럼 그렇게 많은 사람들과 자신을 비교하면서 산 적은 없었다. 인터넷이 시기와 질투를 현대의 전염병으로 만들고 있다. 그러므로 소셜미디어에서 퇴장한 다음에는 실생활에서의 비교 가능성에도 방어벽을 치도록 하라. 동창회에 가는 것도 별로 좋지 않다. 당신이 수입과 지위, 건강, 가정의 행복이 동창들 중에 넘버원이 아니라면 말이다. 넘버원일 것 같은 생각이 들어도 가지 않고는 알 수 없는 노릇. 그러니 가지 말라.

거주할 도시와 구역을 택할 때 당신이 중간 이상에 속할 만한 지역을 택하라. 사교 그룹도 마찬가지다. 어지간한 재산가가 아닌 다음에는 주로 백만장자들로 구성된 로터리 클럽 같은 곳에는 가입하지 말라. 소방대원으로 자원봉사를 하는 편이 더 기분 좋고, 의미도 찾을 수 있을 것이다.

그러나 무엇보다도 우리가 이미 앞에서 살펴보았던 초점의 오류를 의식하라. 이웃이 유산을 물려받아 은빛으로 반짝이는 포르쉐 911 터보를 산 것이 그렇게도 부럽다고 하자. 그놈의 은빛 고양이(옆집 남자가 그런 애칭으로 부른다)가 깨끗하고 날렵하게 주차된 모습이 당신의 거실창문으로 늘 내다보이고, 옆집 남자가 시동을 걸 때마다 당신의 가슴이 좀 따끔따끔하는 기분이 든다. 하지만 그것은 당신이 초점을 잘못 설정했기 때문이다. 이웃 남자의 삶을 자신의 삶과 비교하면서 당신은 자동적으로 서로 차이가 나는 측면(그의 포르쉐 911과 당신의 폭스바겐 골프를 비교하는 것)에만 집중하고 있는 것이다. 그러면 당신은 삶의 전반적인 만족감에서 자동차의 영향을 너무 과대평가하게 되고, 자연스레 이웃집 남자가 당신보다 행복할 것이라고 믿게 된다. 하지만 객관적으로 보면 자동차가 삶의 행복감에 미치는 영향은 (설사 그 영향이 있다고 해도) 그리 크지 않다. 그러므로 자신이 초점의 오류를 범하고 있음을 의식하면, 질투심을 한풀 꺾을 수 있을 것이다. 다른 사람에게 시기심을 유발하게 하는 모든 것은 사실 보기보다 중요하지 않다.

이 모든 인식이 통하지 않고, 계속해서 당신 속에 질투심이 활활 불타오른다면 소방호스를 잡고 질투심과 대판 싸우라. 의도적으로 당신이 질투하는 대상이 가진 가장 안 좋은 측면을 생각해내어, 그 사람이 이런 오점으로 인해 얼마나 괴로워할 것인지를 상상해보라. 그러면 순식간에 기분이 더 나아질 것이다. 물론 고상한 방법은 아니라는 점을 인정한다. 그러므로 응급상황일 때만 이 방법을 써라.

당신 스스로가 사람들의 질투심을 불러일으키기에 충분한 경우에는 겸손, 또 겸손하라. 그래야 다른 사람들이 질투심에 걸려들지 않게 함으로써, 당신으로 인한 세상의 고통을 최소화할 수 있다. 겸손으로 공공복지에 기여하라. 늘 하는 이야기지만, 성공한 후 최대의 도전은 그에 대해 침묵하는 것이다. 내친 김에 거기까지 가보라. 그리고 자랑스러워하라.

하지만 당신 주변에 당신보다 잘나가는 사람들은 있기 마련! 그것을 인정하라. 질투를 당신의 감정 레퍼토리에서 일찌감치 지울수록, 더 좋은 삶을 살 수 있다.

◆ ◆ ◆

흥미롭게도 우리는 대단한 사람보다는 자신과 나이, 직업, 환경, 삶의 방식이 비슷한 사람들을 질투한다. 테니스선수는 테니스선수들과 비교하고, 전문경영인은 전문경영인들과, 작가는 같은 작가들과 비교한다. 아무와도 비교하지 말라. 질투에서 자유롭지 않은 사람은 행복할 수 없다.

애초에 문제를
피하는 것이 이익이다

예방의 지혜

이번 장을 읽기 전에, 잠시 시간을 내어 다음 질문에 답해보라. 지혜란 무엇일까?

이 질문 앞에서 인생에서 많은 것을 경험하고 나이 들어 지혜로워진 노인들을 떠올릴지도 모른다. 책장 한 칸을 채우고도 남을 책을 쓴 교수들을 생각할 수도 있다. 스위스의 알프스산에서 목축을 하거나 아마존 삼각주에서 물고기를 잡으며 소박하게 사는 자연인들이나 산꼭대기에서 가부좌를 틀고 앉아 명상하는 은자를 떠올릴 수도 있다.

상상은 그만하고 질문으로 되돌아가자. 지혜란 무엇일까? 텔레비전 퀴즈쇼에서 역대 가수 오디션 프로그램의 승자들을 줄줄이 외운다고 해서 그 사람을 지혜롭다고 하기는 좀 그렇다. 지혜로운 사람은 그런 시시껄렁한 지식으로 두뇌를 채우지 않을 것 같기 때문이다. 엄청난 전문지식을 갖고 있으면서 능력의 범위 안에 있는 사람도 지혜롭다고 하기는 어렵다. 지혜는 지식의 축적과 동일한 것은 아니기 때문이다.

지혜는 실용적인 능력이다. 그것은 우리가 얼마나 능란하게 인생을 항해하느냐 하는 척도다. 어려움을 해결하는 것보다는 피하는 편이 더 간단하다는 것을 깨달은 사람은 '예방하는 것이 바로 지혜'라는 단순한 정의가 마음에 들 것이다.

사실, 삶은 쉽지 않다. 온갖 곳에서 문제들이 당신에게 밀어닥친다. 우연은 당신 앞에 구덩이를 파놓고 당신의 인생길에 바리케이드를 친다. 이것 자체는 어찌할 수 없다. 하지만 당신이 어느 곳에 위험이 도사리고 있는지 예상한다면, 장애물을 멀찌감치 피해갈 수 있다. 아인슈타인은 "영리한 사람은 문제를 해결하고, 지혜로운 사람은 문제를 피해간다"고 하지 않았던가.

물론 피하는 것은 그리 흥미진진하지는 않다. 다음 두 가지 영화 플롯을 상상해보라. 영화 A는 배가 빙산과 충돌해서 침몰하기 시작한다. 선장은 희생정신을 발휘하여 모범적이고 감동적인 사투를 벌여 모든 승객을 구조한 뒤, 본인은 마지막으로 배를 떠나 구명보트에 기어오르고, 이와 거의 동시에 배는 장렬하게 가라앉아버린다. 영화 B에서는 선장이 멀찌감치 거리를 두고 빙산을 피해간다. 당연히 극적 구조작업 같은 것도 벌일 필요가 없다. 자, 당신은 어느 영화를 보러 가겠는가? 당연히 A를 보러 갈 것이다. 하지만 당신이 실제 배에 탄 승객이라면 어떤 상황이 더 좋겠는가? 말할 것도 없이 B다.

자, 이 예가 실제라고 해보자. 다음으로 무슨 일이 일어날까? 선장 A는 이제 토크쇼에 초대되고, 좋은 조건에 이 경험을 책으로 출판해보자는 출판사들이 줄을 설 것이며, 그렇게 책도 나오고 유명해지면 선장 일을 그만두고, 비싼 강연료를 받고 대기업의 직원 및 간부 교육에 '동기부여 강사'로 불려 다닐 것이다. 그의 고향에는 이제 그의 이름을 딴 거리가 생길 것이고, 그의 자녀들은 처음으로 그들의 조상에 대해 자부심 비스름한 감정을 느낄 것이다. 반면 선장 B는 은퇴할 때까지 계속하여 찰리 멍거의 원칙에 충실하게 장애물을 멀찌감치 피해 다닐 것이다. 멍거는 "내 앞에 위험한 소용돌이가 있으면 나는 6미터 거리가 아니라, 200미터 거리를 두고 그것을 피해 다닐 것이다"라고 했다. B가 더 실력 있는 선장임에도 A가 더 환호를 받는 것이다. 이유는 예방을 통한 성공(실패를 피해가는 것)은 외부 세계에는 잘 눈에 띄지 않기 때문이다.

경제미디어들이 가장 추켜올리는 사람들은 부실기업을 회생시키는 경영자들이다. 잘하는 일이고 마땅한 일이다. 하지만 사실 더 추앙해야 할 사람들은 바로 기업이 부실해지지 않도록 예방하는 경영자들이 아닐까. 예방적 조처로 인한 성과는 외부에서는 잘 보이지 않기에, 이런 업적은 언론의 레이더에 잡히지 않는다. 기본적으로 각각의 경영자나 직속 경영팀만이 자신들이 얼마나 지혜롭게 행동했는지를 알 따름이다. 그것도 어느 정도 수준까지밖에 알지 못한다.

우리는 지혜롭게 일을 해결한 군 장성, 정치인, 응급외과 의사, 치료사들을 굉장히 과대평가하는 반면, 사회나 개인이 재난을 당하지 않도록 미리 조치를 취하는 사람들의 역할은 과소평가하는 경향이 있다. 하지만 실력 있는 가정의(家庭醫), 좋은 교사, 똑똑한 입법자, 재치 있는 외교관 등 안 보이는 곳에서 예방하는 이들이야말로, 진정한 영웅들이자 진정한 현자들이다.

당신의 삶에서는 어떤가? 믿기 힘들겠지만, 당신이 삶에서 이룬 성과의 최소 절반은 예방적인 성과들이다. 물론 당신은 실수도 저지른다. 우리 모두 그렇다. 하지만 그보다는 멍청한 짓을 억제하고, 그런 행동을 하지 않는 경우가 더 많다. 건강, 커리어, 돈, 파트너십과 관련하여 당신이 피해갔던 모든 위험들을 생각해보라.

예방은 시시한 것이 아니다. 미국의 헤지펀드 매니저 하워드 막스는 저서 《투자에 대한 생각》에서 한 도박꾼의 이야기를 전해준다. "어느 날 그는 단 한 마리의 말이 뛰는 경마에 대한 이야기를 듣게 되었고, 전 재산을 이 말에 걸었다. 정말 안전한 마권이라 생각했다! 하지만 트랙의 한 절반쯤 뛰었을까, 그 말은 울타리를 넘어 도망가버렸다." 정치가 헨리 키신저는 이런 실수를 '상상력의 빈곤 (lack of imagination)'이라 칭했다. 예방에는 지식뿐 아니라 상상력도 필요하다. 그런데 상상력은 유감스럽게도 종종 오해되는 개념이다. 많은 사람들은 와인 한 잔으로 이성적 사고를 약간 늦출 때 상상력이 발동하리라고 생각한다. 하지만 그렇게 해서는 이미 생각했던 것들 외에 나올 것이 없다. 상상은 가능한 결과들을 끝까지 집중해서 생각하는 것이다. 상상력의 마지막 한 방울까지도 짜내서 말이다. 그렇다. 상상은 힘든 일이다.

그러니 위험한 문제를 상상할 때는 특히나 버겁다는 생각이 들 것이다. 늘 그렇게 가능한 재난들을 모두 생각해야 할까? 그건 너무 우울한 일이 아닐까? 경험은 그렇지 않다고 이야기한다. 찰리 멍거는 "일생 동안 나는 늘 가능한 한 모든 어려움들을 상상했다. (······) 문제를 예상하고 정말로 그 문제들이 일어날 경우를 대비하는 것은 나를 전혀 불행하게 만들지 않았다"고 말했다.

그러므로 매주 15분씩 시간을 내어 당신 인생에서 일어날 수 있는 모든 불행을 집중적으로 생각하라. 그리고 나서는 그 주제를 다 잊어버리고 나머지 한 주간 행복하고 유쾌하게 살라. 그러나 이런 15분간에는 소위 '사전부검(pre-mortem)'을 실시하라. 사전부검은 가령 당신의 결혼이 파경에 이르는 것, 당신이 갑자기 파산하는 것, 갑자기 심근경색에 걸리는 것 등을 상상하는 것이다. 그리고 그런 일이 발생했다는 가정하에 어떻게 그런 (가상의) 불행이 발생할 수 있었는지, 그 원인을 역추적해서 분석한다. 마지막 단계에서는 정말로 이런 일이 발생하지 않도록 하기 위해 가능하면 그런 원인을

피하고자 노력하면 된다.

　그렇다. 당신이 이런 작업을 정기적으로 꼼꼼히 시행한다 하더라도, 위험을 간과하고 잘못된 결정을 내릴 가능성은 얼마든지 있다. 이런 피할 수 없는 불행에 대해서는 현실적으로 즉각 문제에 대처해야 불행을 조금이라도 줄일 수 있다. 하지만 예측할 수 있는 모든 것에 대해서는 해결하는 것보다 피해가는 것이 상책이다. 삶의 지혜는 예방에 있는 것. 예방은 드러나지 않기 때문에 유감스럽게도 과시할 수는 없지만, 과시하고 자랑하는 것은 좋은 삶에 도움이 되지 않는다는 것을 지금쯤이면 당신도 알 것이다.

◆　◆　◆

어려움을 해결하는 것보다는 피해가는 것이 더 간단하다는 것을 깨달은 사람은 '예방하는 것이 바로 지혜'라는 단순한 정의가 마음에 들 것이다. 지혜는 실용적인 능력이다.

지구의 불행에 대한 대처

사회적 무책임성

시리아에서 폭격기가 병원과 구호품 차량까지 폭격하는 일이 일어
났다. IS는 사람들을 참수하는 동영상을 찍어서 배포하고, 유럽으
로 향하는 관문인 리비아에서는 난민들이 노예시장에서 거래되고
있다. 간신히 몸값을 지불하고 유럽으로 가는 보트에 오른다 해도
절반은 도중에 익사하고 만다. 동아프리카에서는 기아로 수많은 사
람들이 죽어가고 있고, 에이즈에 감염된 채 태어나는 아이들은 고
통스럽고 짧은 삶을 살다가 세상을 떠난다. 전 세계 수많은 가정에
서 행해지는 가정폭력은 또 어떤가. 세상은 정말이지 비참함으로
가득 차 있다. 그리고 당신은 여기서 좋은 삶에 대한 책을 읽고 있
다. 이런 모순을 어떻게 해결할 수 있을까?
조금이라도 공감 능력이 있는 사람은 세상에서 저질러지는 비참

한 일들에 대해 분노할 것이다. 하지만 이 분노를 처리할 계획이 있는 사람은 거의 없다. 개인적으로라도 거대한 물통에 물을 채워 에티오피아로 날아가, 목마른 사람들의 목을 축이면 좋을 것만 같다. 하지만 다음 순간에 자녀들을 학교에 보내야 하는데 어떻게 에티오피아에 가나, 하는 생각이 든다. 석회가 잔뜩 낀 샤워기와 거의 떨어져 가는 버터도 눈에 들어온다.

그럼에도 세상의 수많은 고통 때문에 마음이 아픈 것은 가시지 않는다. 그러므로 우리에겐 개인적인 전략이 필요하다. 즉 내적 균형을 잃지 않고 세상의 재난에 적절히 대처하기 위한 심리 도구가 필요한 것이다. 여기 다섯 가지 전략을 추천한다.

첫째, 당신이 우연히도 아우구스투스 황제나 존 F. 케네디가 아닌 이상, 개인적으로 할 수 있는 것은 많지 않다. 그 점을 의식하라. 인간에게서 비롯된 대부분의 재난(갈등, 전쟁, 테러)은 보기보다 훨씬 복잡하다. 아무도 그 전개를 예측할 수 없다. 그리고 그 때문에 예상보다 훨씬 더 오래 끄는 것이다. 대부분의 갈등들이 순수하게 군사적으로 해결할 수 있는 것이 아님을 이해하기 위해 굳이 군사학 박사학위 같은 것을 딸 필요는 없다. 리비아나 이라크 같은 지역 주민의 삶은 서구 국가들이 좋은 의도에서 개입한 뒤에 전보다 더 안 좋아졌다. 뜻하지 않은 부작용이다. 당신이 제아무리 세상에서 가장 최상의 조언자들을 거느린 미국의 대통령이라 해도, 대부분의 경우에 스스로를 과대평가하고, 오판을 하고 마음먹은 대로 되지 않아 골치를 썩을 것이다. 공감 능력이나, 화력이나 지성이 부족해서가 아니라, 이런 갈등의 복잡성이 도를 넘는 것이기 때문이다. "세계를 더 나은 장소로" 만들겠다는 기치를 내건 세계경제포럼 (World Economic Forum) 같은 조직도 지금까지 미션에 성공하지 못했다. 전 세계 최상위의 부자들과 권력자들의 모임인 세계경제포럼도 창립 이래 객관적으로 이루어낸 일이 거의 전무한데, 하물며 당신이 할 수 있겠는가. 그러므로 스스로 과대평가하지 말라. 당신 혼자서는 모든 재난들을 해결하지 못한다. 전쟁을 종식시키는 비결을 찾았다는 생각이 들거든, 다시 한 번 날카롭게 재고해보라. 그 주제를 더 자세히 아는 전문가들이 당신이 지금 발견한 비결을 오래전에 이미 합당한 이유에서 기각시켰을 확률이 높다.

둘째, 당신이 이 지구의 고통을 경감시키는 데 힘을 보태고 싶다면, 돈을 기부하라. 오로지 돈을! 시간이 아니라 돈을 말이다. 당신의 직업이 응급의사거나 폭탄처리 전문가거나, 외교관이 아닌 이상 전쟁 지역으로 여행하지 말라. 많은 사람들이 자원봉사자의 함정(volunteer's fallacy)에 빠진다. 자신의 봉사 활동이 상당히 의미가 있다고 믿는 것이다. 그러나 사실 자원봉사 활동은 가치를 파괴하는 활동이다. 당신의 시간은 능력의 범위 안에 투자해야 가장 의미가 있다. 그곳에서 하루에 가장 많은 가치를 창출할 수 있기 때문이다. 당신이 사하라 남쪽의 아프리카에 펌프를 놓아주면, 그 지역의 우물 파는 인부들이 당신이 들인 비용보다 더 적은 임금을 받고 할 수 있는 일을 한 것이다. 게다가 그들의 일감을 빼앗은 꼴이다. 당신이 자원봉사 활동을 통해 하루에 우물 한 개를 판다고 해보자. 하지만 거기까지 가지 않고, 하루 동안 당신의 직업 활동을 통해 번 돈을 그 지역의 인부에게 치르면 새로운 우물 100개가 생긴다. 물론 봉사 활동을 하면 기분이 좋다. 하지만 그것이 중요한 것은 아니다. 이런 선한 사마리아인이 된 듯한 기분은 생각의 함정이다. 당신 스스로 하는 것보다 당신의 돈을 현지의 탁월한 전문가들(국경 없는 의사회, 적십자, 유니세프 등)에게 맡기면 그들이 당신의 돈을 훨씬 더 효율적으로 활용할 것이다. 그러므로 열심히 일해서 돈을 벌고, 그 돈을 전문가에게 줘라.

셋째, 뉴스 소비를 대폭 제한하라. 특히나 기아, 전쟁, 테러 등을 다루는 뉴스 소비는 가급적 줄여라. 위기의 장면을 마주 대하며 텔레비전 앞에서 희생자들에 대해 마음 아파하는 것은 누구에게도 도움이 되지 않는 일이다. 희생자들에게도, 당신에게도 도움이 되지 않는다. 이런 장면을 보고 또 보는 것은 일종의 관음증이다. '아는 것'이 박애적인 감정을 선사해주는 듯하지만 사실은 스스로 속고 있는 것이다. 게다가 희생자들을 속이는 것이다. 분쟁, 전쟁, 재앙을 정말로 이해하고 싶으면 그 분야의 책을 읽는 것이 가장 좋다. 물론 책은 1년 정도 뒤쳐져서 발간되지만, 어차피 실시간으로 참혹한 모습을 본다 해도 (기부금을 내는 것 외에는) 아무것도 변화시킬 수 없기 때문이다.

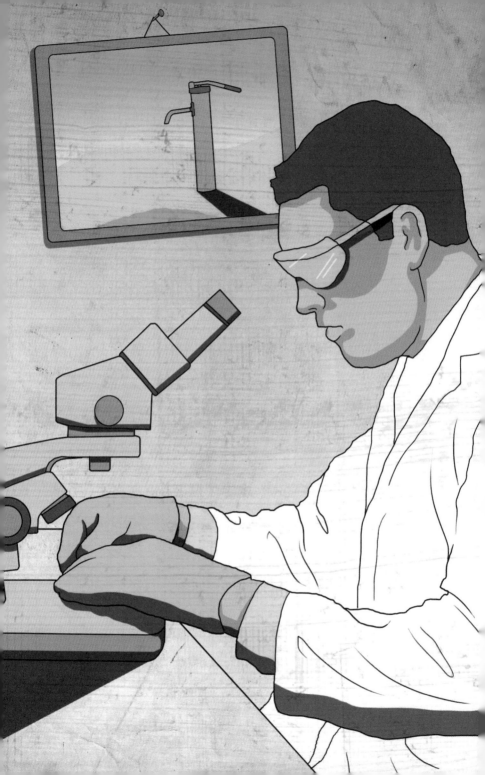

넷째, 우주는 생명으로 가득하고, 수많은 다른 행성에도 마찬가지로 어려움, 고통, 불행이 만연하다고 봐야 한다. 이런 생각은 세상의 불행에서 거리를 두게 해준다. 즉, 악은 언제 어디나 존재하고, 우주적인 것이며, 근절될 수 없다. 게다가 당신 개인적인 수단은 제한되어 있기에 당신은 집중해야 한다. 두세 개의 구호기구를 선택해서 후하게 기부금을 내라. 그런 다음에는 당신이 사는 도시나, 나라, 이 지구 혹은 다른 행성에서 일어나는 기타 불행을 스토아적으로 받아들여라.

다섯째, 당신은 이 세상의 상태에 책임이 없다. 꽤 딱딱하고 인정머리가 없게 들리지만 사실이다. 노벨상 수상자 리처드 파인만은 천재적 수학자이자 정보학의 아버지인 존 폰 노이만의 생각을 빌려 이렇게 적었다. "존 폰 노이만은 '당신은 당신이 사는 세상의 불행에 책임이 없다'는 흥미로운 생각으로 나를 인도했다. 그래서 나는 나를 위해 일종의 사회적 무책임성을 계발했다. 그것은 나를 아주 행복하게 해주었다." 파인만이 여기서 '사회적 무책임성'이라 칭하는 것은 당신이 아프리카에 병원을 설립하는 대신 당신의 일에 집중한다고 해서 양심의 가책을 느끼지 말라는 의미다. 당신이 우연히도 시리아 알레포의 폭탄희생자보다 좋은 환경에서 잘 지낸다고 해서 양심의 가책을 느낄 필요는 없다. 정확히 반대였을 수도 있으니까. 그러므로 바람직하고 생산적인 삶을 영위하라. 그리고 인색한 사람이 되지 말라. 작은 기부로 당신은 좋은 세상을 위해 기여하고 있는 것이다.

우리들은 각자 이 지구의 불행을 어떻게 대할지 전략을 마련해야 한다. 꼭 이 책이 추천하고 있는 방법이 아니어도 좋다. 하지만 전략을 가지는 것이 중요하다. 그렇지 않으면 주체적인 삶을 살아가기가 힘들다. 할 수도 있었던, 해야 했던 모든 것들 사이에서 우왕좌왕하면서 양심의 가책을 느끼게 된다. 그리고 가책만 느낄 뿐 도움 되는 일은 하나도 하지 못하게 된다.

◆ ◆ ◆

이 세상에 사는 동안 세계의 많은 고통 때문에 마음이 아플 수밖에 없다. 그러나 자신의 인생을 살아가야 하는 우리에겐 전략이 필요하다. 그 전략 중 하나는 이것이다. 아파하지 말고 돈을 내라. 조금이라도.

소중한 '나'를 어떻게 다룰까

주의력의 함정

당신은 레스토랑에 앉아 메뉴판을 훑어본다. 짜여진 코스인 데귀스타시옹 메뉴(menu degustation, 셰프 특선 코스 메뉴)를 선택하든지, 아니면 당신 스스로 음식을 선택해 코스를 구성하는 알라카르트(a la carte, 각 코스가 분리되어 단품으로 가격을 지불하는 방식)를 고를 수 있다. 일일이 선택해서 코스를 구성하는 경우 추천 코스보다 가격이 더 비싸진다는 것을 당신은 금방 눈치챘다. 게다가 추천메뉴에는 와인까지 제공되는 것이 아닌가. 따라서 당신은 추천 코스를 주문하고, 웨이터는 미소를 지으며 "좋은 선택입니다. 보통 다들 그걸 주문하지요"라고 말한다.

이제 코스 요리가 하나씩 서빙이 된다. 애피타이저, 네 종류의 푸아그라, 시금치를 곁들인 연어절임, 딸기를 곁들인 코코아 사바랭

(원통 모양의 프랑스식 생과자-옮긴이), 노루고기, 무화과 겨자를 곁들인 다양한 치즈, 산마늘 리코타 라비올리, 그 중간에 레몬셔벗이 나오고, 다시 오리가슴살, 가지 뇨키, 스위트브레드……. 도무지 끝날 기미가 보이지 않는다. 게다가 다양한 와인이 마구잡이 순서로 나온다. 그렇게 약 20개 코스가 끝난 뒤에 당신은 계산서를 요구한다. 살면서 이때껏 이렇게 많이 먹어본 적도 없고, 이렇게 여러 가지 것을 동시에 먹어본 적도 없으며, 이렇게 속이 안 좋았던 적도 없다. 토하기 직전이다.

이제 정말로 있었던 만찬의 한 장면을 살펴보자. 음식은 오히려 전통의 소박한 음식에 가깝지만, 손님들은 상당히 엄선된 사람들이다. 그중에 워런 버핏과 빌 게이츠도 끼어 있다. 게이츠가 좌중을 둘러보며 묻는다. "삶에서 당신들이 이룬 것을 가능케 한 가장 중요한 요인은 무엇이었습니까?" 그러자 버핏은 "포커스"라고 대답한다. 게이츠도 맞장구를 친다. '주목' 혹은 '주의력'이라고도 표현할 수 있을 '포커스'가 중요한 것이 틀림없다. 우리의 삶에서도 어디에 주의를 기울이느냐가 대단히 중요하다. 그러므로 (주의력을 집중해 알라카르트 식으로 신중하게 접근하는 대신) 다른 사람들이 우리를 위해 구성해준 '인포메이션 메뉴'로 아침부터 저녁까지 우리의 머리를 터질 듯이 혹사시키는 것은 놀랄 일이 아닐 수 없다. 이메일, 페이스북 상태 업데이트, 문자, 트위터, 전 세계에서 도착한 인터넷뉴스, 하이퍼링크, 웹사이트의 동영상 등등. 공항에서든, 역에서든, 전철에서든 눈만 들면 정보들이 한가득 제시된다. 모두가 우리의 주의력을 끌고자 애쓴다. 사람들은 쉼 없이 부분적으로는 진부한, 부분적으로는 흥미로운 이야기들을 공급해주고, 좋은 것들을 제안하며, 우리에게 구애하고, 우리의 비위를 맞춘다. 그렇게 우리는 무슨 왕이 된 듯한 기분이 된다. 하지만 사실 좀 더 깊이 살펴보면 우리는 왕이 아니라 조종되는 노예이자 꼭두각시다.

이 모든 제안들은 선물이 아니라 약탈 행위이고, 이윤을 주는 것이 아니라 손실을 야기하며, 주는 것이 아니라 가져가는 것이다. 제아무리 아름답게 포장된 인스타그램 포스트라 해도 그것은 약탈 행위다. 속보도 약탈 행위이며, 문자도 (대부분의 경우는) 약탈 행위다. 그것에 부응하는 순간에 우리는 주의력과 시간, 돈을 지불하고 있는 것이다.

주의력과 시간과 돈은 우리에게 있는 가장 중요한 자원 세 가지다. 시간과 돈에 대해서는 모두가 민감하게 의식한다. 시간과 돈을 다루는, 바꿔 말해 '자본'과 '노동'을 다루는 학문도 있으니 말이다. 반면 주의력은 그리 민감하게 의식하지 못한다. 오늘날에는 이것이 세 자원 중 가장 소중한 자원인데도 말이다. 성공에서 가장 중요한 자원이며, 행복에서도 가장 중요한 자원이다. 그러나 유감스럽게도 우리는 이 자원을 관리하면서 체계적인 실수를 저지르고 있다. 그리하여 이런 실수를 피하기 위한 몇 가지 조언을 하고자 한다.

첫째, 새로운 것과 중요한 것을 혼동하지 말라. 상품이든, 의견이

든, 뉴스든, 새로운 것은 주목을 끌고자 한다. 세계가 시끄러울수록, 새로운 것들은 당신의 귀에 들려지기 위해 더 시끄럽게 소리를 지른다. 이런 소음을 중요시 여기지 말라. 혁명적으로 추앙되는 대부분의 것들은 중요하지 않은 것들이다. 시끄러운 현재 이슈들은 무조건 진실로 여기기 쉽지만, 알고 보면 그렇지 않다.

두 번째, '무료로' 주어지는 내용이나 기술을 피하라. 이것들은 십중팔구 광고를 통해 돈을 벌고자 하는 주의력의 함정들이다. 왜 자원해서 그런 함정으로 걸어 들어가고자 하는가?

셋째로, 멀티미디어라는 이름을 단 모든 것을 멀찍이 우회하라. 영상, 동영상, 나아가 가상현실은 당신의 감정을 안전 속도 이상으로 가속하기에, 이런 것들을 자주 접하다 보면, 당신이 내리는 결정의 질은 현저히 떨어지게 된다. 그러므로 정보는 문서로 소비하는 것이 가장 좋다. 가능하면 하이퍼링크가 별로 없는 문서로, 따라서 책으로 소비하는 것이 가장 좋다.

넷째, 주의력은 분산될 수 없음을 명심하라. 이것이 주의력이 시간과 돈과는 다른 점이다. 핸드폰으로 페이스북을 보는 데 주의력을 할애하면 자동적으로 마주 앉은 사람에게는 소홀하게 될 수밖에 없다.

다섯째, 약자의 입장이 아니라, 강자의 입장에서 행동하라. 여러 가지 것들이 묻지도 않고 당신에게 가까이 오게끔 한다면, 당신은 자동적으로 약자의 입장에 서 있는 것이다. 어째서 당신이 어디에

주의력을 기울일지를 광고주, 저널리스트, 페이스북 친구들이 결정하게끔 하는가? 포르쉐 광고나, 트럼프의 최신 트윗, 또는 귀여운 동물들의 동영상은 당신에게 도움이 되거나 당신을 더 행복하게 만들어주지 않는다. 철학자 에픽테토스는 인스타그램 계정도 없던 2천여 년 전에 이미 그것을 알고, "최고의 인간이 그대의 몸을 좌지우지하는 것도 참을 수 없는 일일진대, 어찌하여 마주치는 어중이떠중이가 자신의 기분을 좌지우지하게 하는 것을 거부하지 않는가?"라고 물었다.

유감스럽게도 우리의 두뇌는 진화적으로 미세한 변화에도 곧장 반응하도록 되어 있다. 이쪽에 거미가 기어가고, 저쪽에 뱀이 기어가는 것을 얼른 알아차리는 높은 민감성은 태곳적에는 생존에 아주 중요했다. 하지만 오늘날 자극의 포화 속에서 이런 특성은 삶을 힘들게 만든다. 오늘날의 미디어에 올바로 대처하는 능력을 우리는 타고나지 않았다. 그리고 인터넷에서 이리저리 헤매고 다니면서는 그런 능력을 배울 수가 없다. 그러므로 전설적인 과학기술 저널리스트 케빈 켈리는 우리가 의식적으로 정보기술에 대한 대처 능력을 배워나가야 한다고 말한다. 당신은 어떻게 읽고 셈하는 능력을 배웠는가? 읽고 셈할 줄 아는 사람들과 잠시 노닥거리면서 그것을 배웠는가? 그렇지 않다. 이런 능력을 몇 년간 시간을 들여 의식적으로 연습했을 것이다. 이제 정보와 인터넷, 뉴스를 다루는 능력도 그런 비슷한 집중 트레이닝이 필요하다. 주의력을 사용하는 것도 배워야 한다.

또 하나의 측면은 주의력과 행복이다. 주의력이 행복과 무슨 관계가 있을까? 심리학자 폴 돌런은 "당신이 주의력을 활용하는 방식이 당신의 행복을 결정한다"고 말한다. (긍정적인 것이든, 부정적인 것이든) 같은 일이라도 거기에 얼마나 많은 주의력을 할애하느냐에 따라 당신의 행복에 전혀 영향을 못 미칠 수도 있고, 조금 영향을 미칠 수도 있고, 강한 영향을 미칠 수도 있다.

당신의 몸이 어디에 있든 당신이 집중하고 있는 곳에 당신이 살고 있다. 모든 순간은 단 한 번 온다. 자신의 집중력을 의식적으로 투입하는 사람은 삶에서 더 많은 것을 누린다. 정보의 습득에 관한 한 비판적이고 엄격하고 신중하게 행동하라. 식사나 약을 먹는 것만큼이나 비판적이고 엄격하고 신중해야 한다.

◆ ◆ ◆

주의력은 인생에서 가장 중요한 나의 자원이다. 시간과 돈보다도 더 중요하다. 그런데 주의력은 시간과 돈에 비해 그리 민감하게 의식하지 못한다. 성공한 이들은 자신의 주의력을 제대로 대접했을 뿐이다.

두뇌에 흔적을 남기는
독서법

두 번 읽기의 원칙

스위스 연방철도 SBB의 정기 승차권은 여섯 개 칸으로 나뉘어져 있다. 매번 탈 때마다 이 표를 오렌지색 차감 기계에 넣으면 날짜와 시간이 찍히고, 왼쪽 가장자리에 있는 1에서 6까지의 숫자들이 하나씩 뜯겨나간다. 그렇게 6개의 칸에 모두 스탬프가 찍히면, 승차권은 다 사용된 것으로 효력이 없어져 버린다.

자, 이제 50개의 칸이 있는 독서카드가 있다고 상상해보라. 시스템은 같다. 당신이 책을 읽으면 한 권에 한 칸씩 차감된다. 스위스 연방철도 승차권과 다른 점은 이런 독서카드는 인생에 단 하나 뿐인 카드라는 것이다. 새로운 카드를 발급받는 것은 불가능하고, 카드를 다 쓰면 당신은 더 이상 새로운 책을 읽을 수 없다. 전철이야 몰래 무임승차라도 할 수 있지만, 독서는 그렇게 할 수도 없다. 일생 동안 한 사람당 50권이라니……. 어떤 사람들에겐 아무런 문제가 되지 않을지라도, 이 책을 읽는 독자들에게는 상당히 경악스러운 상상일 것이다. 어떻게 그렇게 적은 책으로 인생을 꾸려가란 말인가?

나는 개인적으로 3천여 권의 책을 소장하고 있다. 그중 약 1/3은 읽었고, 나머지 1/3은 대략 훑어보았고, 나머지 1/3은 읽지 않았다. 정기적으로 새 책들이 추가되고, 1년 단위로 책들을 추려서 버리고 있다. 움베르트 에코가 생전에 3만 권의 책을 소장하고 있었다고 하니 그에 비하면 3천 권 쯤은 아주 보잘것없다. 하지만 그나마 읽은 책들도 내용이 잘 떠오르지 않는다. 서가에 꽂힌 책들의 제목을 죽 훑어가노라면, 성긴 구름처럼 그 내용이 듬성듬성 떠오르며, 단편적인 장면들이 불쑥 떠오르고, 문장들이 표류하는 배처럼 조용한 안개 속에서 부유한다. 읽었는지조차 확실히 말할 수 없는 책들도 있다. 책을 펴보고 구겨진 페이지나 여백에 메모한 것, 문장에 줄을 그어놓은 것을 발견하면, 그 순간 나는 상당히 부끄럽다. 나의 구멍난 기억이 부끄럽고, 많은 책들이 어쩌면 그렇게 깡그리 다 잊혔는지 놀랍다. 위로가 되는 것은 많은 친구들도 나와 별반 다르지 않다는 것이다. 책뿐 아니라, 에세이, 르포르타주, 기사 등 모든 종류의 텍스트가 마찬가지다. 전에 아주 만족스럽게 읽었어도 남은 것이 별로 없다.

내용이 이렇듯 송두리째 빠져나가 버린다면, 읽는 것이 무슨 의미가 있을까? 물론, 독서가 주는 현재적 즐거움도 중요하다. 당연한 말이다. 하지만 그렇게 따지면 크렘 브륄레(크림 커스터드 위에 바삭한 캐러멜 토핑을 얹은 프랑스식 디저트 - 옮긴이)가 주는 현재적 즐거움도 마찬가지로 중요하다. 그리고 크렘 브륄레에는 애초에 사람의 인격에 영향을 미칠 것이라는 기대가 없다. 우리의 독서 내용이 그렇게도 허무하게 사라져버리는 이유가 무엇일까?

우리가 잘못 읽기 때문이다. 우리는 너무 선별하지 않고, 또 너무 대충 읽는다. 주의력을 뛰어다니는 강아지라고 한다면, 우리는 독서를 할 때 강아지가 맛난 먹이를 먹는 훈련을 하게 하지 않고, 그냥 아무렇게나 배회하게 놔둔다. 그렇게 우리의 가장 소중한 자원을 가치 없는 것에 쏟아버리는 것이다.

이제 나는 몇 년 전과는 다르게 독서한다. 전처럼 많은 책을 읽지 않고, 적은 책을 읽는다. 대신에 더 좋은 책을, 두 번씩 읽는다. 나는 굉장히 까다롭게 책을 고르게 되었다. 어떤 책을 손에 들고 10분 정도를 할애해서 살피고는, 판결을 내린다. 읽을 것이냐, 읽지 않을 것이냐. 철도 승차권의 이미지는 이런 까다로운 선별에 도움을 준다. 내가 손에 든 책이 나의 독서카드 한 칸을 내줄 만큼 괜찮은 책인가? 그런 책들은 굉장히 적다. 그리고 괜찮은 책이라고 판단한 경우 나는 그 책을 두 번 읽는다. 연속으로 두 번 읽는다. 그것이 원칙이다.

책을 두 번 읽는다고? 왜 안 되겠는가. 음악의 경우 우리는 트랙들을 여러 번 듣는 것을 당연하게 생각한다. 악기를 연주하는 사람은 초견으로 악보를 연주해본 뒤, 그냥 그렇게 미숙한 상태로 끝내지 않고, 여러 번 집중 반복해서 연습을 하고 꽤 숙달된 다음에야 다음 작품으로 넘어간다. 따라서 독서도 그렇게 하지 못할 이유가 무엇이란 말인가?

두 번 읽기를 시행해보면 그 효력은 한 번 읽기의 두 배 정도로 그치지 않는다. 몇 배 더 큰 효력을 발휘한다. 나 자신의 경험에 비추어보면, 한 열 배 정도의 효력이 있는 것 같다. 한 번 읽었을 때 3퍼센트 정도의 내용이 남는다고 한다면, 두 번 읽으면 30퍼센트 정도가 남는다.

다시 한 번 천천히 집중해서 읽는 중에 얼마나 많은 내용을 흡수할 수 있는지, 첫 번째 읽을 때 눈에 띄지 않았던 새로운 것들을 얼마나 많이 발견하는지, 세심한 읽기를 통해 이해의 범위가 얼마나 확대되는지 나는 놀라곤 한다. 표도르 도스토옙스키가 1867년 바젤에서 한스 홀바인의 미술작품 〈그리스도의 시신〉을 보았을 때, 그는 이 회화에 매료되어, 30분 뒤 그의 아내가 간신히 잡아끌어서야 겨우 그 그림 앞을 떠났다. 그리고 2년 뒤 자신의 소설 《백치》에서 이 그림을 굉장히 디테일하게 재현해냈다. 아이폰으로 간단히 사진을 찍었다면 그런 효과가 있었을까? 그렇지 않았을 것이다. 위대한 소설가가 이를 창조적 소재로 삼을 수 있기 위해서는 그림에 이렇듯 잠기는 시간이 필요했다. 그렇다. 잠기는 것! 서핑하는 것이

아니라 잠수하는 것이다.

몇 가지를 정확히 짚고 넘어가자. 우선, 여기서 자꾸 효력이라는 말을 사용했는데, 너무 건조한(기술적인) 느낌이 들지 않는가? 책에 대해 그런 식으로 판단해도 될까? 그렇다. 이런 식의 독서는 유용성을 지향하고, 낭만을 지향하는 것이 아니기 때문이다. 낭만은 다른 활동을 위해 남겨두라. 나는 책이 (나쁜 책이든지, 나쁘게 읽었든지 해서) 두뇌에 흔적을 남기지 않았다면 책을 읽은 시간은 그냥 낭비한 시간이라고 생각한다. 책은 크렘 브륄레나 경비행기 여행 같은 것과는 질적으로 다른 것이다.

둘째, 독서카드에서 추리소설은 제외다. 스릴러는 아주 예외적인 경우가 아니고서는 애초에 두 번 읽을 수가 없기 때문이다. 이미 알고 있는 살인자를 다시 만나고 싶은 사람이 있겠는가?

셋째, 개인적인 독서카드에 몇 칸을 만들지 스스로 결정해야 한다. 나는 다음 10년간 100권으로 제한했다. 1년에 평균 10권 정도인 셈이다. 이 정도면 작가로서는 상당히 적은 양이다. 하지만 이미 이야기했듯이 나는 훌륭한 책들을 두 번 읽는다. 때로는 세 번도 읽는다. 이것은 상당히 만족스러우며, 열 배의 효력을 낸다.

넷째, 당신이 아직 젊다면, 독서 인생을 3등분했을 때 아직 첫 1/3의 단계에 있다면, 가능하면 많은 책들을 먹어치우는 것이 좋다. 소설, 단편소설, 시, 실용서, 교양서 등 갖가지 책을 닥치는 대로 읽어라. 왜 그럴까? 이것은 나중에 살펴볼 소위 '비서 문제'라 불리는 수학적 최적화 문제와 관계가 있다. 이 문제는 많은 지원자들 중 최고의 비서를 골라야 한다는 것인데, 그 해법은 일단 지원자의 37퍼센트를 인터뷰하면서 이를 바탕으로 전체 지원자풀의 기본적인 분포에 대한 표본을 추출하는 것이다. 이렇게 마구잡이 독서를 통해, 또는 (통계적으로 말하자면) 독서 인생의 첫 1/3의 많은 임의의 책들을 통해 당신은 책들의 기본적인 분포에 대한 표본을 대략 머릿속에 만들 수 있고, 그렇게 판단력을 연마해서, 훗날 굉장히 선별적으로 책을 고를 수 있다. 40세쯤 되면 개인적인 독서카드를 마련하라. 그러고 나서는 엄격하게 그것을 준수하라. 40세가 넘은 사람은 나쁜 책을 읽기에는 인생이 너무 짧기 때문이다.

◆ ◆ ◆

이제 나는 전처럼 많은 책을 읽지 않고, 적은 책을 읽는다. 대신에 굉장히 까다롭게 책을 선별하게 되었다. 괜찮은 책이라고 판단한 경우 나는 그 책을 연속으로 두 번 읽는다. 그것이 원칙이다.

당신이 속한 집단이
대중은 아니다

도그마의 함정

지퍼가 어떻게 작동하는지 아는가? 당신의 지식을 0점(전혀 모른다)에서 10점(정확히 안다)까지로 점수를 매겨보고 여백에 적어보라. 이제 종이 한 장을 꺼내 지퍼가 정말로 어떻게 작동하는지 스케치를 해보라. 그러고는 아직 지퍼를 보지 못한 사람에게 정확한 작동방식을 설명할 수 있게 핵심어들을 적어보라. 2분간 시간을 주겠다. 완성했는가? 그렇다면 이제 당신의 지퍼 지식을 다시 한 번 0점에서 10점까지로 평가해보라.

예일대학의 레오니드 로젠블릿과 프랭크 카일은 몇백 명의 참가자들에게 이와 비슷한 간단한 질문을 던졌다. 변기는 어떻게 기능할까? 배터리는 어떻게 기능할까? 그 결과는 늘 같았다. 우리는 설명하기 전까지는 뭔가를 상당히 잘 안다고 믿는다. 설명해보라고 하면, 그제야 우리의 지식이 얼마나 구멍이 뚫린 것인지를 깨닫는다. 당신도 다르지 않았을 것이다. 실제로 이해하는 것보다 더 잘 알고 있다고 확신했을 것이다. 이것이 바로 '지식의 환상(illusion of knowledge)'이다.

지퍼나 변기 같은 단순한 것들도 이렇게 따지고 들어가면 잘 알지 못하는데, 하물며 정말로 커다란 질문에서는 얼마나 무지할까? 가령 어느 정도의 이민자를 받는 것이 한 사회에 장기적으로 유익할까? 유전자 치료를 허용해야 할까? 또는 무기소지의 자유는 사회를 더 안전하게 만들까? 등등.

이런 커다란 문제에서는 (흥미롭게도 하필 이런 거시적 질문에서는) 우리의 대답이 오히려 속사포처럼 나온다. 하지만 솔직히 가슴에 손을 얹고 말해보자. 우리는 이런 것들에 대해 자세히 생각해보지 않았다. 자세히 생각하기는커녕 초보적으로라도 생각해보지 않았다. 사회적 문제들은 지퍼나, 변기, 배터리보다 훨씬 더 복잡하다. 사회 구조에 대한 개입은 단순히 변기의 물을 내리는 것보다 훨씬 더 많은 결과들을 초래하기 때문이다. 첫 영향들을 고려하는 것만으로는 충분하지 않다. 영향의 영향의 영향도 평가해야 한다. 이런 연쇄적 영향을 진지하게 생각하려면 며칠, 몇 주, 아니 몇 개월이 걸릴 것이다. 누가 그럴 만한 시간과 의욕이 있겠는가?

따라서 우리는 편하게 생략해버린다. 그리고 이 지점에서 이상한 일이 일어난다. 그 주제에 대한 책을 읽거나 전문가들과 상의하는 대신, 우리는 그냥 우리의 준거집단의 의견을 취하는 것이다. 준거집단은 정당일수도 있고, 같은 직업군일수도 있고, 사회계층일수도 있고, 스포츠클럽 혹은 패거리 집단일수도 있다. 그래서 우리의 지식은 우리가 바라는 것과는 달리 전혀 객관적이지 않다. 스티븐 슬로먼과 필립 페른바흐가 그들의 저서 《지식의 환상》에서 명명한 것처럼 이런 지식은 '집단 지식'이다. 우리는 유감스럽게도 우리 생각과는 달리 절대로 독립적으로 사고하지 않는다. 옷을 고르는 것처럼 의견도 마찬가지다. 우리는 유행하는 옷을 입는다. 더 구체적으로 말하면 준거집단이 입고 다니는 옷을 입는다.

그런 '파당적 의견'이 단순한 문제에 국한되지 않고, 전체의 세계상을 구성하면 상당히 끔찍해진다. 이런 경우를 이데올로기라 부른다. 이데올로기는 파당적 의견의 10제곱이라 할 수 있다. 소위 뭉텅이로 견해들을 공급해준다.

이데올로기는 상당히 위험하다. 두뇌에 쇼트를 일으키고, 퓨즈를 연소시키는 고압전류처럼 작용한다. 예를 들면 젊은 유럽 청년들이 학교를 졸업한 뒤 IS를 추종하고, 중세의 이슬람 교리를 다시금 도입하고자 투쟁한다.

무슨 일이 있어도 이데올로기와 도그마는 피하고 보라. 그것들이 당신에게 좋게 보여도 말이다. 이데올로기는 보장하건대 잘못된 것이다. 그것들은 세계에 대한 시야를 좁게 만들고, 분별없는 결정을 하도록 오도한다. 독선적인 사람치고 좋은 삶에 조금이라도 근접하는 삶을 살아가는 사람을 본 적이 없다.

그러나 문제는 이데올로기에 빠져 있는데도 자신이 그런 형편이라는 것을 전혀 깨닫지 못하는 사람들이 많다는 것이다. 이데올로기의 함정에 빠져 있다는 것을 어떻게 분간할 수 있을까? 세 가지 적색 깃발이 있다. 이데올로기는 모든 것을 설명하며, 반박할 수 없고, 모호하다.

모든 것을 설명하는 반박할 수 없는 이데올로기의 탁월한 예는 바로 마르크스주의다. 한 사회에 자본이 집중되면, 마르크스주의의 신봉자는 거기서 곧장 자본주의의 악을 본다. 마르크스가 말한 대로다. 반면 불평등이 감소하면 마르크스주의 신봉자는 곧장 그 현상을 사회가 계급 없는 사회로의 발전으로 설명한다. 역시나 마르크스가 예언한 대로다.

언뜻 보기에 반박할 수 없다는 특성은 꽤 이점으로 보인다. 언제나 들어맞는 이론을 가지고 싶지 않은 사람이 누가 있겠는가? 반면 실제로 반박할 수 없는 이론은 천하무적의 이론이 아니라, 약점을 노출시키기가 쉬운 이론이다. 도그마에 감염된 것처럼 보이는 사람을 만나면 이런 질문을 던져보라. "어떤 상황을 만나면 당신의 세계관을 포기할 수 있을지 말씀해주시겠어요?" 상대가 대답을 하지 못하면 그 사람은 저만치 피해 다녀라. 자기 자신이 도그마에 빠진 듯한 의심이 생긴다면 자기 자신에게도 이런 질문을 던져보라.

가능하면 공격당하지 않기 위해 이데올로기는 종종 모호한 옷을

입는다. 이것이 이데올로기를 미리미리 분간할 수 있는 세 번째 적색 깃발이다. 평소에는 명료한 언어를 구사하는 신학자 한스 큉은 신을 "절대적 – 상대적이며, 현세적 – 내세적이며, 초월적 – 내재적이고, 모든 것을 포괄하고 – 모든 것에 스며들어, 모든 일의 핵심과 인류와 인류사와 세계에 실재하는 현실"이라고 묘사한다. 모든 것을 설명하려 하며, 반박할 수 없고, 굉장히 모호한 묘사다! 이런 언어적 특성은 어떤 것이 이데올로기인지 아닌지를 판가름할 수 있는 좋은 지표다. 그것을 주의하라. 또한 자신이 그런 언어를 구사하고 있지 않은지 주의하라. 뭔가를 표현할 때 자신만의 어휘들을 발견하고자 하라. 준거집단의 말과 비유를 아무런 생각 없이 받아들이지 말라. 당신의 준거집단이 사회의 특정 부분에 불과한데도 서슴없이 '대중' 혹은 '국민'이라는 단어를 사용해서는 안 된다. 그리고 슬로건을 피하라.

대중 앞에서 이야기할 때는 특히나 조심하라. 공공연히 도그마적 입장을 대변하는 경우, 이런 입장을 자신의 두뇌 속으로 더 깊숙이 두드려 넣을 수밖에 없게 되고, 그로써 철회하기가 힘든 상황이 된다.

자신의 논지와 반대되는 논지들도 찾아보라. 〈모든 것에 뚜렷할 필요는 없다〉에서 제안한 것처럼, 당신이 당신과 반대 입장에 서 있는 다섯 명과 함께 텔레비전 토크쇼에 초대받았다고 상상해보라. 그들의 반대 논지를 최소한 자신의 논지처럼 유창하게 대변할 수 있을 때에만, 자신의 의견을 말할 자격이 있다.

독립적으로 사고하라. 파당적 견해를 고스란히 신봉하는 독선적인 사람이 되어서는 안 된다. 무엇보다 도그마는 멀리 피해 다녀라. 세계는 이해할 수 없다는 걸 빨리 받아들일수록, 세계를 더 잘 이해하게 된다.

◆ ◆ ◆

독선적인 사람치고 좋은 삶에 조금이라도 근접하는 삶을 살아가는 사람은 없다. 나와 같은 생각을 하는 사람이 주변에 많다면 더욱 더 그 생각을 경계하고 의심하라.

가지고 있는
행복을 의식하는 법

뺄셈의 기술

미국의 소도시 베드포드 폴즈의 크리스마스 이브. 조지 베일리가
목숨을 끊으려 한다. 그는 작은 주택은행 조합의 대표이자 네 아이
의 아버지로 자신의 고향 베드포드 폴즈를 위해 봉사하며 흠 없이
살아온 인물이다. 하지만 삼촌이 그의 돈을 잃어버리는 바람에 파
산 위기에 처하게 되고, 이제 다리에 올라가 강에 뛰어들어 자살을
하기 직전이다. 그런데 바로 그 순간에 한 노인이 물에 빠져 도와
달라고 외치고, 베일리는 그 노인을 구해준다. 물속에서 나온 노인
은 자신이 천사라고 주장하지만, 베일리는 그의 말을 믿지 않고, 대
신에 그는 자신이 차라리 세상에 태어나지 않았으면 정말로 좋았을
것이라고 말한다. 그러자 천사는 그의 소원을 들어주고, 이제 조지
베일리는 천사의 손에 이끌려 자신이 없어 곤란한 처지에 놓여 있

는 베드포드 폴즈 마을을 돌아보게 된다. 충격을 받은 베일리는 천사에게 제발 예전의 자신으로 돌아가게 해달라고 사정하고, 천사는 소원을 들어주어 베일리는 크리스마스 이브에 우울했던 기분으로부터 완전히 해방된다. 아직 살아 있다는 사실에 크게 기뻐하면서 눈 내린 마을길을 달려가며, "메리 크리스마스! 메리 크리스마스!"라고 환호한다.

제임스 스튜어트 주연으로 1946년에 개봉한 영화 〈멋진 인생〉은 오래전에 크리스마스에 가장 즐겨 보는 가족영화로 자리매김했다. 하지만 이 영화에서 천사가 선보인 정신적 전략은 아직 그렇게 대중화되지 못했다. 심리학자들이 '마음의 뺄셈(mental substraction)'이라 부르는 이 전략이 진즉에 좋은 삶의 도구함에 들어가 있어야 하는데 말이다. 마음의 뺄셈을 짧은 버전으로 한번 실행해보자. 우선 다음 질문에 답해보라. 당신은 일반적으로 삶이 얼마나 행복한가? 0점(무척 불행하다)에서 10점(황홀하다) 가운데 점수를 매겨보고, 그 점수를 이 책 가장 자리에 기록해보라. 그리고 이제 다음 문단을 읽어보라(다음 문단만 읽고, 그 이상 읽지는 말라). 그런 다음, 눈을 감고 이 책의 지시들을 따라보라.

자, 눈을 감고 당신이 오른팔이 없다고 상상해보자. 어깨에 팔 하나만 달려 있다. 어떤 느낌일까? 한쪽 팔로만 살아가는 삶이 얼마나 힘들까? 오른쪽 팔이 없으면 어떻게 먹을까? 어떻게 키보드를 칠까? 어떻게 자전거를 탈까? 어떻게 누군가를 안아줄까? 자, 이제 당신이 왼팔도 잃어버렸다고 상상해보자. 손이 없다. 아무것도 잡지 못하고, 만지지 못하고, 쓰다듬지 못한다. 어떤 느낌일까? 세 번째로, 시력을 상실했다고 상상해보자. 들을 수는 있지만, 더 이상 아름다운 풍경도 볼 수가 없고, 배우자나 자녀, 친구의 얼굴도 볼 수가 없다. 어떤 기분일까? 그렇게 상상해보고, 이제 다시 눈을 떠보라. 최소 2분간 시간을 내어 이런 상황을 실행해보라. 계속 읽기 전에 그런 상황을 느껴보라.

자, (이 연습을 하고 나니) 이제 당신은 얼마나 행복한가? 다시 0점 (무척 불행하다)에서 10점(황홀할 정도로 행복하다) 사이로 점수를 매겨보라. 당신이 대부분의 사람들과 비슷하다면, 당신의 행복감은 아마 상승했을 것이다. 내가 처음 이런 연습을 했을 때 나는 마치 갑자기 물속에 빠졌다가 분수처럼 솟구쳐 오른 공이 된 기분이었다. 마음의 뺄셈, 이것은 정말 굉장한 효과를 발휘한다.

물론 행복감을 북돋우기 위해 꼭 팔이나 눈이 없다고 생각할 필요는 없다. 지금의 배우자를 만나지 못했더라면, 자녀들을 사고로 잃었다면, 전쟁에 참전하여 참호 속에 있다면, 혹은 임종자리에 누워 있다면, 어떤 느낌일지 상상해도 된다. 중요한 것은 추상적으로 생각하지 않고, 이런 상황에 '감정 이입'을 해보는 것이다.

앞에서 살펴보았듯이 우리 인생의 행복한 우연들에 대하여, 특히 우리의 삶을 비로소 가능케 한 행복한 우연들에 대하여 감사하는 것은 아주 적절한 감정이다. 그래서 자기계발서들은 으레 저녁마다

인생의 긍정적인 면을 눈앞에 그리며 감사한 마음을 가져보라고 독자들에게 조언하고 있지 않은가.

하지만 감사에는 두 가지 문제가 있다. 우선, 누구에게 감사할 것인지의 문제다. 신앙이 없는 사람은 감사의 대상을 찾지 못한다. 두 번째 문제는 바로 익숙해진다는 점이다. 인간의 두뇌는 변화에는 굉장히 격하게 반응하지만, 그 상태가 조금이라도 계속되면 금방 익숙해진다. 이런 특성은 인생에서 좋지 않은 일들을 만났을 때 참으로 유익하다. 실연을 당했거나 사고로 휠체어 신세를 지게 된 슬픔은 이런 적응 효과 덕분에 생각보다 빨리 잦아든다. 대니얼 길버트는 이를 '심리적 면역체계'라 부른다. 그런데 멍청하게도 이런 심리적 면역체계는 우리에게 일어나는 좋은 일들에도 적용된다! 그래서 로또에 당첨되어 어마어마한 상금을 받은 뒤에도 행복감은 6개월이나 지속될까, 그 이후에는 이 사실이 우리의 행복감에 미치는 효과는 적다. 자녀가 태어났거나, 집을 구입했거나 하는 일도 마찬가지다. 이로 인한 행복감은 금방 사그러든다. 당신 인생의 긍정적인 측면의 99퍼센트가 지금 막 일어난 것이 아니라 한동안 계속되어온 상태이므로, 익숙해지는 효과가 행복감을 되돌린 지 오래다. 감사는 이런 익숙해짐에 대항하여, 인생의 좋은 면들을 다시 의식적으로 강조하고 부각시키려는 노력이다. 그러나 유감스럽게도 우리는 이런 노력에도 익숙해진다. 날마다 마음속으로 자기 인생의 좋은 면들을 그려보는 사람들은 가끔만 그렇게 하는 사람들에 비해 행복감을 덜 느낀다. 역설적인 결과다. 역시나 익숙함이 가져오는 평준화 효과로 설명할 수 있다.

감사하기의 약점은 바로 감사의 대상이 필요하다는 문제와 익숙해짐의 문제다. 다행히도 '마음의 뺄셈'은 이런 단점이 없다. 마음의 뺄셈은 결코 익숙해지지 않는 놀라운 두뇌 운동이다. 대니얼 길버트, 티모시 윌슨을 비롯한 미국의 연구자들은 여러 연구에서 마음의 뺄셈이 단순히 인생의 아름다운 것들을 그려보는 방법보다 행복감을 훨씬 더 의미 있게 상승시킨다는 것을 보여주었다. 스토아 철학자들은 2천 년 전에 이미 이런 트릭을 알고 있었다. 가지고 있지 않은 것들을 생각하는 대신, 이미 가지고 있는 것들을 잃으면 얼마나 아쉬울까를 생각하는 것을 말이다.

운동선수로 올림픽에 참가했다고 하자. 당신은 굉장히 좋은 컨디션으로 메달도 딴다. 이때 은메달을 따는 게 더 행복할까, 동메달을 따는 게 더 행복할까? 물론 당신은 은메달이라고 대답할 것이다. 하지만 1992년 바르셀로나 올림픽에서 메달을 딴 선수들을 대상으로 조사한 결과, 예상과는 달리 은메달을 딴 선수들이 동메달을 딴 선수들보다 행복하지 않았다. 은메달은 금메달과 비교되고, 동메달은 메달을 따지 않은 것과 비교되기 때문이다. 하지만 마음의 뺄셈을 실행하면 이런 해로운 효과는 나타나지 않는다. 마음의 뺄셈은 계속해서 메달을 따지 못한 상태와 비교하기 때문이다. 물론 '메달'의 자리에 당신이 원하는 다른 것을 위치시킬 수 있다.

마음의 **뺄셈**은 인생의 좋은 측면들을 소중히 여기게 하는 보증된 전략이다. 당신을 행복하게 하는 전략이므로 당연히 그것을 넘어 좋은 삶을 사는 데도 도움이 된다. 예를 들면 역사적으로 평균 기대 수명이 30년 정도 밖에 안 되었다는 사실을 생각하라. 당신이 서른이 넘은 경우 기뻐하라. 이제 하루하루 추가로 얻는 날들은 선물이 된다. 서른이 안 되었다면 아직 선물 받은 것은 없지만, 나중에 받을 길고 큰 선물에 기뻐해도 된다.

폴 돌런은 이렇게 말했다. "우리는 종종 행복을 의식하지 못한다. 우리는 행복을 의식하기 위해 할 수 있는 것들을 해야 한다. 당신이 피아노를 치는데, 소리를 듣지 못한다고 상상해보라. 인생의 많은 일은 듣지 못하고 피아노를 치는 것처럼 일어난다." 마음의 뺄셈으로 당신은 다시금 충만한 울림을 체험하게 될 것이다.

◆ ◆ ◆

가지고 있지 않은 것들을 생각하는 대신, 이미 가지고 있는 것들을 잃으면 얼마나 아쉬울까를 생각하는 것이 더 낫다. 마음의 뺄셈은 행복감을 훨씬 더 의미 있게 상승시킨다.

생각하지 않고
행동해도 된다

최대 숙고 지점

쉬이잇! 내가 당신에게 이제 글쓰기의 최대의 비밀을 귀뜸하도록
하겠다. 그것은 바로 최상의 아이디어는 생각할 때가 아니라 글을
쓸 때 온다는 것이다. 이것은 인간 활동의 모든 영역에 적용된다.
기업가는 한 상품을 생산해서 시장에 내놓아야 비로소 그 상품이
시장에 먹히는지를 알 수 있다. 소비 연구만 해서는 알 수 없다. 판
매사원은 많이 거절당해 보고, 영업전략을 무수히 개선해본 다음에
야 '정점'에 이를 수 있지, 판매전략을 전수하는 조언서를 많이 읽는
다고 되는 것이 아니다. 부모도 날마다 자녀들과 부딪혀 보아야 능
력 있는 부모가 될 수 있지, 육아서를 읽는다고 절로 좋은 부모가
될 수 있는 것이 아니다. 음악가도 마찬가지다. 악기를 연습하고 훈
련해야 마이스터가 될 수 있지, 악기의 가능성을 연구한다고 저절

로 좋은 연주자가 되는 게 아니다.

왜 그럴까? 세계는 우리에게 불투명 유리처럼 흐리기 때문이다. 아무도 현실을 완전히 조명하지 못한다. 제아무리 많이 배운 사람도 특정 방향으로 불과 몇 미터밖에 보지 못한다. 인식의 한계를 넘어서려 한다면 앞으로 나아가야지, 머물러서는 안 된다. 행동해야지 생각만 해서는 안 된다.

제약회사의 중견 간부로 있는 친구가 있다. MBA학위까지 가진 이 똑똑한 친구는 벌써 10년 넘게 창업을 준비해왔다. 수많은 창업 관련 책들을 읽고, 오랫동안 제품에 대해 고민했으며, 시장연구도 많이 하고, 비즈니스플랜도 20개 넘게 작성했다. 그러나 지금까지 전혀 진전된 일이 없다. 내면의 목소리가 그에게 계속해서 '네 창업 아이디어는 훌륭해. 하지만 정말로 성공할지는 예상되는 실적을 달성할 수 있을지, 경쟁업체가 어떻게 행동할지에 따라 달라져'라고 말한다. 이제 계속 숙고한다 해도 추가적인 깨달음을 얻을 가능성은 0이다. 이런 상태를 '최대 숙고 지점'이라 불러보자.

고민하고 생각하지 말라는 것이 아니다! 잠시만 생각해도 이미 우리의 인식은 상당히 발전한다. 하지만 시간이 흐르면서 발전은 점점 줄어들다가, 생각보다 빠르게 최대 숙고 지점에 도달한다. 투자 결정도 기껏해야 3일 정도만 숙고하면, 고려해야 할 모든 요인이 이미 도마 위에 오른다. 인사 결정은 하루 정도면 된다. 이직 문제라면 기껏해야 한 일주일 정도? 현재의 감정에 휘둘리지 않기 위해 조금 더 시간을 둘 수는 있겠지만, 더 이상의 숙고는 도움이 되지 않는다. 새로운 인식에 도달하려면 행동을 해야 한다.

숙고하는 것이 손전등이라면 행동하는 것은 전조등이다. 행동의 빛은 보이지 않는 세상을 훨씬 더 멀리까지 비춘다. 그러므로 흥미롭고 새로운 장소까지 나아가려면 고민의 손전등을 꺼야 한다.

다음 질문은 행동력이 얼마나 중요한지를 보여준다. 대양 한가운데 외딴 섬으로 가야 한다면 당신은 누구를 데려갈 것인가? 계속 읽기 전에 잠시 생각해보라. 배우자를 데려갈까? 친구를 데려갈까? 컨설턴트? 머리 좋은 교수? 또는 엔터테이너? 물론 안 된다, 배를 만드는 사람과 같이 가야 할 것이다!

이론가, 교수, 컨설턴트, 작가, 블로거, 저널리스트들은 숙고를 통해 세계를 알 수 있을 것처럼 한다. 하지만 유감스럽게도 그런 경우는 드물다. 뉴턴, 아인슈타인, 파인만 같은 사상가들은 예외다. 학문에서건, 경제계에서건, 일상에서건, 세계를 이해하는 일은 보이지 않는 세계와 몸으로 부딪힘으로써 이루어진다. 스스로를 이 세상에 맡김으로써 말이다.

물론 말처럼 쉽지는 않다. 나 역시 종종 너무 오래 숙고만 거듭한다. 최대 숙고 지점을 훌쩍 넘어서 말이다. 왜 그럴까? 그것이 편하기 때문이다. 숙고만 하는 것이 주도권을 잡는 것보다 유쾌하다. 뭔가를 실행에 옮기는 것보다 실행에 옮길 궁리만 하는 것이 더 편하다. 숙고를 할 때는 실패할 위험이 0이지만, 실행에 옮기면 0보다

더 커지기 때문이다. 숙고하는 사람은 현실에 부대끼지 않아도 되고, 좌절할 위험도 없다. 반면 뭔가를 하는 사람은 경험을 축적한다. "원하는 걸 얻지 못할 때 얻을 수 있는 것은 경험이다"라는 격언이 있지 않던가.

파블로 피카소는 시험해볼 용기가 얼마나 소중한지를 알았다. 그래서 "그리고자 하는 것이 무엇인지를 알려면, 일단 그리기 시작해야 한다"고 말했다. 삶에서도 마찬가지다. 삶에서 원하는 것이 무엇인지 알려면, 단순하게 뭔가를 시작해보는 것이 가장 좋다.

순전히 머릿속 생각만으로 삶의 의미를 찾고, 행복을 누릴 수 있다고 착각하는 것을 심리학에서 '자기관찰의 착각'이라고 부른다. 자기관찰을 통해 오히려 변덕스러운 기분, 모호한 생각, 혼란스런 감정의 수렁에 빠질 확률이 더 높다.

따라서 다음번에 중요한 결정 앞에 서게 된다면, 집중적으로 숙고하라. 하지만 최대 숙고 지점까지만 생각하라. 거기에 이르렀다면 손전등을 끄고 전조등으로 바꾸라. 일에서든 사생활에서든, 커리어든 연애든 마찬가지다.

◆ ◆ ◆

인식의 한계는 앞으로 나아갈 때만 사라진다. 머물러서는 안 된다. 행동해야지 생각만 해서는 안 된다.

PART 4

세상의 말에
속지 않는 법

머리로는
사람을 이해할 수 없다

타인의 신발

페이팔의 설립자이자, 지금은 벤처 캐피탈리스트로 활동하는 기업가 벤 호로비츠는 몇 년 전 경영상의 난제에 봉착했다. 그가 이끄는 회사에서 각각 고객서비스와 프로그래밍을 담당하는 두 부서 간에 내내 다툼이 끊이지 않았던 것이다. 프로그래머들은 고객서비스 부서의 직원들이 고객들에게 바로바로 응대하지 못해서 판매를 가로막는다며 비난을 퍼부었고, 고객서비스 담당 직원들은 프로그래머들이 코딩에 오류를 범하고, 개선 제안을 받아들이지 않는다고 불만이 높았다. 물론 두 부서 간 협력은 회사 차원에서 필수불가결했다. 두 부서 모두 각각 나름으로는 최선을 다하고 있었고, 모두 최고의 직원들로 구성되어 있었다. 각기 다른 부서의 입장을 생각하라는 외침은 별로 실효성이 없었다. 사정이 그렇게 되자 호로비츠는 아이디어를 내어 고객서비스부와 프로그래밍부의 부장을 서로 맞바꾸었다. 단기간 그렇게 한 것이 아니라, 계속 그 체제로 가겠다고 선언했다! 두 부장들은 처음에 상당히 경악했다. 하지만 상대의 신발로 갈아 신은 지 1주 만에 벌써 왜 그런 갈등이 빚어졌는지를 이해하게 되었고, 차츰 과정들을 조율해 나가더니, 그 이후에는 두 부서가 기업 내의 다른 부서들보다 더 협력적으로 일하게 되었다.

상대의 입장이 되어 생각해보는 것은 그렇게 하려고 애써보지만 잘 안 될 때가 많다. 필요한 사고의 비약이 너무 크고, 흥미롭지도 않다. 누군가를 실제로 이해하려면 그의 입장이 되어야 한다. 생각만이 아니라 실제로 말이다. 다른 사람의 신발을 신어보고, 상대의 상황을 몸소 체험해봐야 한다.

쌍둥이 자녀를 얻어 종종 혼자서 아기들을 돌보기 전까지 나는 아기 엄마들의 고충을 전혀 이해하지 못했다. 하지만 막상 육아를 해보니 반나절 만에 열흘간 출장을 다녀온 것보다 더 피곤했다. 물론 전에도 육아가 힘들다는 말을 많이 들어왔고, 육아서에도 그런 말들이 써 있지만, 나와 상관이 없는 것들이었다. 겪어보면서 비로소 이해하기 시작했던 것이다.

그러므로 우리가 이런 트릭을 일상에서 극히 드물게 적용하는 것은 좀 놀랍다. 회사마다 '우리는 고객의 입장으로 생각해야 한다'는 기치를 내건다. 좋은 생각이다. 하지만 그것만으로는 부족하다. '우리는 고객이 되어야 한다'가 더 맞는 말일 것이다. 이 원칙을 이해하고 실행하는 기업들이 있다. 엘리베이터와 에스컬레이터를 공급하는 세계적인 기업 쉰들러는, 신입직원을 뽑으면 (비서건 관리직이건 상관없이) 무조건 3주간 현장으로 보낸다. 모두 파란 멜빵바지를 입고 현장에 가서 엘리베이터나 에스컬레이터를 조립하는 일을 돕는다. 그렇게 하여 쉰들러 사의 신참내기들은 제품의 복잡한 내부 구성을 알게 될 뿐 아니라, 현장에서 일한다는 것이 무엇인지도 체험한다. 그리고 "저는 현장에서 손을 더럽히는 일도 마다하지 않겠습니다"라고 선서한다. 이런 활동만으로도 부서들 간의 친선을 도모하는 데 충분하다.

비슷한 것을 보여주려고 하는 회사들은 많다. 사업 보고서 같은데 보면 흔히 기업 수뇌부들이 컨베이어벨트 앞에서 포즈를 취한 사진이 실려 있다. 100개의 사업 보고서 중 단 하나 정도만 사진이 다르다. 그곳에는 작업복에 헬멧을 쓰고 '실제로' 컨베이어벨트에서 일을 하는 최고 경영자들 사진이 있다. 이들이야말로 최소한 사진을 찍을 때만이라도 머리를 헝클어지는 걸 감수하는 이들이다. 나는 이런 회사의 주식을 자주 산다.

생각하는 것과 행동하는 것은 세상을 이해하는 근본적으로 다른 두 가지 방식이다. 많은 사람들은 생각과 행동을 혼동한다. 대학에서 경영학을 공부하는 것은 경영학 교수직을 얻기에는 이상적일지 몰라도, 기업가가 되기에는 이상적이지 않다. 문학 교수가 되려고 하면 문학을 전공하는 것이 지름길이다. 하지만 문학을 전공했다고

해서 좋은 작가가 될 수 있는 것은 아니다.

이런 숙고와 행동의 관계는 도덕과 같은 추상적인 일에서는 다를까? 에릭 스위츠게벨과 조슈아 러스트는 이에 착안하여 "늘 도덕적 문제를 취급하는 윤리학 교수들이 도덕적으로 더 나은 사람들일까?" 하는 질문을 테스트해보았다. 헌혈 횟수에서 시작하여 문을 닫는 태도, 컨퍼런스를 마치고 쓰레기를 치우는 행동에 이르기까지 17가지 행동방식과 관련하여 윤리학을 강의하는 교수들과 다른 교수들을 비교했다. 그 결과 도덕철학 전문가들이라고 다른 사람보다 조금이라도 더 도덕적으로 행동하는 것은 아닌 것으로 드러났다.

생각과 행동은 엄연히 다른 영역임을 알게 되었다면, 이런 인식을 활용할 수 있을 것이다. 세상에서 가장 탄탄한 조직은 바로 교회, 군대, 대학이다. 이들은 몇백 년 동안 건재해왔고, 많은 전쟁도 견디고 살아남았다. 이들이 탄탄한 비결은 무엇일까? 바로 내부인을 승진시키는 것이다. 조직의 지도부에 있는 사람들은 '저 아래'는 어떤 형편인지 아주 실제적이고 긴밀하게 알고 있다. 주교가 되기 위해서는 말단 신부부터 시작해야 하고, 장군은 과거에 일반 군인이었던 것이다. 대학의 학장도 한때는 조교수였다. 월마트 CEO가 200만 대군을 거느린 장군이 될 수 있다고 생각하는가? 그럴 수 없다. 세상의 어느 군대도, 월마트 사장을 장군으로 채용하려는 생각을 하지 않을 것이다.

그러므로 다른 사람의 신발을 신고 실제로 걸어 다녀보는 것은 중요하다. 배우자, 고객, 동료, 유권자(당신이 정치인인 경우) 등 중요한 파트너를 대상으로 그렇게 역할 교체를 해보라. 역할 교체는 서로에 대한 이해를 도모할 수 있는 가장 효율적이고 빠르고, 저렴한 방법이다. 비유하자면 거지로 변장하고 백성들 사이에 섞일 수 있는 왕이 되라. 그것이 늘 가능한 것은 아니기에 또 한 가지 방법을 추천한다면, 소설을 읽어라. 좋은 소설을 가능하면 많이 읽어라. 좋은 소설에 몰입해서 주인공과 생사고락을 함께하는 것이 생각과 행동 사이의 효율적인 절충안이라 하겠다.

◆ ◆ ◆

누군가를 이해하려면 그의 입장이 되어야 한다는 것은 맞다. 그러려면 그 입장에서 생각하는 정도가 매우 강해야 한다. 생각만이 아니라 실제로 다른 사람이 되어야 한다.

세계사는
위인이 쓰지 않았다

세상을 바꿀 수 있다는 환상

"우리는 세상을 바꿀 수 있습니다. 세상을 더 좋게 만들 수 있습니다. 그것은 당신의 힘에 달려 있습니다"(넬슨 만델라), "세상을 바꿀수 있다고 믿을 만큼 미친 사람들이 세상을 바꿉니다"(스티브 잡스), 이런 말을 들으면 가슴이 설레고, 상상의 나래를 편다. 우리가 중요한 사람인 것 같아 활력이 생기고 희망이 느껴진다.

하지만 우리가 정말로 세상을 변화시킬 수 있을까? 신문에서 그렇게 떠들어대는 세계 종말 분위기에도 불구하고(아니 아마도 바로 그것 때문에) 거의 주문과도 같은 이런 메시지들이 오늘날만큼 만연하던 때는 없었다. 중세, 고대, 석기시대 사람들은 이런 말을 도무지 이해하지 못했을 것이다. 그들에게 세계는 언제나 있던 그대로였다. 전쟁을 일으키는 왕, 혹은 인간들에게 노해서 지진을 일으키는 신들이나 세상을 바꿀 수 있을까. 일개 백성이나 농부, 노예가 세상을 바꿀 수 있다니, 아무도 그런 말도 안 되는 생각을 하지 않았다.

오늘날 지구인들은 아주 다르다. 우리는 스스로를 세계 시민으로 볼 뿐 아니라, 세계 대장장으로 본다. 스타트업, 크라우드펀딩, 자선 프로젝트로 세상을 바꿀 수 있으리라는 확신에 사로잡혀 있다. 실리콘밸리에 회사를 세워 엄청나게 성공한 사람들이나 세계사를 바꾼 천부적인 사람들이 우리에게 불어넣어주는 환상 탓이다. 우리의 삶을 바꾸는 것만으로는 충분하지 않다. 우리는 세계를 바꾸고자 한다. 우리는 이런 목표를 표방하는 조직을 위해 일을 하고, (이런 '의미 부여'에 감사해서) 절반의 임금을 받고도 기꺼이 노동력을 제공한다.

각 개인이 세상을 바꿀 수 있다는 것은 우리 세기의 커다란 이데올로기 중 하나이며, 동시에 엄청난 착각이다. 여기에는 두 가지 사고의 오류가 엮여 있다. 하나는 초점의 오류다. 이에 대해 대니얼 카너먼은 "삶의 그 무엇도 당신이 그것에만 골똘히 초점을 맞출 때 상상하게 되는 것만큼 중요하지 않다"고 말한다. 확대경을 지도에 대면, 확대경을 댄 부분이 확대된다. 우리의 주의력은 확대경처럼 작용한다. 우리가 세상을 바꾸는 프로젝트에 심취해 있으면, 그 일의 의미는 실제보다 더 커 보인다. 우리는 체계적으로 자신이 하는 일의 중요성을 과대평가하는 경향이 있다.

두 번째 생각의 오류는 미국의 철학자 대니얼 데닛이 '지향적 태도(intentional stance)'라고 일컬은 것으로, 사람들은 흔히 모든 변화 뒤에 의도가 있다고 본다는 뜻이다. 정말로 의도가 있었건 없었건 상관없이 말이다. 우리는 1989년 철의 장막이 무너진 것은 누군가 의도적으로 그것을 위해 노력했기 때문이라고 본다. 남아프리카에서 아파르트헤이트(인종차별 정책)가 철폐된 것은 넬슨 만델라 같은 투사가 없었으면 불가능했을 것이고, 인도의 독립은 마하트마 간디 덕분이었다. 스마트폰이 나오기 위해서는 스티브 잡스가 있어야 했고, 오펜하이머가 없었다면 원자폭탄도 없었을 것이며, 알베르트 아인슈타인이 없었다면 상대성 이론도 없었을 것이다. 벤츠가 없으면 자동차가 없었을 것이며, 팀 버너스 리가 아니고서는 월드와이드웹이 없었을 것이다. 우리는 세상의 모든 변화 배후에 세상에 이런 변화를 가져다주고자 했던 누군가가 있다고 추측한다.

발전 뒤에서 이런 의도를 보는 것은 우리의 진화적 과거에서 비롯된 습성이다. 의도가 있다고 한 번 더 믿는 편이 그렇지 않은 편보다 더 나았기 때문이다. 덤불 속에서 부스럭거리는 소리가 나면 그것을 바람이 아니라 굶주린 검치호나 적수라고 생각하는 것이 더 낫다. 이런 경우 보통은 바람일 것이라고 생각하는 사람들도 있었을 것이다. 그리고 99퍼센트의 경우는 이들의 예상이 맞아서, 도망가느라 공연한 에너지를 소비하지 않아도 되었을 것이다. 하지만 이들은 어느 순간 갑작스럽게 유전자풀에서 사라지고 말았고,

오늘날 우리 인간들은 과잉으로 지향적 태도를 가졌던 호미니드(직립 보행 영장류 - 옮긴이)의 생물학적 후손들이다. 이런 태도는 우리 두뇌 속에 단단히 심어져 있다. 그 때문에 우리는 의도가 없는 곳에서도 의도를 보고, 그 일을 중재한 사람들을 본다. 하지만 정말로 넬슨 만델라가 아니었다면 아파르트헤이트가 붕괴되지 않았을까? 스티브 잡스가 아닌 다른 사람이 아이폰 같은 걸 만들 수는 없었을까?

자꾸 의도를 보려는 경향은 세계사를 위인(유감스럽게도 그들은 주로 남자들이다)들의 역사로 해석하게 한다. 하지만 영국의 과학저술가이자 정치가인 매트 리들리는 《모든 것의 진화》에서 위인 이론을 급진적으로 부정한다. "우리는 적절한 시기에 적절한 장소에 있었던 영리한 사람들에 대해 너무 많은 칭찬을 쏟아내는 경향이 있다"고 말이다. 계몽주의자들도 그런 경향을 알고 있었다. 몽테스키외는 이렇게 썼다. "마틴 루터를 종교개혁을 일으킨 장본인으로 본다. (……) 그러나 그 일은 어차피 일어났을 것이다. 루터가 아니었어도 다른 사람이 그것을 주도했을 것이다."

1500년경 포르투갈과 스페인의 소수의 정복자들이 중남미 대륙을 차지하고 지배했다. 아즈텍, 마야, 잉카 제국은 짧은 기간 사이에 무너져버렸다. 왜 그랬을까? 코르테스 같은 '위인'들이 특히나 영리하거나 재능이 있어서가 아니라, 이런 당돌한 탐험자들이 부지불식중에 유럽에서 질병들을 들여왔기 때문이었다. 정복자들 스스

로는 이런 질병에 면역이 되어 있었지만, 원주민들에게는 치명적으로 작용했다. 오늘날 중남미 대륙의 절반이 스페인어나 포르투갈어를 쓰고, 가톨릭을 신봉하는 이유가 바로 바이러스와 박테리아 때문이었던 것이다.

하지만 위인이 아니었다면 대체 누가 세계사를 썼을까? 답은 아무도 쓰지 않았다는 것이다. 시대적 사건들은 무수히 많은 흐름과 영향으로 말미암은 우연의 산물이다. 그것은 자동차가 아닌 오히려 거리 교통처럼 기능한다. 아무도 그것을 지휘하지 않는다. 세계사는 기본적으로 무질서하고, 우연적이고, 예측불가능하다. 역사적 기록을 충분히 연구하면 당신은 모든 커다란 변화들이 우연한 것이었으며, 제아무리 세계사의 걸출한 인물이라 해도 시대적 사건의 꼭두각시였을 뿐임을 이해하게 될 것이다. 위인을 떠받들지 않는 것, 그리고 스스로 위인이라는 착각을 하지 않는 것. 그것이 바로 좋은 삶이다.

◆ ◆ ◆

개인이 세상을 바꿀 수 있다는 것은 우리 세기의 커다란 이데올로기 중 하나이며, 동시에 엄청난 착각이다. 우리가 세상을 바꾸는 프로젝트에 심취해 있으면, 그 일의 의미는 실제보다 더 커 보인다.

스스로를 떠받들지 말라

우연한 역할

우리는 앞 장에서 위인 이론이 사고의 오류라는 걸 살펴보았다. 이제 당신은 이의를 제기할 것이다. "하지만 위인은 정말로 있잖아요. 그리고 이런 사람들이 전 대륙의 상황을 좌우했잖아요!" 가령 덩샤오핑 같은 사람이 그 예일 것이다. 그는 1978년 중국에 시장경제 체제를 도입함으로써 몇억 명을 기아에서 해방시키는, 전 시대를 통틀어 가장 성공적인 발전을 주도했으니 말이다. 덩샤오핑이 없었다면 오늘날 중국이 세계열강으로 우뚝 서지 못했을 것이다.

하지만 과연 정말로 그랬을까? 영국의 과학 저술가 매트 리들리의 말은 다르다. 시장경제의 도입은 덩샤오핑이 하고 싶어서 한 일이 아니었다. 그것은 아래로부터의 전개였다. 한적한 마을인 샤오강 마을에서 18명의 절망한 농부들이 비밀 서약을 맺었다. 나라 땅을 분배해 가지기로 한 것이다. 모두가 자기 먹을 것을 자신이 생산할 수 있기를 원했고, 이런 불법행위를 통해서만이 굶주림에서 벗어나 가족들을 먹여 살릴 만큼 수확을 올릴 수 있다고 판단했다. 그리고 이들은 실제로 1년 차에 이미 지난 5년간의 생산량을 훌쩍 뛰어넘는 수확을 올렸다. 남아도는 수확량은 그 지역 공산당 간부의 이목을 끌게 되었고, 이 간부는 이런 실험을 다른 농가에도 확대할 것을 제안했다. 이제 덩샤오핑도 이 사례를 보고받게 되었으며, 이런 시도를 계속해 나가기로 결정했다. 당시 주석이 덩샤오핑보다 더 보수적인 사람이었다면 "토지개혁을 약간 머뭇거렸을 것이다. 하지만 늦든 빠르든 언젠가는 했을 것이다"라고 리들리는 말한다.

당신은 여기까지 읽고 '그럴 수도 있어. 하지만 그래도 예외는 있어'라며, 구텐베르크가 없이는 책이 탄생하지 못했을 것이고, 에디슨이 없었다면 전구가 없었을 것이며, 라이트형제가 없었다면 비행기를 타고 휴가 가는 일은 불가능했을 것이라고 생각할 것이다.

그런 생각 역시 맞지 않는다. 이들 역시 순전히 시대의 인물들이었기 때문이다. 구텐베르크가 하지 못했다면 다른 사람이 인쇄술을 개발했을 것이다. 어차피 중국은 오래전부터 인쇄술이 있었기에 늦든 빠르든 이 기술이 유럽으로 전해졌을 테니 말이다. 전구도 마찬가지다. 전기가 발견된 뒤 이런 인공조명이 어두운 밤을 밝히는 것도 시간문제였을 뿐이다. 그리고 인공조명으로 말할 것 같으면 에디슨의 집이 최초로 밤에도 환하게 빛나는 집이었던 것은 아니다. 에디슨 이전에 이미 23명의 발명가들이 전선이 빛을 발하도록 하는 실험에 성공했다. 리들리는 이렇게 말한다. "토머스 에디슨은 뛰어난 사람이었지만, (이런 발전에) 꼭 필요했던 건 아니었다. 엘리샤 그레이와 알렉산더 그레이엄 벨이 같은 날 전화기에 대한 특허를 신청했다는 것을 알고 있는가? 이들 중 한 명이 특허청에 가는 중에 말에 밟혀 저세상으로 갔다 해도, 오늘날 세계의 모습은 동일했을 것이다." 라이트형제 역시 세계적으로 글라이더와 동력장치를 결합시켜 동력비행기를 만들고자 열심히 실험했던 많은 팀 중 하나였을 뿐이다. 그러므로 라이트형제가 없었다고 하여, 우리가 마요르카섬(지중해의 큰 섬으로 관광객들이 많이 찾는 휴양지 – 옮긴이)에 배를 타고 놀러 다니지는 않았을 것이다. 다른 누군가가 동력비행기를 개발했을 테니 말이다. 거의 모든 발견과 발명이 마찬가지다. 리들리의 말마따나 "기술이 발명가를 찾는 것이지, 그 반대가 아니다."

학문적 돌파구 역시 사람에게 달린 것은 아니다. 측정 장비가 필요할 정도의 정확성에 도달하면, 발견들은 늦든 빠르든 저절로 이루어진다. 학자들에게는 좀 미안한 말이지만, 각각의 연구자는 기본적으로 중요하지 않다. 발견되어야 하는 것은 언젠가 누군가가 발견하게 되어 있다.

기업이나 경제계 수뇌부들도 마찬가지다. 1980년대에 가정용컴퓨터가 앞다투어 출시되자, 누군가가 운영체제를 개발할 필요성이

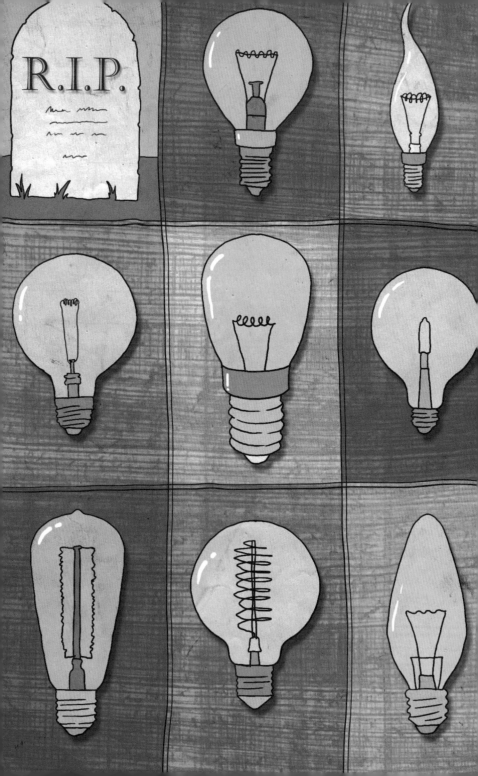

강하게 대두되었고, 우연히 빌 게이츠에게 그런 역할이 돌아갔다. 다른 누군가가 했더라면 게이츠만큼 사업에 성공하지는 못했을지 몰라도, 오늘날 우리는 지금과 비슷한 소프트웨어를 활용하고 있을 것이다. 스티브 잡스가 없었다면 오늘날 우리의 스마트폰은 조금 덜 세련된 디자인일지는 몰라도, 어쨌든 비슷하게 기능하고 있을 것이다.

내 친구 중에 CEO가 몇 명 있고, 그중에는 직원이 10만 명이 넘는 대기업의 CEO도 있다. 이들은 자신의 업무를 상당히 중요하게 생각하며 때로는 지칠 때까지 일하고, 상당한 연봉을 받는다. 하지만 기본적으로 이들은 교체 가능한 사람들이다. 물러난 뒤 2~3년만 지나면 아무도 더 이상 그들의 이름을 기억하지 못한다. 제너럴 일렉트릭, 지멘스, 폭스바겐과 같은 대기업들에도 예전에 빛나는 CEO들이 많았지만, 지금 누가 그들의 이름을 기억해주는가? 그들은 교체 가능할 뿐 아니라, 그들이 이끄는 회사의 탁월한 실적들도 그들이 내리는 각각의 결정보다는 전체 시장의 우연한 흐름에 좌우된다. 워런 버핏은 그것을 "좋은 사업 실적은 당신이 노를 얼마나 효율적으로 젓느냐 보다는 당신이 앉아 있는 배에 좌우된다"는 말로 표현했다. 매트 리들리의 말은 더 노골적이다. "대부분의 CEO들은 고액 연봉을 받고 직원들이 움직이는 파도 위에서 서핑을 하는 무임승객일 따름이다. 언론은 이들이 봉건시대 왕이라도 되는 것 같은 환상을 만들어내지만, 이것은 속이는 것이다."

만델라, 잡스, 고르바초프, 간디, 루터, 여러 발명가들과 유명 CEO들은 부모의 자식들이 아니라 시대의 자식들이다. 물론 그들은 각각 자신의 전략으로 중요한 과정을 주도했다. 그러나 그들이 아니었다 해도 다른 사람이 비슷하게 했을 것이다. 따라서 우리는 위인을 추앙하는 일을 자제하고, 우리 자신이 비중 있는 인물로 여겨지지 않도록 겸손해야 한다.

당신의 업적이 특별하다고 생각할지 몰라도, 당신이 아니라도 그 일은 이루어졌다. 세상에 미치는 당신의 개인적인 영향은 개미 수준이다. (기업가로서, 학자로서, CEO로서, 장군이나 대통령으로서) 얼마나 천재적이든 상관없이 세계 전체를 놓고 보면, 당신은 비중이 없고, 불필요하고 교체 가능한 사람이다. 당신이 결정적인 역할을 할 수 있는 유일한 곳은 자신의 인생이다. 그러므로 자신의 주변에 집중하라. 자신의 삶을 제대로 살아내는 것만으로도 굉장히 야심 찬 일이라는 것을 알게 될 것이다. 왜 감히 세계를 바꾸고자 하는가? 공연히 실망할 필요가 없다.

때때로 우연이 당신을 책임 있는 위치로 몰아갈지도 모른다. 그러면 당신은 주어진 역할을 책임 있고 근사하게 감당하라. 될 수 있는 한 최고의 기업가, 현명한 정치인, 천재적인 연구자가 되라. 그러나 온 인류가 당신을 기다려왔다는 착각 따위는 하지 말라.

나는 나의 책들이 세계사의 대양에서 돌들처럼 가라앉을 것을 한순간도 의심하지 않는다. 내가 세상을 떠나고 나면 내 아들들이 한

동안 내 이야기를 하겠지. 바라건대 내 아내도 그러기를⋯⋯. 내 손
주들까지도 그럴 수 있을지 모른다. 하지만 그러고 나면 끝이다. 롤
프 도벨리는 잊힌다. 그리고 그래야 한다. 스스로를 너무 중요하게
생각하지 않는 것은 좋은 삶을 위한 소중한 전략 중 하나다.

◆ ◆ ◆

당신이 결정적인 역할을 할 수 있는 유일한 곳은 자신의 인생이다.
그러므로 자신의 주변에 집중하라. 자신의 삶을 제대로 살아내는
것만으로도 굉장히 야심 찬 일이라는 것을 알게 될 것이다.

우리의 인생이
추리소설이 아닌 이유

정의로운 세계에 대한 믿음

두 개의 추리물이 있다. 첫 번째 작품에서는 스릴 넘치는 과정 끝에 탐정이 드디어 살인자를 찾아내어 체포하고, 살인자는 법정에서 중한 형을 선고받는다. 두 번째 추리물에서는 스릴 넘치는 과정이 이어지지만 끝내 탐정이 살인자를 찾지 못한 채 사건을 종료한 뒤 다음 사건으로 넘어간다. 독자나 관객으로서 당신은 어떤 소설 혹은 어떤 영화가 더 만족스러울까? 물론 첫 번째 것이 더 만족감을 안겨줄 것이다. 우리의 정의감은 생각보다 커서, 부당한 것을 잘 견디지 못한다.

그리고 이런 마음은 소망을 넘어서는 것이라, 우리는 반드시 정의가 실현될 것이라고 기대한다. 지금 아니면 나중에 그렇게 될 것이라고 생각한다. 대부분의 사람들은 세상은 기본적으로 정의롭고

공평하다고 굳게 확신한다. 선한 행동은 보상을 받고, 악한 행동은 벌을 받을 것이며, 악한 자들은 언젠가는 그 죗값을 치르게 될 것이고 살인자는 당연히 감옥에 가야 한다.

하지만 현실은 유감스럽게도 그런 모습이 아니다. 사실상 세상은 공평하기보다는 상당히 불공평한 곳이다. 꽤 불쾌한 사실이다. 나는 세상이 불공평하다는 사실을 그 자체로 스토아적으로 담담하게 받아들일 때 더 나은 삶을 살 수 있다고 확신한다. 그렇게 하면 공연히 인생을 살아가면서 실망할 필요가 없다.

성경에는 이와 관련하여 상당히 충격적인 이야기가 나온다. 바로 〈욥기〉 이야기가 그것이다. 욥은 아주 경건하고 성공적이고, 평판이 좋은 사업가다. 좋은 남편이며, 자녀들을 훌륭하게 키워낸 올곧은 사람이다. 요컨대 흠잡을 데가 없는 아주 부러운 사람인 것이다. 사탄은 하느님께 이렇게 말한다. "욥이 저렇게 경건한 것도 이상한 일이 아니죠. 모든 일이 너무나도 잘 되니까요. 만약 형편이 안 좋아지면 금방 믿음이 흔들릴 걸요."

약간 기분이 나빠진 하느님은 사탄의 주장에 반박하고자, 사탄이 욥을 곤경에 빠뜨리는 것을 허락한다. 그렇게 욥은 단숨에 모든 재산을 잃고, 일곱 아들과 딸 셋도 모조리 죽임을 당하며(그 때문에 이후 굉장히 끔찍하고 안 좋은 소식을 '욥의 소식'이라고 칭하게 되었다) 노예들도 다 죽거나 떠나고, 몹쓸 질병에 걸려 정수리부터 발바닥에 이르기까지 고약한 부스럼으로 덮인다. 친구들은 그를 비웃고

조소하며, 잿더미 위에 앉은 욥에게 아내는 "하느님을 저주하고 죽으라"고 말한다. 하지만 욥은 계속해서 하느님을 원망하지 않고 오히려 찬양한다. 그가 얼마나 죽음으로써 자신의 그 모든 고통을 피하고 싶었을까. 하지만 욥은 끝내 견디고, 마지막에 하느님이 폭풍 가운데 나타나서, 사람은 하느님이 하시는 일을 결코 이해하지 못할 것이며, 아무리 해도 하느님의 뜻을 꿰뚫어 볼 수 없을 것이라고 말한다. 그리고 가차 없는 시련에도 하느님을 의심하지 않은 욥에게 모든 것을 돌려준다. 건강, 부, 자녀들. 욥은 복에 복을 받고 천수를 누린다.

범죄자가 잡혀서 형을 받는 표준적인 추리물과 비교하면 욥기의 이야기는 상당히 복잡하다. 하지만 마지막에는 비슷하게 끝난다. 욥은 처음에는 굉장히 부당한 경험을 했지만, 마지막에는 모든 것이 회복된다. 다시 말해 세상은 때로 부당해 보이지만, 그것은 다만 우리가 하느님의 뜻을 이해하지 못하기 때문이라는 것이다. 그러므로 너희는 부당해 보이는 것을 참고 견디라고 성경은 말한다. 그것은 영원히 지속되지는 않는다고. 이 모든 것의 배후에는 정의로운 플랜이 있는데, 너희 인간들은 유한한 존재라 그것을 알지 못할 뿐이라고……

이것은 운명의 충격을 대하는 완벽한 심리학적 대처 전략(coping strategy)이다. 해고, 질병, 자녀의 죽음 등 운명의 타격은 굉장히 비극적이지만, 크게 보면 뭔가 의미가 있으리라는 것이다. 이런 메커니즘을 이해하는 것은 우리의 일이 아니며, 하느님은 다만 시험하실 뿐이고, 계속해서 하느님에 대한 믿음을 잃지 않으면 그는 언젠가 보응해주신다는 것이다.

음, 무척 위로가 되는 전략이다. 하지만 오늘날 진지하게 신을 믿고 찾는 이는 거의 없다. 특히나 모든 것을 완벽하게 해줄 수 있는데도 머리칼을 쭈뼛 서게 하는 불행을 안겨주는 하느님을 누가 믿으려고 할까? 점점 많은 사람들이 그에 대해 회의적으로 고개를 내젓는다. 그리고 계속해서 완벽하고 정의로운 세계의 계획을 붙들고자 한다. 차라리 이 세상이 아니면 다음 세상에라도 선악에 대한 보응을 받는다는 업보설을 믿고 싶어 한다.

영국의 철학자 존 그레이는 이렇게 말했다. "고대 그리스인들은 우연과 맹목적인 운명이 모든 사람의 삶을 지배한다고 생각했다. 윤리는 자비, 지혜, 용기의 문제지만, 제아무리 용기 있고 지혜로운 인간도 얼마든지 몰락하고 파멸할 수 있다고 보았다. 오늘날 우리는 (최소한 공식적으로는) 선행은 끝내 보상을 받을 것처럼 행동한다. 하지만 실제로 믿고 있지는 않다. 우리는 속으로 아무것도 우리를 우연에서 보호해줄 수 없다는 것을 알고 있다." 이것이 진실이다. 공평한 세계 플랜 같은 것은 없으며, 불공평한 플랜도 없다. 플랜 같은 것은 도무지 없다. 세상은 근본적으로 도덕과는 무관하다. 이런 통찰을 상당히 불편해하는 우리의 태도를 학문은 '공평한 세상의 오류(just‑world fallacy)'라 일컫는다. 사회보장이나 사회적 분배

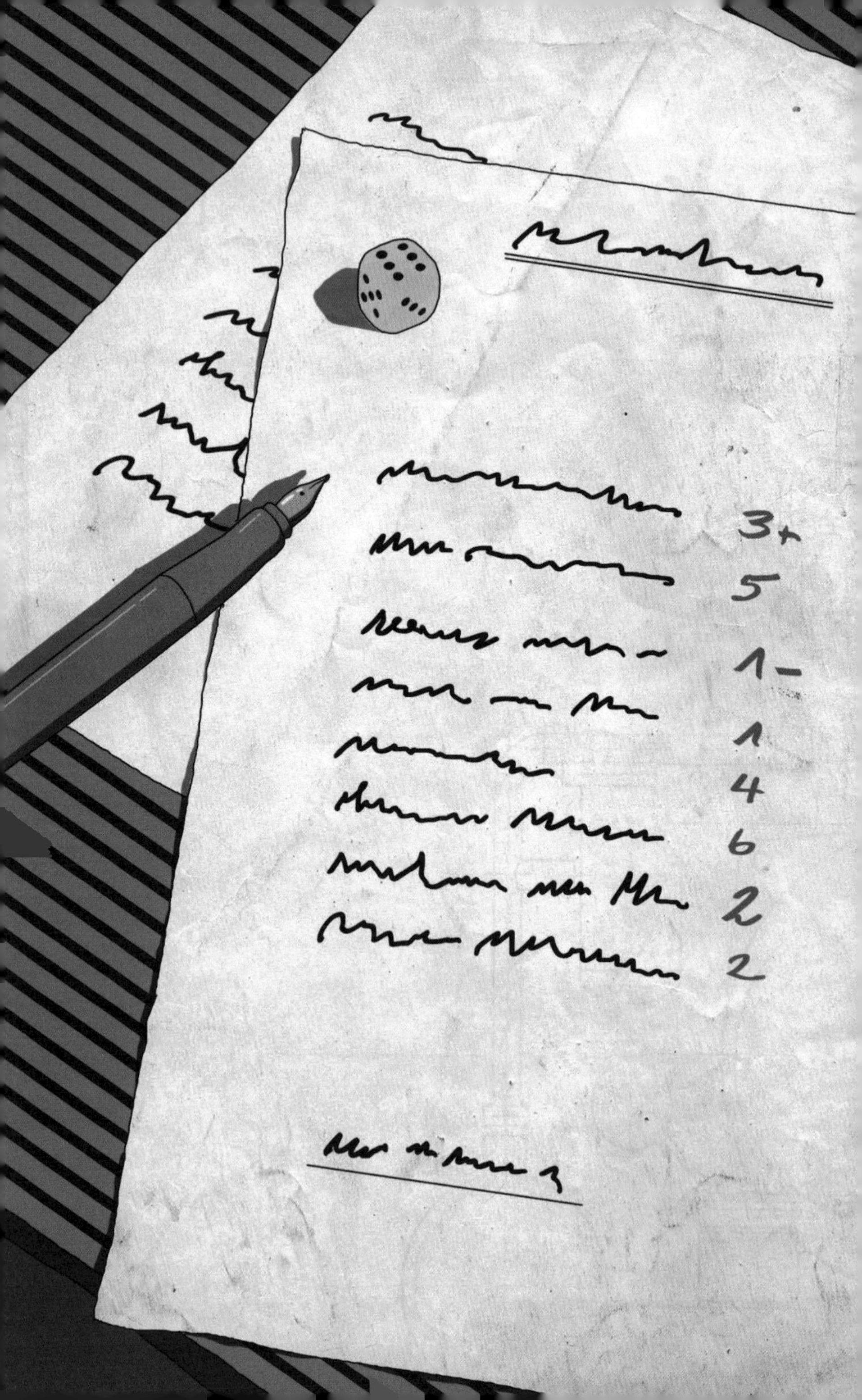
3+
5
1-
1
4
6
2
2

를 통해 세상의 불공평을 줄여나가지 말자는 이야기가 아니다. 당연히 그래야 한다. 하지만 많은 것들은 보장이나 분배로 해결될 수 없다.

김나지움(인문계 중고교 과정 - 옮긴이) 시절 선생님 한 분이 기억난다. 그는 학생들의 성취와는 조금도 상관없이, 성적을 그냥 무작위로 주었다. 그렇게 준 즉흥적이고 임의적인 점수가 고스란히 성적표에 올랐으므로, 우리 학생들은 입에 거품을 물고 거칠게 따졌다. 그래도 통하지 않자, 교장선생님에게까지 찾아갔다. 하지만 교장선생님은 박사학위를 가진 이 선생님을 존중하여 아무런 조치도 취하지 않았다. 이건 너무나 불공평한 게 아니냐고 우리가 항의하자 그 선생님은 조용한 목소리로 이렇게 말했다. "인생은 불공평한 거야. 너희가 그 사실을 빨리 배울수록 더 좋단다!" 당시 우리는 그 선생님에게 정말로 화가 났다. 하지만 나중에 돌아보니, 그것이 7년간의 김나지움 시절에 터득한 가장 중요한 가르침이었다.

300년 전 독일의 철학자 고트프리트 라이프니츠가 (하느님이 의도적으로 이런 세계를 선택한 것으로 미루어) 우리는 지금 있을 수 있는 세계 중 최상의 세계에 살고 있다고 주장하고 나서 몇십 년 뒤 볼테르는 풍자소설 《캉디드》를 써서 그런 주장을 반박했다. 1755년 리스본 대지진을 겪고 나서 어떤 이성적인 인간도 정의로운 세상에 대한 플랜을 믿을 수 없게 되었으며, 모두가 무탈한 유토피아에 대한 환상은 종식되었다고 말이다. 소설 《캉디드》의 주인공 캉디드는 꽤 험한 세월을 보낸 뒤 마지막에 "사람은 자신의 밭이나 경작해야 한다"는 깨달음을 얻는다.

따라서 공평한 세계 플랜 같은 것은 없다. 그 사실을 있는 그대로 받아들이는 것이 좋은 삶이다. 자신의 밭(즉, 자신의 사적 일상)에 집중하라. 그곳에도 잡초가 꽤 많고, 그나마 그것은 성공적으로 제거할 수 있다. 인생을 살아가면서 당신에게 닥쳐오는 일들(무엇보다 운명의 타격)은 당신이 선한지 악한지와는 별 상관이 없다. 당신의 불행과 실패를 스토아적으로 담담하게 받아들여라. 놀라운 성공과 행운이 주어졌다면 그 역시도 그렇게 받아들여야 한다.

◆ ◆ ◆

세상은 근본적으로 도덕과는 무관하다. 공평한 세계 플랜 같은 것은 없으며, 불공평한 플랜도 없다. 좋은 삶을 위해 사실을 있는 그대로 받아들여라. 그리고 자신의 일상에 집중하라.

후드티를 입어도
저커버그는 되지 않는다

카고 컬트

2차 세계대전 때 태평양의 작은 섬들은 일본군과 미군이 벌인 태평양 전쟁의 격전지가 되었다. 지프차나 무전기는 고사하고 군인도 생전 처음 보는 원주민들은 어안이 벙벙한 채 짚으로 된 자신들의 움막 앞에서 벌어지는 불꽃 튀기는 소동을 구경했다. 희한한 제복을 입은 사람들이 얼굴 앞에 뼈 같은 것을 대고 뭐라고 연신 중얼거렸고, 거대한 새들이 하늘을 돌다가 카고(cargo, 화물)를 떨어뜨리면, 카고 상자는 나부끼는 천에 달린 채 둥실둥실 땅까지 내려왔다. 상자 속에는 통조림이 가득 담겨 있었다.

하늘에서 떨어지는 먹거리라니. 이것보다 천국에 대한 상상에 근접하는 것이 있겠는가. 군인들은 원주민들에게도 통조림을 나누어 주었고, 원주민들은 이 낯선 사람들이 사냥하거나 먹거리를 구하러

다니는 모습을 본 적이 없었다. 이들은 대체 이런 화물을 떨어뜨려 주는 새를 어떻게 유인해오는 것일까?

전쟁이 끝나 군인들이 다 철수하고 원주민들만 남게 되었을 때 이상한 일이 일어났다. 많은 섬에서 새로운 종교가 생겨났던 것이다. 바로 '카고 컬트(cargo cult)'라 불리는 종교의식이었다. 원주민들은 언덕 꼭대기에서 덤불을 태우고, 그렇게 얻은 자리를 돌들을 놓아 경계를 둘렀다. 그러고는 짚으로 된 비행기 모형을 만들고 그 비행기를 모형 활주로에 위치시켰다. 그 옆에 대나무로 무선전신탑을 만들고는 나무를 깎아 수화기 모형을 만들어, 전쟁 중에 보았던 군인들의 몸짓을 흉내 냈다. 시그널라이트를 모방하기 위해 불을 피우고, 군복에서 보았던 표장들을 피부에 문신으로 새겼다. 요컨대 전쟁 때 그렇게 풍요로운 먹거리를 선물해주었던 거대한 새들을 유인할 수 있다는 희망으로 비행장 놀이를 한 것이다.

노벨 물리학상을 받은 리처드 파인만은 어느 강연에서 이 카고 컬트 이야기를 했다. "사모아 제도 원주민들은 비행기가 무엇인지 알지 못했다. 그들은 모든 것을 잘 만든다. 형태상으로는 하자가 없다. 모든 것이 당시와 같아 보인다. 그러나 다 엉터리다. 어떤 비행기도 착륙하지 않는다" 파인만은 이런 말로 학계에서 자행되고 있는 알맹이 없는 형식주의를 질타했다. 내용은 제대로 이해하지 못한 채 외형에만 매달려 있다는 것이다.

원주민과 학자들만 카고 컬트에 빠지는 것이 아니다. 내 친구는 소설가로 성공하겠다는 야심 찬 꿈을 가지고 있었다. 영문학을 공부할 때부터 계속 소설가로 이름을 날리겠다는 말을 하고 다녔다. 헤밍웨이가 그의 우상이었다. 나쁘지 않은 이상형이었다. 헤밍웨이는 외모가 수려한 데다, 여성편력이 화려했고, 그의 소설은 수백만 부가 팔려나갔으니 말이다. 헤밍웨이는 작가로서 최초로 슈퍼스타가 되어, 전 세계 언론에 오르내렸다. 내 친구는 어떻게 했을까? 구레나룻을 기르고, 구깃구깃한 셔츠의 앞단추를 풀어헤치고, 칵테일을 마시는 데 돈을 아끼지 않았다. 헤밍웨이가 썼던 것으로 여겨지는(사실은 그렇지 않았다) 몰스킨 수첩도 썼다. 비극적인 것은 이런 모든 형식이 소설의 성공과 실패 여부에 영향을 끼치지 못했다는 것이었다. 내 친구는 그렇게 카고 컬트의 희생자가 되었다.

당신은 카고 컬트의 이야기를 들으며 웃을지도 모른다. 그러나 카고 컬트는 상당히 널리 확산되어 있다. 경제계에서도 그렇다. 얼마나 많은 기업들이 최고의 직원을 끌어올 수 있다는 희망으로 구글 스타일의 세련된 사무실(미끄럼틀도 설치하고, 마사지를 받을 수 있는 공간을 만들어 무료 마사지를 받게 하고)을 마련하는가. 얼마나 많은 야심 찬 기업가들이 제2의 마크 저커버그가 되고 싶은 희망으로 후드티를 입고 투자자 회의에 나오는가.

특히나 회계 감사 분야에서는 카고 컬트 의식이 굳건히 자리를 잡고 있다. 매년 체크리스트를 활용한 점검이 이루어진다. 전자서명된 감사기록이 있는가? 모든 비용에 영수증이 첨부되어 있는가?

매출이 분기별로 바르게 잡혀 있는가? 형식적으로는 모든 것이 맞는다. 그러고 나서 몇 개월 뒤 (엔론, 리먼 브라더스, AIG, UBS처럼) 회사가 무너지거나 휘청대면, 감사자들은 굉장히 놀란다. 형식의 미흡함은 굉장히 잘 감지하지만, 진정한 위험을 발견하는 데는 취약하다.

음악계에도 이런 카고 컬트를 보여주는 좋은 예가 있었다. 태양왕의 베르사유 궁전의 수석 지휘자였다가 나중에 음악 감독이 된 장 밥티스트 륄리는 궁정에서 높은 지위에 오른 이후 궁정음악을 어떻게 작곡해야 하는지 세밀하게 규정했다. 오페라의 서곡은 특정한 구조를 따라야 하고, 시퀀스는 이러이러하게 반복되어야 하며, 첫 악장의 리듬에는 부점이 붙어야 하며("타-다아") 이후 푸가가 이어지는 등등. 륄리는 왕을 설득해 파리뿐 아니라, 온 프랑스 지역의 모든 오페라에 대한 독점권을 따냈고, 경쟁자들을 물리쳤다. 그리하여 륄리는 한편으로는 "시대를 통틀어 가장 미움받은 음악가(로버트 그린버그)"가 되었으며, 다른 한편으로는 갑자기 유럽의 모든 궁정이 륄리와 같은 음악을 원하게 되었다. 그리하여 스위스의 알프스 산기슭에 있는 낡고 외딴 성에서조차 파리의 형식주의를 모방했다. 이를 통해 성주들은 약간 베르사유에 있는 듯한 기분을 맛볼 수 있었으니 진정한 카고 컬트라 할 수 있다. 덧붙이자면 륄리는 1687년 1월 8일 권력의 정점에서 음악회를 지휘했는데, 당시 으레 그랬듯이 무거운 지팡이로 바닥을 치면서 박자를 맞추

었고, 그러다가 잘못해서 지팡이로 발가락을 세게 찧고 말았다. 발가락에는 염증이 생겼고, 결국 3개월 뒤 륄리가 괴저병으로 사망하는 바람에, 프랑스 음악계는 안도의 한숨을 내쉬었다.

어떤 륄리든 륄리 같은 사람을 따라하지 말라. 카고 컬트 냄새가 나는 모든 것을 멀리하라. 조심하라, 내용 없는 허례허식은 생각보다 흔하다. 좋은 삶을 원한다면 허례허식을 허례허식으로 폭로하고 삶에서 몰아내어 버려라. 형식주의는 시간을 낭비하게 하고, 시야를 좁게 만든다. 카고 컬트에 빠진 사람이나 조직에는 가까이 가지 말라. 내실이 아니라, 폼 잡는 것과 입에 발린 말로 한몫하려는 기업도 피하라. 그리고 무엇보다 성공의 요인이 진정 무엇인지 알지도 못한 채, 성공한 사람들의 행동을 흉내 내지 말라.

◆ ◆ ◆

헤밍웨이의 수첩을 쓴다거나 저커버그처럼 후드티를 입는다고 해서 그들처럼 되지 않는다. 내용은 제대로 이해하지 못한 채 외형에만 매달리는 실수를 하지 말라.

교양을 몰라도 됩니다

전문가 바보의 탄생

그래픽 전문가로서, 여객선 조종사로서, 심장외과 의사로서, 인사 부장으로서 당신은 오늘날 무엇을 알고 있는가? 아주 많은 것을 알고 있을 것이다. 당신의 머리는 당신의 전문 분야에 대한 지식으로 터져나갈지도 모른다. 직장생활을 시작한 지 얼마 안 된 젊은이라 해도, 예전에 선배들이 알았던 것보다 이미 더 많이 알고 있을 것이다. 오늘날 파일럿은 더 이상 항공역학과 몇몇 아날로그 장비들을 다루는 법을 아는 것으로 끝나지 않는다. 매년 새로운 기술과 비행 규칙이 더해지고, 기존의 지식에 더하여 이것들을 숙지해야 한다. 그래픽 전문가는 소프트웨어패키지 포토샵과 인디자인만 숙달하는 것으로 그쳐서는 안 되고, 지난 50년간의 광고 미학을 총망라해야 한다. 그렇지 않으면 예전의 아이디어를 재활용하거나, 더 나쁘게는 시류에 발을 맞추지 못할 위험이 있다. 또한 1년이 멀다하고 새로운 소프트웨어가 출시되는 데다, 고객들은 소셜미디어, 동영상, 가상현실 등 점점 더 많은 것을 요구한다.

당신의 전문 분야를 벗어나면 어떨까? 당신은 예전 선배들보다 더 많이 알까, 더 적게 알까? 나는 적게 안다고 주장한다. 그럴 수밖에 없다. 두뇌의 수용능력은 한정되어 있으므로, 전문 영역의 것들을 더 많이 집어넣으면 상식과 교양이 들어갈 자리는 별로 남지 않는다. 아마도 당신은 이제 열을 올리며 항의할지도 모른다. 그래서 내가 '전문가 바보'라고요? 하면서 말이다. 아무도 그렇게 되고 싶어 하는 사람은 없다. 우리는 그보다는 팔방미인, 제너럴리스트, 콘텐츠 큐레이터 등으로 불리고 싶어 한다(나도 마찬가지다). 우리는 우리의 일이 얼마나 폭넓고, 우리의 고객 포트폴리오가 얼마나 다채로운지, 각각의 프로젝트가 얼마나 흥미로운지를 떠벌린다. 모두가 스스로를 융통성 없는 스페셜리스트가 아니라, 전인적 인간으로 본다.

하지만 (컴퓨터칩 디자인에서 카카오빈 영업에 이르기까지) 무수히 많은 전문 분야가 있음을 생각하면, 우리의 지식의 우주는 하잘것없는 틈새 지식으로 오그라들어 버린다. 우리는 점점 더 적은 것에 대해 점점 더 많은 것을 알아가고 있다. 다시 말해, 우리의 전문지식이 점점 불어나는 동안, 우리의 일반적인 무지도 폭발적으로 성장한다. 살아남기 위해 우리는 수많은 다른 분야의 틈새 노동자들에게 의존해야 하고, 그 노동자들은 또 다른 틈새 노동자들에게 의존해야 한다. 아니면 당신은 후다닥 자신의 스마트폰을 조립할 수 있다고 생각하는가?

틈새들은 바닥으로부터 균류처럼 빠르게 번식한다. 이런 어마어마한 증식은 인간 역사에서 꽤 새로운 현상이다. 태곳적에 지구상에 존재했던 유일한 분업은 바로 남자와 여자의 분업이었다. 이것은 남자가 몸집이 더 크고 힘이 세며, 여자는 임신을 감수해야 하는 생물학적 상황에서 기인한 것이다. 우리가 5만 년 전의 조상들이 어떻게 살고 일했는지를 관찰할 수 있다면, 모두가 모든 것을 척척 해내는 모습에 놀랄 것이다. 돌도끼 디자인, 돌도끼 제조, 돌도끼 마케팅, 돌도끼 고객 서비스, 돌도끼 교육, 돌도끼 집단 경영 등을 위한 스페셜리스트는 없었다. 돌도끼를 휘두르기만 하는 사람도 없었다. 모두가 자신의 도끼들을 만들고, 그것을 어떻게 사용해야 하는지를 알았다. 수렵과 채집은 직업이 아니었다.

이런 사정은 비로소 약 1만 년 전부터 바뀌기 시작했다. 점점 더 많은 인간들이 정주해서 살게 되었기 때문이다. 갑자기 노동의 분화가 나타나기 시작했다. 목축업자, 농부, 도기업자, 측량사, 왕, 군인, 물 나르는 사람, 요리사, 서기……. 이제 직업이 생겼고, 커리어와 전문 영역이 생기기 시작했으며, 그로써 전문가 바보가 탄생했다.

석기시대 사람들은 살아남으려면 제너럴리스트가 될 수밖에 없

었다. 스페셜리스트가 되면 살아남을 재간이 없었다. 그러다 1만 년 전부터는 상황이 서서히 거꾸로 되었다. 오늘날에는 스페셜리스트만 살아남을 수 있다. 제너럴리스트는 전망이 없다. 마지막 제너럴리스트들(저널리스트 중에서 모든 분야를 다 건드리는 사람들)은 그들의 직업 가치가 바닥으로 떨어지는 것을 보았다. 일반교양이 얼마나 빠른 속도로 쓸모가 없어져 버리는지 놀라울 지경이다.

1만 년이면 진화적으로 볼 때는 눈 깜짝할 새다. 그리하여 오늘날 우리는 여전히 자신의 틈새에서 마음이 편치 못하다. 스페셜리스트가 된 것이 뭔가 불완전하고 미흡하고 취약한 듯한 느낌이 든다. 가령 콜센터 매니저로서 꽤 자부심을 가지고 일을 함에도 불구하고 때로는 자신이 콜센터 매니저일 뿐이라는 것이 유감스럽고, 약간 부끄럽게 느껴진다. 자신의 전문 분야가 아닌 것 중에서 모르는 것이 있으면 뭔가 사과해야 할 것 같은 기분이 된다. 사실은 모르는 것이 너무나 자연스러운 일인데도 말이다.

그러므로 제너럴리스트로의 삶을 낭만화하는 것을 그만둘 때가 되었다. 1만 년 째 직업적 성공(그리고 사회 복지)에 이르는 유일한 길은 바로 분화와 특화를 통해서였다. 여기서 아무도 예상할 수 없었던 두 가지 일이 일어났다. 우선 글로벌화가 진행되면서 이전에 지리적으로 분리되어 있던 분야들이 서로 통합되는 일이 일어났다. 예전에는 이 도시의 테너와 저 도시의 테너가 서로 별로 부딪힐 일이 없이 상당한 수입을 올릴 수 있었던 반면, 이제는 음반이 나오게 되면서 갑자기 같은 (글로벌한) 시장에서 만나게 되었다. 세상은 갑자기 더 이상 1만 명의 테너를 필요로 하지 않게 되었으며, 세 명이면 충분하게 되었다. '승자 독식(The winner takes it all)' 현상으로 인해 수입의 불평등 현상이 매우 심화되면서, 몇 안 되는 승자들이 거의 전체의 시장을 독식하고, 나머지 다수가 얼마 되지 않는 남은 부분을 나누어 가지게 되었다.

또 한 가지 일은 바로 직업과 역할들이 계속해서 나뉘어져, 틈새, 그리고 틈새의 틈새로 분화되어 나가기 시작했다는 것이다. 전문 분야의 수는 폭발적으로 증가했다. 전에는 지역적으로는 분리되어 있었으나 전문적으로는 하나였다면, 이제는 글로벌화로 인해 지역적으로 통합되었지만, 전문적으로는 분화되는 현상이 가속화되었다. 한 분야 안에서의 경쟁은 커졌지만, 분야의 수도 엄청나게 많아졌다. 그래서 과학기술 전문 저자인 케빈 켈리는 "무한한 수의 승자가 있다. 다른 사람과 경주해서 이기려고만 하지 않으면 된다"고 말한다.

이게 대체 무슨 말일까? 우선 우리는 종종 스스로를 충분히 특화시키지 않은 채, 다른 사람들이 우리를 추월하는 것을 의아하게 생각한다는 것이다. 가령 병원의 방사선과 전문의는 오늘날 신경방사선, 종양방사선, 핵방사선 등등으로 분야를 특화시키지 않고는 살아남기 힘들게 되었다. 그러므로 자신의 틈새에 머물 뿐 아니라, 이 틈새가 과연 어떤 틈새인지 자문하라. 자신의 '사일로(silo, 굴뚝 모양의 곡물 저장 창고—옮긴이)'에서 절대로 고개를 빼어서는 안 된다는 이야기가 아니다. 다른 분야에서 비슷한 현상을 살핌으로써 많은 유용한 생각들을 가져올 수 있다. 하지만 늘 자신의 틈새나 능력의 범위를 염두에 두면서 그렇게 해야 한다.

두 번째로 당신이 틈새 분야에서 세계 최고가 되면, 승자독식 현상은 당신을 위해 작용할 것이다. 그렇지 않다면 스스로를 더 특화시켜야 한다. 당신 자신만의 경주를 하고 승리로 이끌어야 한다.

마지막으로, 직업적 전망을 위해 두루두루 지식을 쌓고 있었다면 중단하라. 경제적으로 그런 작업에는 더 이상 파워가 없다. 오늘날 교양은 그저 취미로서의 의미만 가질 뿐이다. 석기시대인들에 대한 책을 읽고 싶으면 그냥 읽어라. 하지만 스스로 석기시대인이 되지 않도록 조심하라.

◆ ◆ ◆

한 분야 안에서의 경쟁은 커졌지만, 분야의 수도 엄청나게 많아졌다. 경쟁 사회에 사는 우리에게는 희망적인 사실이다. 스스로를 특화시켜라. 그것에만 집중해라.

전쟁터를
피해야 하는 이유

군비경쟁

10년 혹은 20년 전의 복사집을 기억하는가? 소박한 공간에 몇몇 복사기들을 갖춘 그런 곳이었다. 때로는 복사기에 동전을 넣고 셀프복사를 하기도 했다. 오늘날의 복사집은 그런 예전의 소박한 장소와는 비교가 되지 않는다. 소규모 인쇄소를 방불케 한다. 컬러 인쇄가 제공되고, 종이의 종류도 거의 100가지 중에서 선택 가능하다. 제본을 원하는 경우는 하이테크 제본기를 이용해 하드커버로도 제본할 수 있다. 이렇게 기술이 좋아졌으니 복사집 운영자의 마진도 많이 높아졌겠구나 하는 생각이 들 것이다. 하지만 유감스럽게도 그렇지 않다. 오래전에도 높지 않았던 수익은 오늘날 더욱 악화되었다. 하지만 그렇다면 값비싼 기계값은 어떻게 상쇄한단 말인가?

많은 젊은이들은 빛나는 커리어를 쌓으려면 대학을 나오는 것이 필수라고 생각한다. 대졸자의 신입 연봉부터가 대학을 나오지 못한 사람들보다 높지 않은가. 하지만 꼼꼼히 살펴보면, 대학을 졸업하는 데 들어간 비용과 시간을 제하고 나면 대졸자가 대학을 나오지 않은 동갑내기와 비슷하거나, 더 못하다. 대학을 나오느라 소요된 수많은 시간과 비용은 어떻게 보상받을 수 있을까?

《이상한 나라의 앨리스》의 작가 루이스 캐럴은 1871년 이 동화의 후속 이야기인 《거울 나라의 앨리스》를 썼다. 그 이야기에서 붉은 여왕(체스 말)은 어린 앨리스에게 "이곳에서는 제자리를 지키려면 온 힘으로 달려야 해"라고 말한다. 복사집과 대학생들이 처한 역학을 참으로 적확히 표현하는 말이다. 이 둘 모두 '군비경쟁(arms race)'과 관계있다. 군비경쟁이라는 말은 군대에서 유래한 용어지만, 이것의 기본이 되는 메커니즘은 곳곳에 확산되어 있다. 전체적으로 보면 무의미한데도, 다른 사람들 모두가 그렇게 하기 때문에 자신도 군비를 확장할 수밖에 없는 상황 말이다.

자, 다시 두 가지 예로 돌아가 이렇게 물어보자. 투자한 돈과 시간에 대한 보상은 어디로 흘러들어 갔을까? 한편으로는 고객들이 그 보상을 누렸다. 그러나 주로는 복사기계 공급업자와 대학이 이득을 보았다. "거의 모두가 대학을 졸업하면, 대학 졸업은 더 이상 특별한 것이 되지 못한다. 이상적인 직업을 얻으려면 이제 엘리트 대학에 가야 한다. 교육은 그렇게 주로 무기 공급업자에게 이익을 안겨주는 군비경쟁이 되고, 이 경우 수익자는 바로 대학들이다"라고 존 캐시디는 미국의 주간지 《뉴요커》에 썼다.

군비경쟁을 하고 있는 사람은 스스로가 그 사실을 잘 깨닫지 못한다. 난감한 것은 모든 걸음, 모든 투자가 그 자체로 볼 때는 의미 있게 보인다는 것이다. 그러나 모든 것의 총계를 내보면 0 혹은 마이너스로 나온다. 그러므로 정확히 보아야 한다. 뜻밖에 스스로 군비경쟁에 휘말려 들었음을 깨달았다면 하차하라. 군비경쟁을 하면서는 좋은 삶을 살지 못할 것이 뻔하니까 말이다.

그런데 어떻게 하차할까? 군비경쟁이 없는 분야를 찾아라. 내가 친구들과 함께 겟앱스트랙트(getAbstract)라는 회사를 창립했을 때 우리의 기본 기준 중의 하나는 바로 군비경쟁의 메커니즘을 피하는 것이었다. 구체적으로 말해 경쟁이 없는 틈새를 찾는 것이었다. 그렇게 우리는 10년 넘게 도서요약 서비스를 제공하는 유일한 공급자로 자리매김할 수 있었다. 상당히 환상적인 상황이었다.

지난 장에서 특화의 중요성을 살펴보았다. 하지만 특화로만은 충분하지 않다. 아무리 작은 틈새라도 그 안에서 종종 숨은 군비경쟁이 벌어질 수 있기 때문이다. 따라서 당신이 탁월한 능력을 발휘할 틈새가 필요하지만, 그 틈새는 동시에 군비경쟁의 역학에서 자유로운 곳이어야 한다.

군비경쟁은 많은 사람들의 근무태도에서도 눈에 띈다. 동료들이 오래 일할수록 당신도 오래 일해야 낙오자가 되지 않는다. 그리하여 생산성에 도움이 되는 지점을 훌쩍 넘어서 시간을 낭비하게 된

다. 수렵과 채집 생활을 했던 우리의 조상들은 주당 15~20시간을 일을 하고 나머지 시간은 자유롭게 보냈다. 정말 파라다이스적 조건이지만, 사실 군비경쟁이 없다면 우리도 충분히 그렇게 할 수 있을 텐데 말이다. 그러므로 인류학자들이 수렵채집 시대가 '원래의 복지 사회'라고 말하는 것도 놀랄 일이 아니다. 당시에는 재화를 두고 경쟁할 필요가 없었다. 인간이 정착해서 살기 전이기 때문이다. 유목민으로서 화살, 활, 가죽, 자녀들을 끌고 다니는 것만으로도 벅찼다. 여기에다 괜한 짐을 곁들일 필요가 있겠는가? 노, 땡스! 그러므로 군비경쟁을 부추길 만한 시스템이 아니었다.

오늘날은 다르다. 노동 세계만 다른 것이 아니라, 사생활에서도 역겨운 군비경쟁에 휩쓸린 자신을 발견하게 된다. 다른 사람들이 더 많은 트윗을 하면 당신도 더 자주 트윗을 해야 트위터에서 자신의 영향력을 잃지 않을 수 있다. 다른 사람들이 힘써 페이스북을 멋지게 업데이트하면, 자신도 그렇게 해야 소셜미디어에서 비중 있는 사람으로 남을 수 있다. 그리고 친구들이 하나둘 성형수술의 대열에 참여하면, 자신도 성형수술을 하지 않으면 손해 보는 듯한 느낌을 받게 된다. 패션이건 액세서리건, 아파트 평수건, 여가 시간에 하는 스포츠(마라톤, 철인삼종경기, 기가슬론)건, 자동차 크기건 다 마찬가지다.

매년 발표되는 학술 연구만 해도 200만 개에 달한다. 100년 전 (아인슈타인의 시대에는) 발표되는 연구 개수가 오늘날의 1퍼센트도 채 되지 않았었다. 그럼에도 학문적으로 돌파구가 될 만한 연구는 그때나 지금이나 비슷비슷한 수준이다. 학문 역시 군비경쟁이라는 전도된 역학에 휘말려 있다. 학자들은 논문 게재 편수와 자신의 논문이 인용되는 횟수로 평가받고 그 평가가 승진과 연봉에 직결된다. 그리하여 다른 사람들이 많은 논문을 게재하고, 많은 인용횟수를 자랑하면, 낙오되지 않기 위해서는 모두가 더 많은 논문을 발표해야 한다. 이런 경쟁은 지식을 추구하는 데는 별로 중요하지 않다. 이로 인해 이득을 보는 것은 학술지들이다.

그러므로 당신이 음악가가 되고자 한다면 결코 피아노나 바이올린을 선택하지 말라. 피아니스트나 바이올리니스트는 이 세상에서 가장 힘든 경쟁을 뚫어야 하는 음악가들이다. 이런 악기들에서 경쟁의 압력은 정말로 상상을 초월하며, 계속 높아가고 있다. 전 세계의 음악당은 아시아 출신의 수많은 피아노 영재와 바이올린 영재들로 넘쳐나고 있다. 그러므로 틈새 악기를 선택하라. 그러면 오케스트라에 들어가기가 한결 쉽고 세계적 수준이 아니어도, 당신의 능력으로 충분히 감동을 줄 수 있다. 피아니스트나 바이올리니스트로서는 계속해서 랑랑이나 안네 소피 무터와 비교당해야 한다. 당신이 그들과 비슷한 수준일지도 모르겠지만, 그것은 행복에는 도움이 되지 않는다.

군비경쟁의 역할에 휘말리지 않도록 조심하라. 그것은 알아채기 힘들다. 각각의 군비들은 그 자체로 굉장히 중요한 것처럼 보이기 때문이다. 그러므로 집단에서 약간 물러나서, 삶의 전쟁터를 위에서 바라보라. 이런 광기의 희생자가 되지 말라. 군비경쟁은 만만치 않은 희생을 치러야 하는 패전이나 다름없는 무의미한 승리들이다. 이런 악순환으로부터 빠져나오는 것이 좋다. 좋은 삶은 사람들이 서로 다투지 않는 곳에서만 존재한다.

◆ ◆ ◆

세상은 전쟁터다. 맞는 말이다. 하지만 아직 전쟁이 벌어지지 않은 곳이 있다. 그곳을 찾는 게 화려한 전쟁터에서 고생하는 것보다 훨씬 낫다.

괴짜를 옆에 두라

고흐가 되기보다 고흐의 친구가 더 좋은 이유

"감독위원회 위원들은 그대에게 알리노니, 우리는 율법에 적힌 모든 저주의 말로 바뤼흐 스피노자를 파문하고, 저주하노라. 그는 낮에도 저주받을 것이고, 밤에도 저주받을 것이며, 누워도 저주받을 것이고, 일어나도 저주받을 것이며, 나가도 저주를 받고, 들어와도 저주를 받을 것이라. 주님이 그를 용서하지 않으시기를! 경고하는 바, 그 누구도 스피노자와 말로도 글로도 소통하지 않기를, 그에게 어떤 호의도 베풀지 말지며, 그와 한 지붕 아래 머물지 말지며, 그와 4엘레(Elle, 길이의 단위로 1엘레는 약 66센티미터 – 옮긴이) 이상 거리를 둘 것이며, 그가 쓴 문서를 절대로 읽지 말기를 요청하노라."

이 선언문(1656년에 발표되었으며, 축약되지 않은 원문은 이보다 네 배는 더 길고, 다섯 배는 더 신랄한 내용으로 이루어져 있다)과 더불어 당시 23세의 섬세하고 민감한 청년 스피노자는 암스테르담 유대 공동체로부터 파문되었다. 공식적으로 '페르소나 논 그라타(Persona non grata)', 즉 아웃사이더로 강등당했다. 이 시점에 스피노자가 아직 아무런 글도 발표하지 않았음에도, 자유로운 영혼을 지닌 이 젊은 사상가의 견해는 기존의 체제에 거슬렸던 것이다. 오늘날 스피노자는 전 시대를 통틀어 가장 위대한 철학자 중 한 사람으로 여겨진다.

오늘날 우리는 그런 파문에 대해 쓴웃음을 지을지도 모른다. 그러나 가련한 스피노자에게는 정말로 장난이 아니었을 것이다. 공무원들이 일간지, 플래카드, 모든 소셜미디어 채널을 동원해 당신을 저주하고, 곳곳에 에이전트들이 배치되어 아무도 당신에게 접근하거나 말을 걸지 못하도록 규제한다고 상상해보라. 당시 스피노자에게는 정말로 뼈를 깎는 듯한 고통이었을 것이다.

당신이 비즈니스 클럽의 회원이라면 회원이 어떤 이득을 보는지 잘 알 것이다. 자유롭게 클럽에 드나들 수 있으며, 그곳의 푹신한 소파에 누워 잠시 눈을 붙일 수도 있다. 탁자 위에는 최신 잡지들이 놓여 있고, 심심할 땐 늘 말이 잘 통하는 사람들과 잠시 잡담을 나눌 수도 있다. 요컨대 그곳의 전 인프라 구조가 당신의 필요에 맞추어져 있는 것이다.

대부분의 사람들은 하나 혹은 여러 개의 모임이나, 클럽, 동호회 회원이다. 회사의 직원, 학교의 학생, 대학의 교수, 도시의 시민, 단

체의 회원 등등이다. 이 모든 모임들은 우리의 필요에 부응해주고, 우리는 그곳에서 편안하게 있으면서 대우받는다고 느낀다.

하지만 어떤 모임이든 겉도는 사람들이 있다. 자원해서 그럴 수도 있고, 사람들이 그를 받아주지 않거나 스피노자처럼 내쳐서 그렇게 되었을 수도 있다. 이런 아웃사이더 중 대부분은 괴짜다. 하지만 모두가 그런 건 아니다. 간혹 그들 중에 (혼자서) 세상을 변혁시키는 사람들이 나온다. 학계, 경제계, 문화계의 빛나는 업적 중 입이 벌어질 정도로 많은 수가 아웃사이더들의 공이다. 아인슈타인이 여가 시간을 활용해 물리학을 개혁했던 시점에 그는 대학에 자리를 구하지 못하고, 베른의 특허청 말단 직원으로 변변치 못한 월급을 받으며 근근이 살아가고 있었다. 그보다 200년 전 젊은 뉴턴이 수학계의 중요한 법칙 중 하나인 중력 법칙을 고안했을 때, 그 역시 자신의 클럽(캠브리지의 트리니티컬리지)이 페스트의 창궐로 말미암아 문을 닫는 바람에 2년 동안 시골에 와 있던 참이었다. 다윈도 무슨 연구소 소속 연구원이나 대학 교수로 있었던 적이 한 번도 없는 자유 연구가였다. '철의 여인'이라 불렸던 영국의 전 총리 마가렛 대처는 가정주부로 살다가 다크호스처럼 정계에 입문하여 새바람을 일으켰다. 재즈는 온전히 아웃사이더들의 손에서 만들어진 음악이며, 랩도 마찬가지다. 위대한 작가, 사상가, 예술가 중에는 괴짜들이 아주 많았다. 클라이스트, 니체, 와일드, 톨스토이, 솔제니친, 고갱 등도 그런 사람들이다. 잊어버리기 전에 짚고 넘어가자면, 종교

의 창시자들은 예외 없이 아웃사이더들이었다. 물론 위인들을 결코 과대평가해서는 안 되지만 말이다. 그들이 없었다면, 다른 사람들이 그들의 역할을 했을 것이고, 그와 비슷한 탁월한 영향력을 발휘했을 것이다. 하지만 요점은 아웃사이더들이 인사이더들보다 더 빠르고 더 앞서가는 경향이 있다는 것이다.

아웃사이더들은 전략적으로 유리한 위치에 있다. 그들은 조직을 위해 형식적인 문서를 작성하느라 시간을 뺏기지 않아도 된다. 친목도모 활동 같은 것도 할 필요가 없으며, 세련된 그래픽의 쓸데없는 파워포인트를 만드느라 아까운 지력을 허비하지 않아도 된다. 신물 나는 회의에 참석하여 신경줄을 마모시키는 파워게임을 할 필요도 없다. 번거로운 초대에 응하지 않아도 되며, '체면을 살리기 위해' 무슨 이벤트 같은 곳에 참여하지 않아도 된다. 어차피 초대도 받지 못하기 때문이다. 형식 같은 건 너끈히 날려버릴 수 있고, 내침 당할 것을 우려해 정치적인 올바름(political correctness)에 신경을 쓸 필요도 없다. 어차피 바깥에 있으니 말이다.

또 하나의 장점은 아웃사이더의 위치에 있어 보면 인사이더들에게는 보이지 않는 기득권층의 결점이나 모순이 훤하게 들여다보인다는 점이다. 그래서 아웃사이더들은 더 예리하고 깊게 보며, 현 상태에 대한 그들의 비판은 피상적이지 않고 근본적이다.

이쯤 되면 아웃사이더로 사는 것이 꽤 낭만적으로 상상될 수도 있겠다. 그럼에도 아웃사이더가 되지는 말라. 말이 쉽지, 힘 있는 사회와 반목하는 것은 쉽지 않다. 날카로운 역풍이 거세게 당신을 때릴 것이다. 거의 모든 아웃사이더들이 그들에게 전력으로 맞서는 세상에 부딪혀 만신창이가 된다. 그 와중에 혜성처럼 빛을 내는 사람들은 아주 소수다. 그렇다. 아웃사이더로 사는 것은 영화플롯으로는 좋을지 몰라도, 좋은 삶에는 부적합하다.

그러면 어떻게 할까? 한 발은 기존의 질서에 굳게 담그고 있으라. 그로써 당신은 이너서클이 주는 온갖 유익을 보장받을 수 있을 것이다. 그러나 다른 한 발은 거기서 **빼고** 있으라. 물론 굉장히 불가능한 시도처럼 들린다. 하지만 실제로 해보면 꽤 잘 통한다. 아웃사이더들과 친구로 지내라. 물론 이 부분은 말보다는 실제가 더 어렵다. 여기, 그들과 잘 지낼 수 있는 규칙들을 조언한다. 1) 마음에 없는 아부 차원이 아니라 아웃사이더들의 일에 진정한 관심을 가지라. 2) 신분이나 사회적 지위 같은 걸 들먹이지 말라. 아웃사이더들은 당신이 박사학위 소유자건, 로터리 클럽 회원이건 별 관심이 없다. 3) 관용하라. 아웃사이더들은 약속 시간을 정확히 지킨다거나 하는 사람들은 아니다. 때로는 씻지 않은 모습으로 나오거나, 알록달록한 셔츠를 입고 나올 수도 있다. 4) 호혜성. 뭔가를 받았으면 뭔가를 선사하라. 아이디어, 돈, 인맥 같은 것으로 보답하라.

이런 원칙을 잘 구사하면, 당신은 아마도 스티브 잡스나 빌 게이츠가 했던 연결자의 역할을 하게 될 수도 있다. 그들은 기득권의 회원으로서 당시 괴짜 같은 너드들과 강하게 연대되어 있었다. 그러나 오늘날 아웃사이더들과의 관계를 잘 가꾸어 나가는 CEO들은 거의 없다. 그러니 많은 기업에서 아이디어가 부족한 것도 놀랄 일이 아니다.

반 고흐가 되기보다는 반 고흐를 알고 지내는 편이 좋다. 살아 있는 반 고흐 같은 사람들을 가능하면 여러 명 곁에 두라. 그들의 신선한 통찰이 당신을 물들이고, 좋은 삶에 기여할 것이다.

◆ ◆ ◆

한 발은 기존의 질서에 굳게 담그고 있으라. 그러면 당신은 이너서클이 주는 온갖 유익을 보장받을 수 있을 것이다. 그러나 다른 한 발은 거기서 빼고 있으라. 그리고 아웃사이더들의 신선한 통찰을 받을 수 있다. 우리에게는 양발이 있다.

더 많이 만날수록
더 좋은 연인을 만난다

수학적 해답

당신이 비서 한 명을 채용하려 한다고 하자. 100명의 여성이 그 자리에 지원했고, 당신은 무작위 순서로 면접 시간을 잡았다. 각각의 면접이 끝나자마자, 당신은 곧바로 결정해서 그 후보를 채용하던가, 채용하지 않던가 해야 한다. 이튿날까지 시간을 두고 생각할 수도 없고, 모든 지원자들을 다 볼 때까지 결정을 미룰 수도 없다. 인터뷰가 끝나고 곧장 결정해야 하고 그 결정을 철회할 수 없다. 자, 이런 경우라면 당신은 어떻게 하겠는가?

면접을 보다가 꽤 괜찮은 인상을 주는 지원자가 나타나면 곧바로 그 사람을 채용하겠는가? 그렇게 하면 최상의 지원자들을 놓쳐버릴 위험이 있다. 그 지원자만큼 괜찮거나 훨씬 더 괜찮은 지원자가 면접하러 올 수도 있기 때문이다. 아니면 일단 95명의 지원자를 면

328 | 불행 피하기 기술

접하며, 지원자들의 일반적인 수준을 느낀 다음, 나머지 다섯 명 중에서 지금까지 보았던 가장 좋은 지원자에게 근접하는 사람을 고르겠는가? 하지만 이 경우 남은 다섯 명 모두가 다 실망스럽다면 어떻게 할 것인가?

수학자들은 이런 질문을 (정치적 올바름에 위배되는 것처럼 들리기는 하지만) '비서 문제(secretary problem)'라고 부른다. 그리고 놀랍게도 비서 문제에는 최적의 해답이 나와 있다. 우선 37명의 지원자들을 면접하고, 이들 중에서는 아무도 채용하지 말라. 하지만 37명의 지원자 중에서 가장 마음에 드는 지원자가 어떤 정도 수준인지는 기억해두라. 그런 다음 계속해서 면접을 보면서, 앞선 37명 중 최고였던 지원자를 능가하는 사람이 등장하자마자 그를 채용하라. 그렇게 하면 100명의 지원자 중 최고의 지원자를 채용하지는 못할지 몰라도, 틀림없이 꽤 좋은 선택을 하게 될 것이다. 이외의 모든 방법들은 통계적으로 이보다 더 나쁜 결과를 도출하는 것으로 나타났다.

왜 37일까? 수학적으로 계산하면 37은 100을 상수 e(2.718)로 나누었을 때의 값이다. 그러므로 만약 지원자가 50명이라면, 50을 e로 나눈 값인 18명을 우선 면접해본 다음, 첫 18명 중에서 최고였던 사람을 능가하는 첫 번째 사람을 채용하면 된다.

비서 문제는 원래는 '약혼자 문제'라고 불렸다. 내가 한 명의 파트너와 결혼하기 위해 몇 명의 파트너 후보들을 '시도'해봐야 할까 하는 문제였다. 하지만 후보 파트너의 수가 애초에 알려져 있지 않아

위에 서술한 전략이 통하지 않을 것이기에 수학자들은 이 문제를 '비서 문제'로 이름을 바꿨다.

좋은 삶은 원래가 수학적 정확성을 자랑하는 게임이 아니다. 워런 버핏의 말을 빌자면, "정확히 틀린 것보다는 대략적으로 맞게 가는 것이 좋다." 버핏이 투자 결정에 관해서 한 말은 삶의 문제에도 적용이 된다. 그런데 정확하게 갈 필요가 없다면서도 비서 문제가 중요한 이유는 무엇일까? 그 문제가 중요한 주제에서 최종적으로 결정하기까지 얼마나 오래 '시도'를 해봐야 할지 알려주기 때문이다. 즉, 비서 문제는 대부분의 사람들이 너무 빠르게 하나의 후보로 결정하는 경향이 있음을 보여준다. 몸담고 싶은 분야, 커리어, 직업, 거주지, 좋아하는 작가, 악기, 좋아하는 운동, 좋아하는 여행지 등 처음에는 짧은 시간을 두고 많은 다양한 선택지를 시험해보고 (내키는 것보다 더 많은 옵션을 시험해보고) 그런 다음에 확실한 결정을 내리는 것이 좋다. 가능성들을 제대로 이해하기 전에 확정해버리는 것은 비이성적이다.

그런데 왜 우리는 일찍 결정하는 경향이 있을까? 왜 그리도 조급한 걸까? 우선 표본을 만드는 게 힘들기 때문이다. 5명만 면접하고 끝낼 수도 있는데 100명을 면접한다고? 하나의 직업을 선택하기 위해 10군데 지원한다고? 너무 힘들기도 하고, 내키지도 않는다. 둘째, 표본들은 굉장히 흡인력 있다. 젊은 시절에 약간 기웃거리다가 그 분야에 평생 몸담고 있기가 십상이다. 물론 그 분야에서 커리

어를 쌓고 잘 지낼 것이다. 하지만 조금만 더 실험정신이 있었다면, 다른 분야에서도 그렇게 할 수 있었을 것이며, 더 많은 성공과 기쁨을 누렸을지도 모른다. 세 번째 이유는 얼른 머릿속을 말끔하게 정리해버리기를 원하기 때문이다. 한 가지를 얼른 종결하고 다음으로 넘어가고자 하는 것이다. 중요하지 않은 결정에 있어서는 좋은 경향이다. 하지만 중요한 결정에서는 역효과를 낸다.

우리 아이들을 돌봐주는 20세의 베이비시터가 몇 개월 전 상당히 절망한 상태로 우리 집 문을 두드렸다. 그러더니 처음 사귄 남자친구가 그녀를 떠났다며 눈물을 펑펑 쏟았다. 우리는 애써 담담하고 이성적으로 그녀에게 이렇게 말해주었다. "넌 아직 젊어, 아직 굉장히 시간이 많아! 우선 열 명에서 스무 명 정도의 남자들을 만나도록 시도해봐. 그러면 시장이 대략 어떤 파트너를 제공해주는지를 알게 될 거야. 그러면 장기적으로 어떤 사람이 네게 맞고, 네가 어떤 사람에게 맞을지 알 수 있어." 그러자 어둡던 그녀의 표정에 미소가 떠올랐다. 우리가 (특히나 이런 사안에 있어서) 이런 말로 그녀를 설득할 수 있으리라고 생각하지 못했는데 예상 밖이었다.

유감스럽게도 우리 모두 종종 베이비시터와 비슷하게 행동한다. 우리의 표본은 너무 작고 결정은 너무나 성급하다. 통계학자들의 언어로 말하자면 대표성이 없다. 우리는 현실에 대한 잘못된 상을 가지고 있으며, 우주에서 단 두세 명을 잠깐씩 사귀어본 뒤, 생애의 남자 혹은 여자를 발견할 수 있으리라고 믿는다. 이상적인 직장, 거주지 등도 마찬가지다. 두세 개의 표본을 시도해보는 것으로 충분할 것이라고 생각한다. 그럴 수도 있다. 잘 될 수도 있다. 그렇게 해서 잘 살고 있다면, 진심으로 축하한다. 하지만 그런 일은 운이 따라줘야지 가능하고, 당연한 것처럼 바랄 수는 없는 일이다.

세상은 생각보다 훨씬 크고, 풍요롭고, 다채롭다. 젊은 시절에는 가능하면 많은 표본들을 채집해보라. 젊을 때는 돈을 많이 벌거나 커리어를 쌓는 것이 아직은 그리 중요하지 않다. 이 시절에는 삶의 모집단을 아는 것이 중요하다. 그러므로 굉장히 열린 태도로 나가라. 무엇보다 우연이 당신에게 제공해주는 것을 시험해보라. 책을 많이 읽어라. 소설을 통해 삶을 시뮬레이션해보라. 더 나이가 들면 모드를 전환하여 굉장히 선별적인 태도를 취해야 한다. 이제 당신은 자신에게 뭐가 맞고, 뭐가 맞지 않는지를 알기 때문이다.

◆ ◆ ◆

대부분의 사람들은 너무 빨리 하나의 후보로 결정하는 경향이 있다. 영리하다는 이들이 특히 그렇다. 바보같은 일이다. 가능성들을 제대로 이해하기 전에 확정해버리는 것이야말로 정말 비이성적이다.

이룰 수 없는 소망도 있다

기대 관리

1987년 12월 31일. 처음 사귄 여자친구와 6개월 전에 헤어진 뒤 나는 고독한 늑대처럼 방황하고 있었다. 대부분 꿀꿀한 대학생 기숙사 방(한 층 내려가야 공동 화장실을 사용할 수 있는 지붕 밑 방이었다)이나 도서관에 틀어박혀 지냈다. 그렇게 연말이 되자 이렇게는 도저히 견딜 수 없다는 생각이 들었다. 여자친구가 필요했다. 루체른의 레스토랑 뤼틀리 입구에 붙어 있는 대대적인 송년파티를 선전하는 포스터가 눈에 띄었고, 나는 기대감에 넘쳐, 머리에 젤을 잔뜩 바르고는 티켓을 샀다. 드디어 오늘밤 여자친구를 낚으리라.

쿨한 척, 그러나 상당히 어색한 몸짓으로 디스코 스텝을 밟으며, 나는 담배연기로 가득 찬 홀의 이 끝에서 저 끝까지를 쉼 없이 훑었다. 하지만 예쁜 아가씨들은 모조리 파트너랑 같이 온 상태였고, 그들이 몇 초간 남자친구의 손아귀에서 벗어난 틈을 타, 연신 미소로 공략해보았지만 모두 다 나를 공기처럼 취급할 따름이었다. 시간이 자정으로 치달을수록 마치 사람들이 와인 따개로 내 가슴 속을 천천히 후벼 파는 듯한 느낌이 들었다. 그리하여 나는 급기야 자정이 되기 직전에 도망치듯 레스토랑을 빠져나오고 말았다. 정말 참담한 저녁이었다. 나는 공연히 입장료만 허비한 셈이 되었고, 여전히 외로운 채였다.

뇌는 기본적으로 기대 없이는 돌아가지 않는다. 문고리를 비틀 때 우리는 문이 열리리라고 기대한다. 수도꼭지를 돌리면 물이 나오기를 기대하고, 비행기에 오르면 공기역학 법칙에 의해 비행기가 공중에 뜨기를 기대한다. 아침에는 해가 뜨고 저녁에는 해가 지기를 기대한다. 이 모든 기대들을 우리는 의식하지 못한다. 삶의 규칙성은 두뇌에 확실하게 심어져 있어, 능동적으로 생각할 필요가 없다.

그런데 유감스럽게도 두뇌는 불규칙적인 상황에 대해서도 기대를 한다. 바로 내가 그 송년파티에서 그랬던 것처럼 말이다. 약간 더 시간을 두고 나의 기대를 좀 더 의식적이고 현실적으로 그려보았더라면, 이런 실망은 피할 수 있었을 텐데.

연구는 기대감이 행복감에 상당한 영향을 미친다는 것을 보여준다. 비현실적인 기대는 정말 탁월한 행복의 킬러다. 가령 수입이 늘어나면 행복감도 상승하는데, 그것은 연봉 약 1억 3천만 원 정도까지만 그렇다. 앞에서 살펴본 것처럼 이를 넘어서면 돈은 큰 역할을 하지 못한다. 하지만 수입이 역설적인 방식으로 행복감을 망칠 수 있으니, 심리학자 폴 돌런에 따르면 소득에 대한 기대가 소득 자체를 능가할 때가 바로 그렇다.

그렇다면 기대감을 어떻게 하면 잘 조절할 수 있을까? 내가 추천하는 방법은 생각을 응급 환자 분류체계처럼 확실히 분류하라는 것이다. 즉 사안을 늘 '그래야만 해', '그랬으면 좋겠어', '그렇게 되기를 기대해' 이 세 가지로 분류하라. 첫 문장은 필연성, 두 번째는 소망(선호와 목표), 세 번째는 기대를 피력한다.

사람들은 종종 "무슨 일이 있어도 CEO가 될 거야", "이 소설을 꼭 쓰고 말테야", "아이를 꼭 낳을 거야"라는 식으로 말한다. 하지만 당신은 이 모든 것을 꼭 할 필요는 없다. 숨 쉬고 먹고 마시는 것 외에는 아무것도 필연적으로 하지 않아도 된다! 그냥 "CEO가 되고 싶다", "소설을 쓰고 싶다", "아이를 갖고 싶다"라고 말하는 편이 낫다. 소망을 삶에서 필연적으로 이루어야 할 것으로 보는 사람은 상당히 고집스럽고 언짢은 사람으로 비춰지기 십상이다. 그렇게 되면 당신은 얼마나 똑똑한지 상관없이 멍청한 행동을 하게 된다. '해야 한다'는 생각은 레퍼토리에서 빨리 지워버릴수록 좋다.

이제 소망으로 넘어가 보자. 소망(선호와 목표) 없이 사는 삶은 앙꼬 없는 찐빵이지만 그것에 너무 연연해서는 안 된다. 때로는 소망을 이룰 수 없음을 의식하라. 많은 것들이 당신의 통제 밖에 놓여 있기 때문이다. 당신이 CEO가 될지는 감사회의 평가 외에 경쟁구

도, 주가, 언론, 가족에게 달려 있다. 모두 당신이 완전히 통제할 수는 없는 요인들이다. 소설 쓰기와 자녀도 마찬가지다. 그리스 철학자들은 소망을 '사소한 선호(the preferred indifferent)'라고 일컬었다. 즉 내가 어떤 선호(나는 폭스바겐 골프보다 포르쉐를 더 선호한다)를 가지고 있지만, 결국 그것은 나의 행복에는 중요하지 않다는 말이다.

필요와 소망 다음으로 기대가 온다. 많은 불행은 기대를 잘못 관리했기 때문에 생겨난다. 특히나 다른 사람에게 걸었던 기대 때문에 말이다. 날씨조차 당신의 기대에 부응하지 않는데, 다른 사람이 당신의 기대대로 행동할 것이라고 기대해서는 안 된다.

당신의 기대는 외부에 아주 제한된 힘만 갖고 있다. 하지만 내부로는 어마어마한 힘을 가진다. 기대를 품을 때 부주의하게 행동하기 때문에 우리는 다른 사람들이 우리의 기대에 영향을 미칠 수 있게 한다. 광고와 마케팅은 기대를 불어넣는 기술이다. 은행직원이 당신에게 금융상품을 팔면서 미래의 현금 흐름에 대한 복잡한 계산을 제시하는 것 역시 기대 기법이다. 우리는 스스로 터무니없는 기대를 품을 뿐 아니라, 다른 사람들이 이런 터무니없는 기대에 일조하도록 문을 활짝 연다. 그것을 허락하지 말라.

그렇다면 터무니없는 기대 대신 어떻게 현실적인 기대 수준을 가질 수 있을까? 우선은 모든 모임, 데이트, 프로젝트, 파티, 휴가, 독서, 계획 전에 각각 필요와 소망과 기대를 명백히 구분하라. 두 번째로, 기대를 0점에서 10점까지 점수를 매겨라. 파국이 예상되면

0점, 꿈을 이룰 것이 예상되면 10점이다. 세 번째 단계로 이 점수에서 2점을 빼라. 그리고 속으로 이렇게 감한 점수에 익숙해져라. 이런 단계를 밟는 데는 최대 10초밖에 걸리지 않는다. 점수를 매기는 것은 자동적으로 뜬구름 잡는 기대로 향하려는 생각을 한 번 차단해 주는 역할을 하며, 그로써 소위 '안전 마진'을 확보할 수 있게 한다. 이제 당신의 기대는 적절할 뿐 아니라, 적정 정도보다 살짝 낮은 상태에 있게 된다. 나는 하루에도 몇 번 이 단계를 실행하고, 상당히 행복에 가까워진다.

우리는 기대를 헬륨풍선처럼 취급한다. 헬륨풍선은 위로 올라가다가 결국 터져서 볼품없는 조각이 되어 땅으로 내려앉는다. 그러므로 필요와 소망과 기대를 한 통 속에 던져 넣는 버릇을 중단하라. 그것들을 뚜렷이 구분하라. 기대를 의식적으로 조절하는 것은 좋은 삶의 도구다.

◆ ◆ ◆

필요, 소망 그 다음으로 기대가 온다. 많은 불행은 기대를 잘못 관리했기 때문에 생겨난다. 특히나 다른 사람에게 걸었던 기대 때문에 말이다. 그것을 허락하지 말라.

모든 것의
90퍼센트가 쓰레기라면

쓰레기 탐지기

SF 작가로 지내기가 쉽지 않다. 대중적인 작품을 쓰는 SF 작가는 더욱 쉽지 않다. 문학평론가들에게서 쓰레기 같은 대우를 받아야 하기 때문이다. 실제로 SF 소설의 대부분이 삼류다. 간혹 수준 높은 작품들이 있기는 하지만, 이 소설들이 SF 장르의 이미지를 개선하기는 역부족이다.

시어도어 스터전은 1950년대와 1960년대 미국의 가장 생산적인 SF 작가 중 한 사람이었다. 하지만 작품 활동을 하면서 계속 문학 평론가들의 비아냥거림을 감내해야 했다. SF의 소설의 90퍼센트는 쓰레기라는 둥 하는 말들이었다. 그에 대해 스터전은 이렇게 대답했다. "네, 맞는 이야기입니다. 하지만 장르를 막론하고 발표되는 모든 것의 90퍼센트가 다 쓰레기지요." 그의 이런 대답은 스터전의 법칙이라는 명칭으로 널리 알려지게 되었다.

언뜻 볼 때 스터전의 평가는 좀 가혹해 보인다. 하지만 그건 언뜻 볼 때만이다. 당신이 끝까지 정말 만족스럽게 읽었던 책들이 얼마나 적은지를 한번 생각해보라. 얼마나 많은 책들을 몇 페이지 읽다가 실망한 채 옆으로 치워버렸는지, 텔레비전에서 방영해주는 영화 중 끝까지 본 것이 얼마나 적은지, 보다가 신경질 나서 채널을 돌려버린 영화가 얼마나 많은지를 생각해보라. 이런 비율은 스터전의 법칙에 부응할 것이다.

미국의 철학자 대니얼 데닛의 말마따나 스터전의 법칙은 책과 영화에만 적용되는 것이 아니다. "모든 것의 90퍼센트는 쓰레기다. 물리학이건, 화학이건, 진화심리학이건, 사회학이건, 의학이건…… 락 음악이건 컨트리 음악이건……." 정확히 90퍼센트가 쓰레기인지, 85퍼센트만 쓰레기인지, 아니면 무려 95퍼센트가 쓰레기인지 왈가왈부할 수 있겠지만, 그것은 중요하지 않다. 편의상 90퍼센트라고 해두자.

맨 처음 스터전의 법칙을 접했을 때 굉장히 안도감이 느껴졌다. 인류가 배출한 대부분의 것들이 중요하고, 의미 있고 가치 있는 것이라고 확신하며 자랐기에 뭔가가 불만족스럽게 다가와도 내 자신에게 문제가 있다고 생각했기 때문이다. 오늘날 나는 감상하고 있는 오페라의 연출이 전혀 마음에 들지 않을 때 그것이 나의 부족한 교양 탓이 아니라는 걸 안다. 어떤 비즈니스 플랜을 보며 특징이 전혀 느껴지지 않는 것이 나의 부족한 사업 감각 때문이 아니라는 걸 알며, 만찬에서 만나는 90퍼센트의 사람들이 지루하게 여겨지는 것이 내게 인류에 대한 사랑이 부족해서가 아님을 안다. 그렇다. 내 탓이 아니라, 세상 탓이다. 모든 생산물의 90퍼센트는 형편없는 것이라고 소리 높여 말해도 된다. 광고의 90퍼센트는 수준 이하이고, 이메일의 90퍼센트는 쓸데없는 내용들이고, 트윗의 90퍼센트는 헛소리다. 회의의 90퍼센트는 시간 낭비이며, 이런 회의 중에 오가는 말들의 90퍼센트는 하나마나한 소리들이다. 초대의 90퍼센트는 가지 않으면 더 좋을 것들이다. 요컨대, 물질적인 것이든, 정신적인 것이든 세상에 존재하는 것들의 90퍼센트는 쓸데없는 것들이다.

스터전의 법칙을 염두에 두고 살면, 더 좋은 삶을 살 수 있다. 스터전의 법칙은 탁월한 생각 도구이다. 이 법칙으로 당신이 보고 듣고 읽는 대부분의 것을 양심의 가책 없이 '패스' 해버릴 수 있기 때문이다. 세계는 헛소리 공장이다. 그러니 귀를 기울일 필요가 없다.

쓰레기 같은 것들로부터 세상을 정화하고자 노력하지도 말라. 그럴 수도 없다. 세상은 이성적인 당신보다 훨씬 더 오래 비이성적으로 남을 테니까 말이다. 그러므로 소수의 가치 있는 것들을 선별하는 데만 신경을 쓰고, 다른 건 모두 제쳐버려라.

투자가들은 스터전보다 이미 몇십 년 전에 이를 터득했다. 그래서 벤자민 그레이엄(워런 버핏의 스승이자 합리적이고 과학적인 투자의 방법을 제시한 금융사상가 – 옮긴이)은 1949년에 나온 유명한 저서 《현명한 투자자》에서 증시를 '미스터 마켓(Mr. Market)'이라는 변덕스런 사람에 비유한다. 미스터 마켓은 조울증 환자로, 때로는 굉장히 낙관적이고, 때로는 어마어마하게 비관적이다. 그의 기분은 요요처럼 오르락내리락한다. 좋은 것은 투자자로서 당신은 미스터 마켓의 제공을 받아들일 필요가 없다는 것이다. 그냥 기다리면서 미스터 마켓이 정말로 놓치지 말아야 할 좋은 제안을 해줄 때까지 시장의 외침을 그냥 넘겨버릴 수 있다. 가령 주가폭락의 경우처럼 그가 정말로 좋은 주식을 굉장히 낮은 가격에 제공할 때까지 말이다. 그러므로 미스터 마켓이 외쳐대는 내용의 90퍼센트, 아니 99퍼센트는 너끈히 무시해도 된다. 유감스럽게도 주식시장을 비이성적인, 조울증 환자의 외침으로 보지 않고, 꽤 진지하게 여기는 투자가들이 많다. 그렇게 주식의 가격과 가치를 혼동해서 돈을 잃는다.

시장의 외침은 물론 주식시장에만 있는 것은 아니다. 다른 시장도 당신에게 날마다 영화, 게임, 라이프스타일, 뉴스, 인맥, 여가활동, 여행상품, 스포츠경기, 레스토랑, 텔레비전 프로그램, 재미있는 유튜브 동영상, 정치적 견해, 자기계발 상품, 각종 도구 및 부속품을 제공한다. 이 중 대부분을 과일가게의 썩은 사과처럼 그냥 못 본 척하라. 그중 90퍼센트는 수준 이하의 것들이다. 시장의 외침에 귀를 막거나, 너무 시끄러우면 그냥 떠나버려라. 시장은 이것들의 중요성, 품질, 가치를 판가름하는 측정기가 아니다.

역시나 실천보다는 말이 더 쉽다. 이유는 늘 그렇듯 우리의 과거에 있다. 3만 년 전의 선조들을 한번 상상해보라. 그들은 사냥이나 채집을 하고 살았으며 기껏해야 50명 정도의 작은 집단을 이루어 살았다. 그때는 만나는 대부분의 것들이 굉장히 중요했다. 식물은 먹을 수 있거나 독이 있었고, 동물은 사냥을 하거나, 얼른 도망쳐야 했으며, 부족의 구성원들은 자신의 생명을 구해주거나 위험하게 했다. 당시에는 스터전 법칙의 반대가 통했다. 모든 것의 90퍼센트는 중요한 것이고, 10퍼센트가 쓸데없는 것이었다. 이 10퍼센트는 모닥불 곁에서 나누는 이런저런 이야기들, 조악한 동굴벽화들, 지적인 부족 구성원들로 하여금 절로 미간을 찌푸리게 하는 샤머니즘 관습 정도였다. 90퍼센트는 중요한 것, 10퍼센트는 쓸데없는 것.

오늘날의 상황은 이미 이야기했듯이 정확히 반대이다. 게다가 상품과 서비스가 마구 쏟아져 나올수록, 개인의 정신적인 열매를 세간에 내놓는 것이 쉬워질수록 쓸데없는 것의 비율은 더욱더 높아지게 될 것이다. 그러나 우리 두뇌의 하드웨어와 소프트웨어가 기본적으로 석기시대에 최적화되어 있기에 데닛이 권하는 예리한 눈으로 세상을 바라보기는 참으로 쉽지 않다. 세상의 쓰레기로부터 벗어나 자유 유영을 하는 것은 자연스러운 행동이 아닌 것이다. 우리는 쓰레기를 분별하는 탐지기를 가지고 태어나지 않았으므로, 그런 감각을 의식적으로 훈련시켜야 한다.

마지막으로 한번 솔직해보자. 스터전의 법칙은 외부 세계에만 적용되는 것이 아니라, 우리 자신에게도 적용된다. 그러므로 내 생각

의 90퍼센트는 쓸데없는 생각이라고 말할 수밖에 없다. 내 감정의 90퍼센트는 근거 없는 것이며, 내 소망의 90퍼센트는 헛된 것이다. 그것을 알기에 나는 '내적인 산물' 중 무엇을 중요시여기고, 무엇을 웃으며 넘겨버릴지 훨씬 더 신중하게 생각하게 되었다.

제공되는 모든 쓰레기들을 붙들지 말라. 하고 싶은 마음이 든다고 모든 욕구를 좇아서는 안 된다. 존재하는 모든 시시껄렁한 것들에 다 응해서는 안 된다. 그중 최소의 것만이 수준 높거나, 가치가 있거나, 꼭 필요한 것이다. 스터전의 법칙을 명심하면 시간적, 감정적 에너지를 아낄 수 있다. 아이디어와 좋은 아이디어, 상품과 좋은 상품, 투자와 좋은 투자의 차이를 분별하라. 쓸데없는 것을 분별하는 눈을 키우라. 또 하나 내 경험상 터득하게 된 규칙을 하나 소개하자면, 무엇인가가 쓸데없는 것인지 아닌지 고민된다면, 그것은 쓸데없는 것이다.

◆ ◆ ◆

세상은 헛소리 공장이다. 세상은 이성적인 당신보다 훨씬 더 오래 비이성적으로 남을 것이다. 그러므로 소수의 가치 있는 것들을 선별하는 데 신경을 쓰고, 다른 건 모두 제쳐버려라.

대단한 존재라고
착각하지 않을 때

겸손의 찬양

오스만 가, 포슈 가, 독뙤르 랑스로 가, 뿔 두메르 가, 떼오뒬 리보 가, 끌레베르 가, 라스파유 가…… 모두가 파리의 거리 이름이다. 오늘날 그 거리가 어느 사람의 이름을 딴 것인지 아는 사람 있는가? 이 사람들이 누구였는지 맞춰보라.

당연히 당대의 유력한 사람들이었다. 도시계획자, 정치가, 장군, 학자……. 당신이 조르주 외젠 오스만과 동시대 사람으로서 오스만의 초대를 받았다면 뛸 듯이 기뻐했을 것이다.

그럼 지금은? 지금은 오스만 가에 있는 갤러리 라파예트 백화점에는 뻔질나게 드나들면서도 오스만 가가 왜 오스만 가인지는 전혀 생각하지 않는다. 당신의 팔에는 별 필요도 없는 쇼핑 품목이 가득 담긴 쇼핑백들이 흔들거리고, 여름이라 거리의 공기는 녹아내린 유리처럼 흐물거리며, 바닐라 아이스크림이 티셔츠를 지나 버뮤다 반바지에 안착한다. 손가락은 끈적이고, 웬 여행자들이 이렇게 많은지 짜증이 난다. 당신도 그중 하나이면서도 말이다. 그러나 무엇보다 당신 곁을 쌩쌩 지나쳐가는 시끄러운 자동차 소리가 신경을 거스른다. 영예로운 도시계획자의 보도에 서 있지만, 거리 이름이 뭐든 알 바 아니다. 오스만, 그게 누구야? 그 이름은 역사에 좀이 쓸었다.

오스만, 포슈, 혹은 라스파유 같은 유명한 이름의 유효기간이 4세대 정도라면, 현재의 굵직굵직한 인물들의 이름도 몇 세대 못 가 다 잊힐 것이라고 봐야 한다. 짧게는 100년, 길게는 200년 정도가 지나면 빌 게이츠나, 도널드 트럼프, 앙겔라 메르켈이 누구였는지를 기억하는 사람은 거의 없을 것이다. 우리 둘(친애하는 독자인 당신과 나)로 말할 것 같으면 불과 몇십 년 만 지나면 그 누구도 기억해주는 이가 없을 것이다.

두 사람의 가상적 인간 유형 A와 B를 상상해보라. A는 자존심이 하늘을 찌른다. B는 반면 별로 자존심이 세지 않다. 누군가 먹이나 동굴, 혹은 짝짓기 파트너를 앗아가려 하면 B는 상대가 어떻게 하든 그냥 내버려 둔다. 인생은 그런 거지 뭐, 난 그냥 다른 먹거리, 다른 동물, 다른 파트너를 찾을래. 반면 A는 상당히 분개해서 자신의 소유를 격렬하게 방어한다. 어떤 인간 유형이 유전자를 다음 세대로 전달할 확률이 더 많을까? 물론 A다. 실제로 어느 정도의 자

존심, 자신감 없이는 생존이 불가능하다. 하루라도 '나' 혹은 소유격으로 '나의'라는 말을 사용하지 않고 살려고 해보라. 해보니 정말 쉽지 않았다. 한마디로 말해 우리는 A 타입의 인간인 것이다.

문제는 A 타입의 선조에게서 물려받은 자존심이 너무 센 경우, 삶을 망칠 수가 있다는 것이다. 우리는 석기시대의 위협들에 비하면 새 발의 피도 안 되는 작은 비방에도 상당히 발끈한다. 단지 충분한 칭찬이나 수고에 대한 감사의 표시를 제대로 받지 못했다고, 또 모임에 초대받지 못했다고 말이다. 대부분의 경우는 다른 사람들이 옳다. 우리는 생각만큼 그렇게 대단한 사람들이 아니다.

당신의 중요성을 다음 세기의 시각에서 보라. 당신이 현재 얼마나 잘나가든 상관없이, 아무도 당신의 소중한 이름을 기억해주지 않는 미래의 시점으로 말이다. 스스로를 대단하다고 착각하지 않는 것은 좋은 삶의 기본에 속한다. 심지어 반비례 관계가 성립한다. 스스로를 대단하다고 생각하지 않을수록 삶은 더 좋아진다. 왜 그럴까? 세 가지 이유 때문이다.

첫째, 스스로 뭐라도 된 것처럼 살아가는 데는 에너지가 들어간다. 스스로를 대단하다 생각하는 사람은 송신기와 수신기를 동시에 작동시켜야 한다. 한편으로는 자신이 얼마나 대단한 사람인지를 끊임없이 신호해야 하고, 동시에 전파탐지기처럼 세상이 그에 대해 어떤 반응을 하는지에 민감하게 신경 써야 하는 것이다. 이런 에너지를 아껴라. 송수신기를 다 끄고, 당신의 일에 집중하라. 건방 떨지 말고 성공에 대해 떠벌리지 말라. 아무개가 내 친구라며 유명인의 이름을 들먹이지 말라. 개인적으로 교황을 알현하고 나왔다고 하여 뭐 그리 대수인가. 정말 그런 일이 있었다면 기뻐하라. 하지만 교황과 찍은 사진을 거실에 걸어놓지는 말라. 당신이 억만장자라면, 어떤 건물이나 대학, 축구경기장에 당신의 이름을 내세워 후원하지 말라. 그건 정말 유치한 일이다. 자신을 찬양하는 텔레비전 광고라도 만들지 그러는가? 오스만과 콘소르텐은 최소한 자신의 거리를 무료로 얻었다.

둘째, 스스로 대단한 사람인 것처럼 생각할수록 더 쉽게 자기 위주 편향에 빠지게 되며, 목표를 이루기 위해서가 아니라, 스스로를 높이기 위해서 살게 된다. 투자가들에게서도 자기 위주 편향이 곧잘 관찰된다. 이런 투자가들은 고급호텔이나 힙한 기술회사의 주식을 산다. 그것이 정말로 가치 있는 주식이기 때문이 아니라, 뭐라도 된 것 같은 기분을 들게 하기 때문이다. 자신이 잘난 줄 아는 사람들은 자신의 지식과 능력을 과신하는 경향이 있으며(이를 과잉확신(overconfidence)이라 한다), 이 때문에 중대한 결정의 실수를 범하기도 한다.

셋째, '자뻑'에 빠지면 적들이 꼬인다. 잘난 줄 아는 사람들은 다른 사람들이 잘난 체하는 꼴을 못 본다. 그것이 상대적으로 자신의 위치를 깎아내리기 때문이다. 당신이 성공하면, 마찬가지로 스스로를 대단하게 여기는 사람들은 당신을 견제하기 시작할 것이다. 이런 삶은 좋은 삶이 아니다.

자존심과 자만심이 별로 도움이 되지 않는다는 것을 알았을 것이다. 물론 이것은 새로운 인식은 아니다. 과거 2500년간의 표준적인 시각이다. 스토아 철학자들은 이미 과도한 자존심을 경계했다. 전형적인 예로 마르크스 아우렐리우스는 자신이 로마 황제인 것이 거의 못마땅할 지경이었다. 그리하여 (명상록이라 불리는) 일기를 쓰는 가운데 겸손하게 생활할 것을 스스로 다짐하고 또 다짐했다. 지상에서 가장 강력한 권력을 지닌 사람으로서는 쉬운 일이 아니었다. 하지만 철학뿐 아니라 종교도 자존심과 자만심에 빗장을 지르는 사고 체계를 가지고 있다. 많은 종교는 심지어 자만심을 악마적인 것으로 치부한다. 하지만 지난 200년간 문화적으로 자만에 대한 경계는 자못 풀어졌다. 그리하여 오늘날 모두가 자신의 작은 브랜드매니저가 된 듯하다.

다음을 생각하도록 하자. 우리 모두는 수십억 인구 중 한 사람이다. 모두가 우연히 와서 잠시 살다가 또 우연히 간다. 그리고 모두가(나를 포함하여) 이런 짧은 시간을 사는 동안 수많은 멍청한 짓을 저지른다. 그러므로 당신의 이름으로 불리는 거리가 없는 것을 다행스럽게 여겨라. 당신에게 스트레스만 될 뿐이다. 겸손하게 사는 것이 훨씬 더 좋다. 자만하는 건 쉽고, 모두가 그렇게 할 수 있다. 반면에 겸손은 어렵지만 더 현실에 맞는다. 그리고 그것은 감정의 파고를 진정시킨다.

많은 사람들은 겸손하면 손해를 본다고 믿는다. 겸손한 태도가 다른 사람들이 자신을 짓밟고 다니게 하는 것일까? 그 반대다. 당신이 개인적으로 명확한 외교정책을 구사한다면 당신은 겸손할수록 더 존중을 받을 것이다. 겸손한데다 자신에게 솔직하기까지 하다면 최고일 것이다.

자신을 과대평가하는 것은 문명의 질병이 되었다. 강아지가 낡은 신발 한 짝을 물고 놓지 않는 것처럼, 우리도 기를 쓰고 우리의 자아를 지키려 한다. 낡은 신발을 놓아버려라. 영양가가 없다. 그리고 곧 썩은 맛이 날 것이다.

◆ ◆ ◆

자신의 중요성을 다음 세기의 시각에서 보라. 자신이 현재 얼마나 잘나가든 상관없이, 아무도 나의 소중한 이름을 기억해주지 않는 미래의 시점으로 말이다. 스스로를 대단하다고 착각하지 않는 것은 좋은 삶의 기본에 속한다.

결국은
내적 성공을 위한 것

성공의 다른 정의

각 나라마다 부자 랭킹이 있다. 스위스 경제전문지 《빌란츠》에는 300대 부자 명단인 '빌란츠 300'이 있고, 독일에서는 매년 《매니저 매거진》이 500명의 최고 부자 명단을 발표한다. 프랑스 경제전문지 《샬랑주》는 매년 프랑스의 부자 명단을 공개하며, 미국의 《포브스》는 매년 전 세계 억만장자 리스트를 집계한다. 이 명단들에서 받는 느낌은 늘 같다. '이 명단이 전 세계에서 가장 성공한 사람들 명단이로구나!' 명단에 낀 사람들은 모두가 기업가(혹은 그 후계자)들이다.

영향력 있는 CEO들, 가장 인용이 많이 되는 학자들, 베스트셀러 작가들, 고소득의 예술가들, 성공한 음악가들, 몇백 억대 연봉의 운동선수들, 최고 출연료를 받는 배우들에 대해서도 비슷한 순위가 존재한다. 모든 분야마다 성공의 랭킹이 있다. 하지만 이런 사람들은 대체 얼마나 성공한 것일까? 성공이 무엇이냐에 따라 대답이 달라질 것이다.

우리 사회가 어떻게 성공을 판단하고 찬사하는지에 따라, 개개인의 시간을 어떻게 활용할지 조종할 수 있다. 미국의 심리학 교수 로이 바우마이스터는 이렇게 썼다. "생존을 위해 싸우는 소규모 사회에서 가장 많은 단백질을 가져오는 사람(사냥)과 가장 많은 적을 죽이는 사람(전사)을 추앙하는 것은 우연이 아니다. 모성에 대한 예찬도 사회가 인구를 증가시킬 필요가 있는지에 따라 오르내린다." 현대사회는 (이를 테면) '포브스 순위'를 빛나는 깃발처럼 흔들며, 우리에게 '이쪽으로 가야 해!'라고 신호한다.

현대사회는 왜 사람들을 물질적 성공 쪽으로 몰아가고자 하는가? 어째서 한가로이 사는 쪽이 아니라 물질적인 성공 쪽인가? 어째서 만족감을 누리는 사람들이 아닌, 최고 부자들의 명단만 작성되는가? 간단하다. 경제성장이 사회를 지탱해주기 때문이다. 금융전문가 사티야지트 다스는 "언젠가 물질적으로 더 잘 살 수 있다고 믿으면, 그런 전망이 얼마나 터무니없는지와 상관없이 재산의 사회적 분배에 대한 압력이 높아지지 않는다"며, "경제가 성장하는 한, 희망이 살아 있고, 이 희망은 엄청난 수입의 격차를 견딜 수 있게 해준다"라는 전 미국 중앙은행장 헨리 월리치의 말을 인용했다.

포브스 명단을 보고도 아무렇지도 않기 위해서는 두 가지를 이해해야 한다. 우선 성공에 대한 정의는 시대의 산물이라는 것! 1천 년 전에는 포브스 명단 같은 것이 없었고, 1천 년 뒤에도 없을 것이다. 워런 버핏은 빌 게이츠와 더불어 오래전부터 이 명단에 이름을 올리고 있지만, '석기시대 포브스 명단'에는 결코 들지 못했을 것이다. 버핏도 "몇천 년 전에 태어났다면 나는 어느 동물의 완벽한 간식거리가 되었을 것"이라고 말하지 않았는가. 어떤 시대에 태어났느냐에 따라 사회는 서로 다른 성공의 깃발을 흔든다. 성공에 대한 사회의 정의를 당신에게 주입시키려는 의도다. 그러므로 그 깃발을 맹목적으로 따라가지 말라. 좋은 삶은 다른 곳에 있다.

또한 물질적 성공은 100퍼센트 우연에 달린 문제다. 어떤 일을 우연으로 설명하는 것을 좋아하지 않지만, 정말로 우연이다. 우리는 유전자, 태어난 지역, 지능, 의지력 등에 아무런 영향을 끼치지 못한다. 물론 성공한 사업가들은 정말 열심히 일하고, 스마트한 결정들을 내린다. 인정한다. 하지만 이 역시 다시금 그들의 유전자와, 사회적 배경과 비오토프(biotope, 도심에 인공적으로 만든 생물 서식 공간 – 옮긴이)가 작용한 결과다. 그러므로 포브스 명단을 우연적인 명단으로 보라. 그리고 그 명단에 오른 사람들을 너무 추앙하지 말라.

최근에 한 친구가 이런저런 최고의 부자들이 모이는 만찬에 초대받았다며 자랑했다. 나는 어깨를 으쓱했다. 뭐가 그리 자랑스러운가? 최고의 부자들을 만난다고 해서 특히나 설레고 긴장할 필요가 뭐가 있단 말인가? 이들이 당신에게 돈을 줄 확률이 있는가? 천만에. 중요한 것은 다만 이들 각 사람이 흥미로운 대화 파트너냐 아니냐 하는 것뿐이다. 그들의 재산이 얼마든 전혀 중요하지 않다.

성공을 완전히 다르게 정의해보면 어떨까? 2천 년이나 된 성공에 대한 정의가 있다. 이 정의에 따르면 성공은 사회가 무엇을 추앙하는지와 무관하며, 천박하게 순위로 표시할 수도 없다. 진정한 성공은 내면적인 성공이라는 정의다.

내면적 성공은 향을 피우거나, 자신에게 침잠하거나 요가를 하는 것과는 무관하다. 내면적인 성공에 대한 노력은 이성적인 행동인 동시에 서구적 사고의 뿌리다. 그리스로마 철학자들은 이런 종류의 성공을 아타락시아(ataraxia)라고 불렀다. 아타락시아, 즉 마음의 평정에 도달한 사람은 어떤 일이 있어도 평온을 유지한다. 다르게 표현하면, 고공비행을 할 때도 불시착을 할 때도 평정을 잃지 않는 사람이 성공한 사람이다.

어떻게 내적으로 성공할 수 있을까? 우선, 자신이 영향을 미칠 수 있는 것에만 집중하고 다른 모든 것에 대해서는 초연함으로써 이룰 수 있다. 아웃풋이 아니라 인풋을 중요시하는 것이다. 인풋은 조절할 수 있다. 그러나 아웃풋은 조절할 수 없다. 아웃풋에는 계속해서 우연이 개입하기 때문이다. 돈, 권력, 인기는 완전한 통제가 불가능하다. 그러므로 이런 것들에 노력을 기울이다가 이들을 잃으면 불행해진다. 반면 평정과 의연함, 침착함을 훈련하면 운명이 당신의 발에 무엇을 던져주든지 대부분 행복한 상태를 유지할 수 있다. 요컨대 내적인 성공이 외적인 성공보다 더 안정적이다.

미국의 전설적인 농구 감독이었던 존 우든은 자신의 선수들에게 성공에 대한 전혀 다른 정의를 가르쳤다. "성공은 자신이 될 수 있는 최고의 존재가 되기 위해 최선을 다한 사람에게 깃드는 마음의 평화"라고 말이다. 성공은 타이틀 매치에서 이기는 것도 아니고, 메달을 따는 것도 아니고, 많은 돈을 벌어들이는 것도 아니다. 성공은 태도다. 아이러니하게도 당시 미국 대통령 조지 W. 부시는 존 우든에게 미국 최고의 상인 자유의 메달을 수여했다. 이 수상에 대해 아마 우든 자신보다 부시가 더 감동했을 것 같다.

자, 솔직해보자. 100퍼센트 내면의 성공만 추구하고 외적인 성공은 깡그리 무시해버릴 수 있는 사람은 아무도 없다. 하지만 우리는 매일의 연습을 통해 아타락시아라는 이상에 가까이 갈 수 있다. 하루를 마치면서 어디서부터 잘못된 항로로 가고 있었는지를 자신의 마음을 점검해보라. 어떤 부분에서 넘어졌는가? 무엇 때문에 하루를 또 씁쓸하게 보냈는가? 통제 밖에 있는 어떤 일이 당신의 마음을 뒤흔들었는가? 앞으로 그런 일을 피하기 위해 어떤 심리 도구를 꺼내야 할까? 묘비에 당신이 억만장자였다고 기록되는 것보다, 지금 여기에서 내적으로 대단히 성공한 사람이 되는 편이 백번 좋을 것이다. 우든의 선수들은 "하루하루를 당신의 걸작으로 만들라"라는 조언을 귀가 따갑게 들었다. 당신도 그렇게 하라. 내적인 성공에 완벽하게 도달할 수는 없어도, 평생 그것을 연습하라. 당신을 대신해 이런 연습을 해줄 수 있는 사람은 아무도 없다.

사실 외적인 성공(금전적 성공이나 CEO 자리, 금메달, 명예)을 지향하는 사람들 역시 내적 성공도 지향한다. 의식하지 못하고 있을 따름이다. 어느 CEO가 보너스를 받아 값비싼 IWC 그랑 컴플리케이션 시계를 구입했다고 하자. 시간을 확인할 때마다 뿌듯함을 맛보려고 그 시계를 구입했을 것이다. 혹은 다른 사람들의 부러움을 사려고 구입했을지도 모른다. 어쨌거나 기분 좋게 지내기 위해 IWC 시계를 구입한 것이고, 그렇지 않다면 사지 않았을 것이다.

그러므로 이렇게 말해도 될 것이다. 외적 성공은 결국 내적 성공을 위한 것이라고! 그리고 이쯤되면 이런 질문이 나올 것이다. 어차피 내적인 성공을 위한 것이라면 굳이 외적인 성공을 경유할 필요가 있을까? 우회하지 않아도 된다. 행복으로 직행하라!

◆ ◆ ◆

내적인 성공만 추구하고 외적인 성공은 깡그리 무시해버릴 수 있는 사람은 아무도 없다. 하지만 우리는 날마다 연습을 통해 이상적인 상태에 가까이 갈 수 있다. 하루를 마치면서 자신의 마음을 점검해보라. 그리고 우리의 생각 도구를 꺼내어 사용해보라.

인생이 쉽다고 생각한다면 큰 오산이다. 하지만 간혹 그런 함정에 빠지는 사람들이 많다. 무엇보다 젊은 시절에는 특히 그렇다. 물론 젊지 않더라도 인생을 너무 단순하게 생각하는 함정에 빠질 수 있다. 좋은 삶을 사는 것은 그리 쉬운 과제가 아니다. 똑똑한 사람이라도 그런 삶을 살지 못한다. 왜 그럴까?

오늘날 세계는 우리 스스로 더 이상 이해할 수 없는 수준이 되어버렸기 때문이다. 이런 세상에서 직관은 더 이상 신뢰할 수 없는 나침반이 되었다. 이런 불투명한 세상에서 우리는 아직 석기시대 모드에 맞춰진 두뇌를 가지고 살아야 한다. 우리의 두뇌는 아직 급속하게 발전한 문명에 적응할 기회를 갖지 못했다. 지난 1만 년간 외부 세계는 굉장히 급속하게 변한 반면, 내부 세계, 즉 두뇌의 하드웨어와 소프트웨어는 여전히 매머드가 풀을 뜯던 시대에 머물러 있다. 이렇게 생각하면 추상적인 사고에서뿐 아니라, 실생활에서 시스템상의 실수가 빚어지는 것은 당연한 일이다.

그러므로 즉시 이용할 수 있는 생각 도구 상자를 만들어, 필요할 때마다 활용하는 것이 필요하다. 생각 도구들은 세상을 더 객관적으로 보게 해주고, 장기적으로는 이성적으로 행동하게 해준다. 이런 생각 도구들을 자기 것으로 만들면, 즉 날마다 연습하면, 차츰 두뇌의 구조가 변화되고 개선될 것이다. 생각의 도구들이(심리학에서는 휴리스틱이라고 한다) 곧장 좋은 삶을 보장해주는 것은 아니다. 그렇지만 평균적으로 단순히 직관에 의존할 때보다는 더 현명한 결정을 내리고, 더 지혜롭게 행동할 수 있도록 도와준다. 생각 도구는 돈보다 더 중요하다. 인간관계보다 중요하며, 나아가 지능보다 더 중요하다.

내가 좋은 삶에 대해 글을 쓰기 시작한 후, 많은 사람들이 내게 이렇게 물었다. "대체 좋은 삶이 뭔가요? 정의를 내려보세요!" 대답은 나도 모른다는 것이다. 내가 이런 삶에 접근하는 방식은 중세의 부정신학의 방식과 비슷하다. 신이란 누구인가 혹은 무엇인가에 대해 신학자들은 이렇게 대답했다. "신이 무엇인지는 정확히 말할 수 없다, 신이 무엇이 아닌지만 정확히 말할 수 있다." 그렇다. 좋은 삶이 무엇인지는 정확히 말할 수 없다. 좋은 삶으로 가고 있지 않다는 것만 정확히 말할 수 있다. 좋은 삶을 살고 있지 않다면 당신은 틀림없이 그것을 알고 있을 것이다. 많은 독자들은 내가 좋은 삶에 대해 이야기하면서 확실한 정의를 내리지 않아서 마음이 개운치 않을 것이다. 그러나 무엇이든 다짜고짜 정의부터 내리는 것이 꼭 중요한 것은 아니다. 노벨상 수상자 리처드 파인만은 이렇게 말했다. "어떤 새의 이름을 세상의 온갖 언어로 알고 있다고 해도, 당신은 그 새에 대해 아무것도 알지 못하는 것이다. (……) 그러므로 그 새를 우리에게 정확히 보여주고, 그 새가 어떻게 행동하는지 관찰하게 하라. 그것이 진짜 중요한 문제다. 젊은 시절에 나는 '무엇의 이름을 아는 것'과 '무엇을 아는 것'은 엄연히 다르다는 것을 배웠다."

이 책에 소개한 52개의 심리 도구는 크게 다음 세 가지를 근거로 한다. 첫 번째는 최근까지 40여 년간의 심리 연구다. 생리심리학, 사회심리학, 행복에 관한 연구, 휴리스틱 연구(휴리스틱과 편향), 행동경제학, 임상심리학, 무엇보다 인지행동치료가 여기에 속한다.

두 번째는 스토아 철학이다. 고대 그리스에서 시작되어 2세기 로마제국에서 전성기를 맞았던 굉장히 실용적인 철학으로, 대표적인 스토아 철학자로는 제논(스토아학파의 창시자), 크리시포스(고대 그리스 철학자로 스토아학파의 대표적 인물), 세네카(내게는 고대 로마의 찰리 멍거처럼 보이는 인물), 무소니우스 루푸스(스토아 철학을 가르쳤고, 한때 네로 황제에게 추방당하기도 했던 사람), 에픽테토스(루푸스의 제자로 노예 출신의 철학자), 로마 황제 아우렐리우스가 있다. 유감스러운 것은 로마제국의 몰락과 더불어 스토아 철학도 잊혀버렸고, 지금까지도 많이 알려져 있지 않다는 것이다. 하지만 스토아 철학의 지혜는 지난 1800년 동안 생활철학을 원하는 사람들에게 비밀 스러운 팁으로 활용되어 왔다.

내가 부분적으로 이 책에서 소개한 것처럼 스토아 철학자들은 실제적인 연습과 원칙을 중요시했다. 원칙은 중요하다. 기억하기 쉽고, 안전테이프처럼 생각 없이 내딛는 걸음으로부터 우리를 보호해 주기 때문이다. 그래서 단순하게 보일 위험을 무릅쓰고 나는 이 책에서 다른 사람들의 원칙들을 인용하는 외에 내 자신의 원칙도 소개했다.

세 번째는 오랜 전통의 투자 관련 경구들이다. 워런 버핏의 오랜 동업자인 찰리 멍거는 세계에서 가장 성공한 가치투자가의 한 사람이자 (내게 뿐 아니라 많은 사람에게) 우리 세기의 위대한 사상가 중 한 사람으로 여겨진다. 그런 이유로 나는 그의 말을 인용했다. 투자가들은 불투명한 세계를 꿰뚫어 보아야 할 특별한 필요성을 가진 사람들이다. 그래서 어떻게든 미래를 신빙성 있게 예측하고자 애쓴다. 생각의 결과물이 투자의 이익과 손실로 이어지기 때문이다. 이런 이유로 투자가들은 벤저민 그레이엄을 필두로 하여 세계를 가능하면 객관적으로 평가하고, 충동적인 결정을 막아주는 마음가짐을 가지고자 노력해왔고, 지난 100년간 그 과정에서 매우 유용한 심리 도구들을 개발했다. 이런 심리 도구들은 결코 투자의 세계에만 국한되어 효력을 발휘하지 않는다. 가치투자가들의 원칙과 마음가짐으로부터 얼마나 많은 삶의 지혜를 이끌어낼 수 있는지 정말로 놀라울 정도다.

현대심리학, 스토아 철학, 가치투자학은 서로 독립적으로 전개되었지만, 마치 하나의 연원에서 나온 것처럼 서로 완벽하게 들어맞는다. 이 세 가지 이론들이 톱니바퀴처럼 서로 완벽하게 맞물린다는 것을 깨달았을 때 나는 유레카를 외쳤다.

마지막으로 잠시 세 가지 사항만 언급하고 책을 마치려고 한다. 첫째, 생각 도구는 원래 52개가 넘지만, 나는 일부러 '52'라는 수를 선택했다. 이 책이 전작인 《스마트한 생각들》, 《스마트한 선택들》의 연장선상에 있기 때문이다. 전작들 역시 52장씩이었다. 전작들에서는 '생각의 오류'를, 이 책에서는 '생각의 도구'를 다루었다. 그리고 이 52개의 도구만으로도 충분할 것이다. 상황에 따라서는 두세 개의 도구를 동시에 활용할 수도 있다.

둘째, 이 책의 많은 장들은 《노이에취르허차이퉁》(취리히의 유력 일간지 – 옮긴이)와 《한델스블라트》(독일의 경제전문지 – 옮긴이)에 칼럼 형식으로 실었던 것들이다. 칼럼은 짧고 명료해야 한다. 그래서 부연 설명이나 인용문 출전은 텍스트에 포함시키지 않고 부록에 실었다.

셋째, 이 책에서 내용이 불완전하거나 잘못된 것들이 발견된다면 모두 내 책임이다.

스위스 베른에서

롤프 도벨리

감사의 말

원고를 정리하고 다듬어준 친구 코니 게비스토르프에게 감사를 전한다. 매주 한 꼭지씩 생각에 글 옷을 입혀야 한다는 압박이 없었다면 이 책은 탄생하지 못했을 것이다. 각 꼭지를 주간 칼럼으로서 실어준 《노이에취르허차이퉁》의 문예란 편집장 르네 쇼이에게 감사를 전한다. 평소 지적인 글이 실리는 이 문예란에 실용적인 칼럼을 싣는 건 약간의 용기가 필요한 일이었을 것이다. 《한델스블라트》에 내 글을 실어준 가보르 슈타인가르트와 토마스 투마에게도 감사를 전한다. 각 장에 일러스트를 그려준 엘 보초에게 마음을 담아 감사를 전한다.

논픽션 분야에서 피퍼 출판사의 마틴 야닉만큼 능력 있는 편집장은 드물 것이다. 나의 전작들인 《스마트한 생각들》과 《스마트한 선택들》에 이어 이번 책도 맡아주어 나로서는 너무나도 기뻤다. 독일

보니에르의 CEO 크리스티안 슈마허-게블러, 피퍼 출판사의 펠리시타스 폰 로벤베르크 대표 이하 모든 직원 여러분께 감사를 전한다. 출판사에서 이런 환대를 받아보기는 처음이다.

40킬로그램 무게의 찰리 멍거 흉상을 선물해준 가이 스파이어에게 감사를 전한다. 우리 집 정원에 놓인 멍거의 흉상은 이제 담쟁이 넝쿨이 덮여 그 모습이 흡사 로마 황제를 연상시킨다.

여러 해 전 피터 비벌린 덕분에 나는 가치투자가들의 삶의 지혜에 눈을 떴다. 그에게 감사를 전한다. 그의 책들은 내겐 마음껏 활용할 수 있는 보물상자와 같았다.

지난 몇 년 간 공유했던 좋은 삶에 대한 수많은 대화와 이메일이 없었다면, 이 책은 탄생하지 못했을 것이다. 소중한 생각을 나누어준 토마스 셴크, 케빈 헹, 브루노 프라이, 알로이스 슈투처, 프레데리케 파츄너, 만프레드 뤼츠, 오르스 존탁, 키퍼 블레이클리, 리시 카카르, 쇼쇼 루페너, 매트 리들리, 미하엘 헨가르트너, 톰 래드너, 알렉스 바스머, 마르크 발더, 크세냐 시도로바, 아비 아비탈, 울리 지크, 누마 & 코린느 비쇼프 울만, 홀거 리트, 에발트 리트, 마르셀 로너, 라파엘로 단드레아, 로우 마리노프, 톰 우젝, 장-레미 & 나탈리 폰 마트, 우르스 바우만, 에리카 로잔, 시모네 쉬를레, 라이너 마르크 프라이, 미하엘 뮐러, 토미 마터, 아드리아노 아구치, 비올라 포겔, 닐스 하간더, 크리스티안 준드, 앙드레 프렝슈, 마르크 & 모니카 바더 추르부헨, 조르주 & 모니카 케른, 마틴 호프만, 마르쿠스 & 이레네 아커만, 로버트 치알디니, 댄 길버트, 카렐 판 샤이크, 마르쿠스 임보덴, 조너선 하이트, 조슈아 그린, 마틴 발저, 앙겔라 & 악셀 코이네케, 가이 스파이어, 프란츠 카우프만, 대니얼 데닛(이름은 무작위순)에게 감사를 전한다. 나의 친구들과 이미 언급한 사상가, 저자, 연구자들에게도 깊이 감사한다. 이 책의 모든 중요한 내용은 내게서가 아니라 그들에게서 나온 것이다.

나의 부모님 우엘리와 루트는 몇십 년간에 걸쳐 좋은 삶의 모습을 보여준 빛나는 모범이었다. 부모님이 주신 모든 것에 대해 무한히 감사한다.

아내에게 최고의 감사를 전한다. 이 책에 소개한 생각의 도구 중 많은 것이 비네의 심리치료 작업과 인생 경험에서 연유한 것들이다. 그녀의 가차 없는 빨간 펜 수정은 모든 독자들에게 소중한 선물이 되었고, 그녀의 삶의 지혜는 우리 가족들에게 주어진 선물이다.

세 살배기 쌍둥이 누마와 아비에게도 감사한다. 쌍둥이들은 집필하는 아빠가 잠을 더욱 줄이게 만들었지만, 아이러니하게도 이 귀염둥이들이 아니었다면 이 책을 쓸 수 없었을 것이다.

참고 문헌

거의 모든 생각 도구에 대해서는 인지심리학, 사회심리학 분야의 수많은 학술 연구들이 존재한다. 여기서는 중요한 인용과 참고 문헌, 추천 도서, 추가적인 설명으로 국한했다. 나는 스스로를 학술 연구를 일상어로 옮기는 번역자로 여긴다. 이 일의 목표는 철학적 사유와 학문적 인식을 일상생활에 적용할 수 있도록 만들어주는 것이다. 이런 생각의 도구들을 학술적으로 연구한 학자들에게 경의를 표한다.

프롤로그

- 나는 전설적인 투자가 워런 버핏의 동업자인 찰리 멍거를 우리 세기의 위대한 사상가 중 한 사람이라고 생각한다. 빌 게이츠는 찰리 멍거에 대해 "내가 만났던 가장 폭넓은 사상가"라고 밝혔다.(Griffin, Tren: *Charlie Munger - The Complete Investor*, Columbia Business School Press, 2015, p. 46.)
- 1994년 대학생들을 대상으로 한 강의에서 찰리 멍거는 자신의 사고의 비밀을 이렇게 이야기했다. "당신은 정신적 모델을 필요로 한다. 삶의 수많은 경험을 이런 정신적 모델들과 연결시켜라. 무조건 암기식으로 공부하는 학생들을 보았을 것이다. 이런 학생들은 학업에서도 실패하고, 인생에서도 실패하게 된다."(Charlie Munger, Rede an der USC Business School mit dem Titel, "A Lesson on Elementary Worldly Wisdom", 1994. In: Griffin, Tren: *Charlie Munger - The Complete Investor*, Columbia Business School Press, 2015, p. 44.)
- 앞에서 멍거는 정신적 모델(Mental Model)을 이야기한다. 단어 그대로 옮기면 그냥 정신적 모델이지만, 여기서 모델이라는 것은 건축 모델이나 시뮬레이션 모델처럼 비율에 충실한 현실 모사가 아니다. 멍거가 일컫는 정신 모델은 오히려 생각의 도구, 생각의 전략, 태도 같은 것들이다. 그래서 나는 이 책에서 '정신적 도구', '생각의 도구'라는 개념을 사용했다.

- 나는 든든한 생각의 도구를 구비하지 않고는 삶에서 좌절할 확률이 높다고 확신한다. 또한 생각 도구 상자 없이 어떻게 성공적인 리더가 될 수 있을지 상상이 되지 않는다.

시간을 허비하지 않는 마음의 기술

- 심리 계좌에 대해: 리처드 탈러는 심리 계좌 이론의 창시자다.(Heath, Chip; Soll, Jack B.: "Mental Budgeting and Consumer Decisions", *Journal of Consumer Research*, 1996, Bd.23, Nr.1, p.40 – 52.)
- 전작 《스마트한 선택들》의 〈하우스 머니 효과〉라는 장에서도 심리 계좌에 대한 생각의 오류를 살펴본 바 있다.(Dobelli, Rolf: *Die Kunst des klugen Handelns*, Carl Hanser Verlag, 2012, p.145 ff./Dobelli, Rolf: *The Art of Thinking Clearly*, HarperCollins Publishers, 2013, p. 251.)
- 정점과 종점 규칙에 대해: Kahneman, Daniel; Fredrickson, Barbara L.; Schreiber, Charles A.; Redelmeier, Donald A.: "When More Pain Is Preferred to Less: Adding a Better End", *Psychological Science*, November 1993, Bd.4, Nr.6, p.401 – 405.
- 사실에 대한 건설적 해석에 관해: 예전에 나는 주식 포트폴리오 상의 손해나 이익에 상당히 신경을 썼다. 하지만 요즘은 개의치 않는다. 다음과 같은 심리 계좌를 활용하고 있기 때문이다. 주식이 두 배로 뛰든, 반 토막이 나든, 별로 큰 일이 아니다. 나의 주식 포트폴리오는 전 재산의 아주 적은 부분을 차지하기 때문이다. 가족, 저술 활동, 월드마인즈(WORLD. MINDS) 재단, 내 친구들이 나의 진짜 재산의 90퍼센트를 차지한다. 그러므로 주가가 폭락해서 주식이 반 토막이 되어도 실제로 발생한 재산 손실은 5퍼센트 정도다. 반대로 주식이 두 배로 뛰어도 나는 환호성을 외치지 않을 것이다. 재산은 그래 봤자 5퍼센트 늘어난 것이기 때문이다.

완벽한 설정은 없다

- 찰리 멍거도 드와이트 아이젠하워와 비슷한 통찰을 보여준다. (Clark, David: *Tao of Charlie Munger*, Scribner, 2017, p. 141.)
- 계획들이 깨지기 쉽다는 것에 관해 인용을 하나 더 하자면 "삶은 체스 게임과 같다. 이 두 영역 모두 계획이 존재한다. 그러나 장기에서는 상대방이, 삶에서는 운명이 어떻게 나오느냐에 따라 계획이 수정된다. 그래서 대부분의 경우 실행 과정에서 수정을 너무 많이 하다 보니 원

래의 계획은 몇몇 특징 외에는 거의 분간할 수 없는 상태가 된다."(Schopenhauer, Arthur, *Die Kunst, glucklich zu sein*, Verlag C.H. Beck, 1999, p.61.)

- 대학 졸업장과 직업적 성공의 연관성에 대하여: Kahneman, Daniel: "Focusing Illusion", In: Brockman, John: Edge Annual Question 2011, *This Will Make You Smarter*, HarperCollins, 2012, p. 49. 다음도 보라. https://www.edge.org/response-detail/11984.

디저트 거절하기

- 클레이튼 크리스텐슨은 《뉴요커》와의 인터뷰에서 경영자들의 가정이 종종 깨지는 이유를 설명한다. (MacFarquhar, Larissa: "When Giants Fail", *The New Yorker Magazine*, 14. May 2012.)
- 노벨상 수상자 로버트 존은 올리버 색스와의 대화에서 안식일을 지키는 것과 관련하여 "사회를 유지 발전시키는 것이 문제가 아니라, 자신의 삶의 질을 높이는 것이 중요하다"고 말했다. (Sacks, Oliver: *Dankbarkeit*, Rowohlt, 2015, p. 52-53.) 올리버 색스는 로버트 존에 대해 이렇게 쓴다. "그는 내게 노벨상과 스톡홀름에서 열린 시상식에 대해 흥미로운 이야기를 해주었다. 그러면서 토요일에 스톡홀름에 상을 받으러 오라고 했다면 노벨상을 거절했을 거라고 힘주어 말했다. 안식일을 무조건 지키는 것, 안식일에 세상에서 물러나 깊은 평화를 누리고 싶은 마음은 심지어 노벨상 수상의 의미를 능가하는 것이라고 했다."(위의 책, p. 53.)
- 의사결정의 피로감에 대해서는 다음을 보라: Dobelli, Rolf: *Die Kunst des klugen Handelns*, Hanser, 2012, p. 9-11./Dobelli, Rolf: *The Art of Thinking Clearly*, Harper Collins, 2013, p.1-4, 158-160.
- 다이너마이트를 가득 실은 화물차의 예: Schelling, Thomas C.: "An Essay on Bargaining", *The American Economic Review*, 1956, Bd. 46, Nr. 3, p. 281-306.
- 서약을 99퍼센트만 지키는 것보다 100퍼센트 지키는 것이 더 쉽다. 클레이 크리스텐슨은 98퍼센트만 지키는 것보다 100퍼센트가 더 쉽다고 이야기한다. (MacFarquhar, Larissa: "When Giants Fail", *The New Yorker Magazine*, 14. May 2012.)

세상은 당신의 감정에 관심 없다

- 드 하빌랜드 코메트 1에 대해서는 다음을 보라. https://de.wikipedia.org/wiki/De_Havilland_Comet(7. 7. 2017).

- 블랙박스 발명가 데이비드 위런에 대해서는 다음을 보라. https://de.wikipedia.org/wiki/David_Warren(7. 7. 2017).
- 블랙박스 사고라는 표현은 매슈 사이드가 도입한 개념으로 매슈 사이드는 《블랙박스 사고》(한국에서는 '블랙박스 시크릿'이라는 제목으로 출간됨 - 옮긴이)라는 제목의 훌륭한 책을 집필했다. Syed, Matthew: *Black Box Thinking*: The Surprising Truth About Success, Hodder, 2015. 이 책의 내용은 물론 구조상의 실수에 치중되어 있지만, 블랙박스 사고라는 정신적 전략은 사생활에도 탁월하게 적용된다.
- 슐렌버거의 말은 다음을 참조하라. Syed, Matthew: "How Black Box Thinking Can Prevent Avoidable Medical Errors", *WIREDUK Magazine*, 12. November 2015. 다음도 보라. http://www.wired.co.uk/article/preventing-medical-error-deaths(7. 7. 2017).
- 폴 돌런이 체중이 불고 있는 사람들이 차츰차츰 관심을 다른 곳으로 옮겨버리는 모습을 묘사한 내용은 다음을 참조하라. Dolan, Paul: *Happiness by Design*, Penguin, 2015, E-Book Location 1143.
- "자기기만으로부터 안전한 사람은 아무도 없다. 자신에게 중요한 믿음들은 그에 위배되는 사실들이 존재하는데도 계속 부여잡는 잠재적 방어 메커니즘이 우리 모두에게 있다."(Koch, Christof: *Consciousness-Confessions of a Romantic Reductionist*, MIT Press, 2012, p. 158.)
- 러셀의 인용에 대해서는 다음을 보라. Russell, Bertrand: *Eroberung des Glucks, Suhrkamp Verlag*, 1977, p. 166, p. 84.
- 찰리 멍거의 인용에 대해서는 다음을 보라. Bevelin, Peter: *Seeking Wisdom*, PCA Publications, 2007, p. 93.
- 알렉스 헤일리: Alex Haley, "If you don't deal with, reality, then reality will deal with you.", *Jet Magazine*, 27. March 1980, p. 30. 다음도 보라. http://bit.ly/2sXCndR(7. 7. 2017) 또는 Bevelin, Peter: *Seeking Wisdom*, PCA Publications, 2007, p. 92.
- "우리는 잘못된 결정을 하지 않기 위해 정말 많은 것을 한다. 이것이 나은지 저것이 나은지를 이성적으로 따져보느라 소중한 인생의 시간들을 정말 많이 낭비한다. 하지만 그렇게 한다 해도 잘못된 결정을 피할 수는 없다. 하지만 즉각 잘못을 깨닫고 뭔가 조치를 취한다면, 레몬을 얼른 레모네이드로 바꿀 수 있다."(Bevelin, Peter: *Seeking Wisdom*, PCA Publications, 2007, p. 101.)
- "문제는 보르도 와인과는 달라서……." 버핏을 보라. Bevelin, Peter: *Seeking Wisdom*, PCA Publications, 2007, p. 93.

그것은 내 삶에 정말 유익한가

• 이반 일리치에 대해서는 다음을 보라: https://en.wikipedia.org/wiki/Ivan_Illich (7. 7. 2017). 나에게 이반 일리치와 역생산성 개념에 주목하게 해준 이는 세팬더 캄바(Sepandar Kamvar, MIT Media Lab)였다. 캄바의 말에 대해서는 다음을 보라. https://www.youtube.com/watch?v=dbB5na0g_6M (7. 7. 2017). 일리치는 나아가 교통사고를 당해 병원에 입원해야 할 가능성까지 계산했다. 그 역시 시간을 잡아먹으니까 말이다.

• 이메일에 드는 비용에 대해서는 다음을 보라. Dolan, Paul: *Happiness by Design*, Penguin, 2015, E-Book Location 2644./위의 책, E-Book Location 2633.

틀린 것을 피하면 옳은 것이 온다

• Marks, Howard: *The Most Important Thing*, Columbia University Press, 2011, p. 172-173. 하워드 막스는 그 기사를 다음 기사에서 참조했다. Ellis, Charles D.: "The Loser's Game", *The Financial Analyst's Journal*, 1975. 다음도 보라. http://www.cfapubs.org/doi/pdf/10.2469/faj.v51.n1.1865.

• "취미 테니스 경기에서 중요한 것은 점수를 따는 것이 아니라, 점수를 잃는 것이다." 미국의 제독 새뮤얼 모리슨은 수많은 전쟁을 분석하고 다음과 같은 결론을 내린다. 전쟁은 아마추어 테니스와 비슷하다. "전략적인 실수를 적게 범하는 쪽이 전쟁에서 이긴다."(Morison, Samuel Elison: *Strategy and Compromise*, Little Brown, 1958.)

• 수많은 연구는 운명의 충격(하반신 마비, 신체적 장애, 이혼 등)이 미치는 영향은 생각보다 빨리 무마된다는 것을 보여준다. Brickman, Philip; Coates, Dan; Janoff-Bulman, Ronnie: "Lottery Winners and Accident Victims: Is Happiness Relative?", *Journal of Personality and Social Psychologie*, August 1978, Bd. 36, Nr. 8, p. 917-927.

• 워런 버핏의 인용에 대해: Peter D. Kaufman in: Munger, Charles T.: *Poor Charlie's Almanack*, The Donning Company Publishers, 2006, p. 63.

• 찰리 멍거의 인용에 대해: Munger, Charlie: Wesco Annual Report, 1989.

• "나는 무엇보다 내가 어디서 죽게 될지를 알고 싶다. 그러면 그 장소에 결코 가지 않으면 되니까."(Munger, Charles T.: *Poor Charlie's Almanack*, The Donning Company Publishers, 2006, p. 63.) 이 문장은 버핏과 멍거의 이야기를 기록한 훌륭한 책의 제목이기도 하다: Bevelin, Peter: *All I Want to Know Is Where I'm Going to Die so I'll Never Go There*: Buffett

& Munger—A Study in Simplicity and Uncommon, Common Sense, PCA Publications, 2016.

과연 성공이 노력 때문일까

• 버핏의 사고실험은 다음을 보라. Schroeder, Alice: *The Snowball*, Bantam Books, 2008, E-Book Location 11073.

• 지금 이 순간 이 지구에 살고 있는 사람들은 그동안 지구에 살았던 모든 사람의 6퍼센트다. 이에 대해서는 다음을 참조하라. https://www.ncbi.nlm.nih.gov/pubmed/12288594 (7. 7. 2017).

• 매일 감사 연습을 하면, 감사가 행복에 미치는 효과가 부분적으로 상쇄된다. 두뇌가 그것에 익숙해지기 때문이다. Minkyung Koo ; Sara B. Algoe ; Timothy D. Wilson ; Daniel T. Gilbert : "It's a Wonderful Life: Mentally Subtracting Positive Events Improves People's Affective States, Contrary to Their Affective Forecasts" *Journal of Personality and Social Psychology*, November 2008, Bd. 95, Nr. 5, p. 1217–1224. doi:10.103.

부정적인 감정들을 날아가게 하는 법

• 독일어에는 감정을 묘사하는 형용사가 150개에 이르고, 영어에는 그 두 배가 있다. 이에 대해서는 다음을 참조하라. http://www.psychpage.com/learning/library/assess/feelings.html (7. 7. 2017).

• 슈비츠게벨의 인용: Schwitzgebel, Eric: *Perplexities of Consciousness*, MIT Press, 2011, p. 129.

• 자기관찰을 신뢰할 수 없는 두 번째 이유에 대해서: Schwitzgebel, Eric: "The Unreliability of Naive Introspection", 7. September 2007. 다음을 보라. http://www.faculty.ucr.edu/~eschwitz/SchwitzPapers/Naive070907.htm (7. 7. 2017).

솔직해서 좋다는 거짓말

• 찰스 다윈의 장례식 이야기: Blackburn, Simon: *Mirror, Mirror*, Princeton University Press, 2016, p. 25. 블랙번은 찰스 다윈의 손녀 그웬 르와트가 찰스 다윈의 아들들에 대해

묘사한 말을 인용했다. 다음을 보라: Acocella, Joan: "Selfie", *The New Yorker Magazine*, 12. May 2014. 다음을 보라. http://www.newyorker.com/magazine/2014/05/12/selfie (7. 7. 2017).

- 아이젠하워의 제2의 자아에 대하여: Brooks, David: *The Road to Character*, Random House, 2015, p. 67.

성공한 이들은 '아니오'를 말한다

- '5초 생각한 뒤 거절하기'에 대한 멍거의 인용문: Lowe, Janet: *Damn Right, Behind the Scenes with Berkshire Hathaway Billionaire Charlie Munger*, John Wiley & Sons, 2000, p. 54.
- "찰스 멍거는 정말 좋은 것은 발견하기가 어렵다는 것을 깨달았다. 그러므로 당신이 90퍼센트의 경우는 거절해도 그리 손해 볼 일이 없을 것이다."(Otis Booth uber Charlie Munger, In: Munger, Charlie: *Poor Charlie's Almanack*, Donning, 2008, p. 99.)
- 워런 버핏의 인용문에 대해: Bevelin, Peter: *All I Want to Know Is Where I'm Going to Die so I'll Never Go There*: Buffett & Munger – A Study in Simplicity and Uncommon, Common Sense, PCA Publications, 2016, p. 51.

카리브해에 산다고 행복하지 않다

- 초점의 오류에 대한 카너먼의 정의는 다음을 보라. https://www.edge.org/response-detail/11984 다음도 참조하라. Brockman, John: *This Will Make You Smarter*, Doubleday Books, 2012, p. 49.
- 자동차 유리창의 눈을 치우는 이야기는 유명한 심리연구 중 하나에서 차용했다. 그 연구의 제목은 "캘리포니아에 살면 행복할까?"(Schkade, David A.; Kahneman, Daniel: "Does Living in California Make People Happy? A Focusing Illusion in Judgments of Life Satisfaction", *Psychological Science*, 2016, Bd. 9, Nr. 5, p. 340-346.)이다. 이 연구에서 카너먼 교수와 슈케이드 교수는 미국 중서부와 캘리포니아를 비교하면서 처음으로 초점의 오류에 대해 기술했고, 결론은 A와 B라는 대안의 비교에서 사람들은 차이점을 과대평가하게 되고, 공통점을 과소평가하게 된다는 것이었다.

• 당신은 자동차로 인해 얼마나 기쁨을 누릴까? Schwarz, Norbert; Kahneman, Daniel; Xu, Jing: "Global and Episodic Reports of Hedonic Experience", In: Belli, Robert F.; Stafford, Frank P.; Alwin, Duana F.: *Calendar and Time Diary*, SAGE Publications Ltd, p. 156-174.

• 워런 버핏의 인용문에 대해: Connors, Richard: *Warren Buffett on Business: Principles from the Sage of Omaha*, John Wiley & Sons, 2010, p. 30.

연봉이 얼마나 되면 행복할까

• 독일이나 스위스를 기준으로 10만 유로(약 1억 3천만 원)는 내가 대략 책정한 금액이고 미국의 경우는 7만 5천 달러다. Kahneman, Daniel: *Thinking Fast and Slow, Farrar*, Straus and Giroux, 2013, p. 397.

• 복권당첨이 주는 행복감에 대해서는 다음을 보라. Brickman, Philip; Coates, Dan; Janoff-Bulman Ronnie: "Lottery Winners and Accident Victims: Is Happiness Relative?", *Journal of Personality and Social Psychologie*, August 1978, Bd. 36, Nr. 8, p. 917-927.

• 리처드 이스털린: "Income and Happiness: Towards a Unified Theory", *The Economic Journal*, Bd. 111, 2001, p. 465-484.

• 다른 연구들은 이스털린과 절대적으로 동일하게 보지는 않는다. 국내총생산의 성장은 행복감을 증가시킨다. 그 효과는 0이 아니다. 그러나 효과는 아주 적다. 많은 사람들이 예상하는 정도나 정치가들이 우리로 믿게 만들고 싶은 정도보다는 훨씬 효과가 적다. Hagerty, Michael R.; Veenhoven, Ruut: "Wealth and Happiness Revisited-Growing National Income Does Go with Greater Happiness", *Social Indicators Research*, 2003, Bd. 64, p. 1-27.

• 불변시장가격(constant market price, 2009)을 기준으로 환산했을 때 생활수준은 1946년 인구수 당 13869달러에서 1970년 23024달러로 거의 두 배가 되었다. https://www.measuringworth.com/usgdp/(7. 7. 2017). Johnston, Louis; Williamson, Samuel H.: What Was the U. S. GDP Then?, MeasuringWorth, 2017.

• '퍽유머니'라는 말의 유래에 대해서는 다음을 보라: Wolff-Mann, Ethan: "How Much Money Would You Need to Ditch Your Job-Forever?", *Money Magazine*, 17. Oktober

2016. 그리고 다음을 보라. http://time.com/money/4187538/f-u-money-defined-how-much-calculator/(7. 7. 2017).

- 퍽유머니는 객관적으로 보고, 객관적으로 생각할 수 있도록 해준다. 찰리 멍거의 인용: Bevelin, Peter: *All I Want to Know Is Where I'm Going to Die so I'll Never Go There*: Buffett & Munger-A Study in Simplicity and Uncommon, Common Sense, PCA Publications, 2016, p. 33.

언제 게임을 멈출지 아는 것

- 능력의 범위에 대한 찰리 멍거의 인용은 다음을 보라. Farnham Street Blog: The 'Circle Of Competence', Theory Will Help You Make Vastly Smarter Decisions. 다음에서 인용: *Business Insider*, 5. Dezember 2013. 다음을 보라. http://www.businessinsider.com/the-circle-of-competence-theory-2013-2.
- 딜런 에반스: Evans, Dylan: *Risk Intelligence*, Atlantic Books, 2013, p. 198.
- 데비 밀먼의 인용은 다음을 보라. Brainpickings: http://explore.brainpickings.org/post/53767000482/the-ever-wise-debbie-millman-shares-10-things-she (8. 7. 2017).
- 앤더스 에릭손은 1만 시간의 법칙이라는 유명한 법칙을 연구했다. Ericsson, Anders; Pool, Robert: *Peak. Secrets of the New Science of Expertise*, Eamon Dolan/Houghton Mifflin Harcourt, 2016.
- 케빈 켈리는 심취하는 것에 대해 자세히 기술했다. Edge.org: "The Technium. A Conversation with Kevin Kelly", 존 브로크만의 서문, 2. March 2014. 다음을 보라. https://www.edge.org/conversation/kevin_kelly-the-technium (8. 7. 2017).

투기와 투자의 차이를 이해하라

- 워런 버핏의 인용: Hagstrom, Robert: The Essential Buffett, Wiley, 2001, p. 34.
- "우리는 아무것도 하지 않는 것보다는 무엇이라도 하는 것을, 우두커니 생각하는 것보다는 분주하게 움직이는 것을, 기다리는 것보다는 행동하는 것을 더 좋게 평가한다." 이것은 우리의 진화적 과거 때문이다. 우리 조상들은 가만히 앉아 부단히 기다리고 인내하기보다는 즉각 행동을 취함으로써 살아남았다. 기다리며 생각하기보다는 한 번이라도 더 행동을 실행에

옮기는 편이 나았다. 그리하여 불확실한 상황에서 무조건 행동하고 보려는 행동편향(action bias)이 생겼다. 행동편향에 대해서는 이전 책에 소개한 바 있다. Dobelli, Rolf: *Die Kunst des klaren Denkens*, Hanser, 2011, p. 177-179./Dobelli, Rolf: *The Art of Thinking Clearly*, HarperCollins, 2013, p. 128-130.

- 시대를 초월한 베스트셀러에 대해서는 다음을 보라. https://www.die-besten-aller-zeiten.de/buecher/meistverkauften/(8. 7. 2017). 가장 많이 팔린 상품에 대해서는 다음을 보라. http://www.businessinsider.com/10-of-theworlds-best-selling-items-2014-7(8. 7. 2017).

- "장기적인 성공은 베이킹파우더를 넣은 케이크처럼 전개된다." 이를 금융 용어로는 '복리'라고 하고, 아인슈타인은 "여덟 번째 기적"이라고 칭했다. 다음을 보라. http://www.goodreads.com/quotes/76863-compound-interest-is-the-eighth-wonder-of-the-world-he(8. 7. 2017).

- 버트런드 러셀: Russell, Bertrand: *Eroberung des Glücks*, Suhrkamp Verlag, 1977, p. 45-47.

- "산만함과 좋은 아이디어, 분주함과 깨달음, 행동과 결과 사이에는 긍정적인 상관관계가 존재하지 않는다." 이에 대해 워런 버핏은 이렇게 말한다. "우리는 행동함으로써가 아니라 존재함으로써 돈을 번다. 얼마나 오래 기다릴지로 말하자면 우리는 무기한 기다릴 것이다." (Buffett, Warren: Berkshire Hathaway Annual Meeting 1998.)

- 이번 장의 마지막에 인용된 찰리 멍거의 말: Bevelin, Peter: *All I Want to Know Is Where I'm Going to Die so I'll Never Go There*: Buffett & Munger-A Study in Simplicity and Uncommon, Common Sense, PCA Publications, 2016, p. 7.

맹목적 열정만큼 위험한 것은 없다

- 안토니우스에 대해서는 다음을 보라. https://en.wikipedia.org/wiki/Anthony_the_Great(8. 7. 2017).

- 나는 존 케네디 툴의 비극적인 이야기를 라이언 홀리데이의 책에서 처음 읽었다.(Holiday, Ryan: *Ego is the Enemy*, Penguin Random House, 2016, p. 180.) 홀리데이의 멋진 책은 겸손함에 이르는 놀라운 안내서였고, 그로써 〈과연 성공이 노력 때문일까〉, 〈맹목적 열정만큼 위험한 것은 없다〉, 〈대단한 존재라고 착각하지 않을 때〉에도 중요한 영향을 미쳤다.

- 버트런드 러셀: Russell, Bertrand: *The Conquest of Happiness*, 1930. 다음을 보라. https://

en.wikiquote.org/wiki/The_Conquest_of_Happiness(8. 7. 2017).

- 생존 편향(survivorship bias)과 선택 편향(selection bias)에 대해서는 전작에 자세히 소개
했다. Dobelli, Rolf: *Die Kunst des klaren Denkens*, Hanser, 2011, p. 5-7, p. 193-195./
Dobelli, Rolf: *The Art of Thinking Clearly*, HarperCollins, 2013, p. 1-4, p. 139-141.
- "자신이 평균 이상의 능력을 가진 활동에 매진하면 좋을 것이다. 워런 버핏이 발레리노가
되고자 결정했더라면 아무도 그 이름을 듣지 못했을 것이다."(Bevelin, Peter: *All I Want
to Know Is Where I'm Going to Die so I'll Never Go There*: Buffett & Munger - A Study in
Simplicity and Uncommon, Common Sense, PCA Publications, 2016, p. 75.)

생각보다 평판은 중요하지 않다

- 밥 딜런 인용: "Dylan bricht sein Schweigen", *Die Zeit*, 29. Oktober 2016. 다음을 보
라. http://www.zeit.de/kultur/literatur/2016-0/nobelpreis-bob-dylan-interview-
stockholm(8. 7. 2017).
- 워런 버핏: Schroeder, Alice: *The Snowball*, Bantam Books, 2008, p. 30-31.
- 데이빗 브룩스: Brooks, David: *The Road to Character*, Penguin, 2016, E-Book-Location
4418.

사람은 변하기 어렵다는 진실

- 역사의 종언 착각에 대해서는 다음을 보라: Quoidbach, Jordi; Gilbert, Daniel T.; Wilson,
Timothy D.: "The End of History Illusion", *Science*, 4. January 2013, Bd. 339(6115), p.
96-98.
- 심리학에서는 오랫동안 인성은(약 30세부터는) 굳어져서 변하지 않는다고 봤다. 개방성, 성
실성, 외향성, 친화성, 신경증이라는 기본 성격 요인 다섯 가지, 소위 빅 파이브(Big Five)를
이야기했다. 하지만 오늘날 우리는 살아가면서 성격이 굉장히 바뀔 수 있다는 것을 알고 있
다. 변화가 눈에 잘 띄지 않는 것은 우리가 매일 같이 그냥 자연스럽게 자신으로 살아가고,
작은 변화들을 잘 실감하지 못하기 때문이다. 하지만 몇십 년이 흐르다 보면 공항처럼 상당
한 개조가 이루어지게 된다. 그렇다. 우리의 인성은 결코 굳어져 있는 것이 아니다. 뭔가 굳
어져 있는 것이 있다면 그것은 바로 우리의 정치적 입장이다. 다음을 보라. Haidt, Jonathan:
The Righteous Mind: Why Good People Are Divided by Politics and Religion, Pantheon, 2012.

우리는 지구가 태양 주위를 돈다는 것을 배우고, 새로운 견해들을 받아들인다. 그러나 정치적으로는 새로운 견해들을 받아들이지 않는다. 그러므로 정치인들에게 조언을 하자면, 유권자들의 마음을 바꾸기 위해 돈을 쓸 필요가 없다. 유권자들의 마음은 바뀌지 않는다.

- 당신은 자신의 성격 변화에 약간의 영향을 미칠 수 있다. "열두살 때 벤 그레이엄은 주변 사람을 보면서 존경할 만하다고 생각되는 특성들과 거부감이 느껴지는 특성들을 모두 기록해 보았다. 그러고 나서 그 목록을 보았더니 그곳에는 100미터 달리기를 9.6초에 주파하거나, 높이뛰기에서 7피트의 기록을 내는 등의 특성은 없었다. 모두가 단순히 우리 모두 그런 종류의 사람이 될 것인가 말 것인가를 선택할 수 있는 성질의 것들이었다. (……) 계속해서 자신보다 나은 사람 주변을 맴돌면 당신도 약간 더 좋아질 것이다. 그 반대의 부류와 어울리면 당신은 내리막길을 걷기 시작할 것이다."(Warren Buffett, 다음에서 인용: Lowe, Janet: *Warren Buffett Speaks: Wit and Wisdom from the World's Greatest Investor*, John Wiley & Sons, 2007, p. 36.)

- 워런 버핏의 또 하나의 사고 실험은 이러하다. 학창시절 같은 반 친구들을 떠올려보라. 선생님이 당신에게 다음 과제를 내주었다고 해보자. 반 친구 중 한 사람을 골라서, 남은 인생 동안 당신이 그 친구 수입의 10퍼센트를 받고, 당신 수입의 10퍼센트를 주어야 한다. 자, 당신은 어떤 기준으로 이 과제를 해결하겠는가? 그 시절 동급생 중 누가 억만장자가 되었는지 등등 지금 알고 있는 지식은 완전히 무시해보라. 당신은 당시 가장 축구를 잘했던 친구를 선택하겠는가? 아니면 체격이 가장 건장한 친구를 고르겠는가? 가장 인기 많은 친구를 선택하겠는가? 가장 부유한 부모를 둔 친구, 가장 지능이 높은 친구, 당신이 가장 좋아하는 친구, 선생님의 총애를 받는 친구, 가장 성실한 친구, 혹은 가장 믿을 만한 친구를 선택하겠는가?

- 이런 사고 실험에서 눈에 띄는 것은 다음과 같다. 학창 시절에 중요했던 기준들, 즉 학생들 사이에서 지위를 누리게 했던 기준들(축구실력, 힘, 멋진 외모, 부유한 부모)은 이런 과제에서 별로 역할을 하지 못한다. 중요한 것은 신뢰성, 성실성, 지능, 무엇보다 당신이 그 사람을 정말로 좋아하는가 하는 것들이다. 지능을 제외하면 모두가 타고난 기준이 아니고, 모든 사람에게 열려 있는 기준들이다. 워런 버핏의 원문은 다음을 참조하라. Connors, Richard: *Warren Buffett on Business: Principles from the Sage of Omaha*, John Wiley & Sons, 2010, p. 171-172.

- "태도를 보고 채용하라. 기술은 익히면 된다." Taylor, Bill: "Hire for Attitude, Train for Skill", *Harvard Business Review*, 1. February 2011.

- 워런 버핏: Bevelin, Peter: *All I Want to Know Is Where I'm Going to Die so I'll Never Go There: Buffett & Munger —A Study in Simplicity and Uncommon*, Common Sense, PCA Publications, 2016, p. 107.

- 내향적인 아내와 결혼했던 사교계의 왕 같은 사람에 대해: 그는 찰리 멍거의 말을 들어야 했는데 말이다. 멍거는 이렇게 말한다. "정말 비참한 생활을 하고 싶다면, 상대를 바꿀 의도를 가지고 그 사람과 결혼을 하라."(Bevelin, Peter: *All I Want to Know Is Where I'm Going to Die so I'll Never Go There: Buffett & Munger - A Study in Simplicity and Uncommon, Common Sense*, PCA Publications, 2016, p. 108.)
- "신뢰할 수 있는 사람들만 상대하고, 다른 모든 사람들은 상관하지 않는 것이 좋다. (······) 지혜로운 사람들은 쥐약 같은 사람들을 멀리한다. 쥐약 같은 사람들은 꽤 많다"(Clark, David: *Tao of Charlie Munger*, Scribner, 2017, p. 177.)

이룰 수 있는 목표와 그렇지 않은 목표

- 테리 피어스: Pearce, Terry: *Leading out Loud*, Jossey-Bass; 3rd edition, 2013, p. 10.
- "그대가 하는 모든 것은 하나의 목표를 지향해야 한다. 늘 이런 목표를 늘 염두에 두라." 이 문장을 이렇게 번역해도 될 것이다. "따라서 모든 일은 어떤 목적, 어떤 특정한 관계를 가지고 있어야 한다."(Seneca: *Von der Seelenruhe*, Anaconda Verlag, 2010, Kapitel 12.)/"그대의 모든 노력이 무언가로 향하게 하고, 끝까지 마음에 담아라." Seneca, "On the Tranquility of Mind", 12.5(Holiday, Ryan: *The Daily Stoic*, Portfolio, 2016, E-Book-Location 215.)
- 삶의 목표는 굉장히 중요하다. Nickerson, Carol; Schwarz, Norbert; Diener, Ed et al.: "Happiness: Financial Aspirations, Financial Success, and Overall Life Satisfaction: Who? and how?", *Journal of Happiness Studies*, Dezember 2007, Bd. 8, p. 467-515.
- "도달하기 힘든 목표를 갖는 것은 불만족스런 삶을 사는 비결이다."(Kahneman, Daniel: *Thinking Fast and Slow*, Farrar, Straus and Giroux, 2013, p. 402.)

당신의 삶이 사진첩이 아닌 이유

- '경험하는 자아'와 '기억하는 자아'라는 개념은 대니얼 카너먼이 창안한 것이다.(Kahneman, Daniel: *Thinking Fast and Slow, Farrar*, Straus and Giroux, 2013, p. 380-382.)
- 연구자들은 휴가 중에 있는 대학생들의 행복도를 조사했다. 다음을 보라. Wirtz, Derrick; Kruger, Justin; Napa Scollon, Christie; Diener, Ed: "What to Do on Spring Break? The Role of Predicted, On-line, and Remembered Experience in Future Choice", *Psychological Science*, September 2003, Bd. 14, Nr. 5, p. 520-524.

- 정점과 종점 규칙에 대하여: Kahneman, Daniel; Fredrickson, Barbara L.; Schreiber, Charles A.; Redelmeier, Donald A.: "When More Pain Is Preferred to Less: Adding a Better End", *Psychological Science*, November 1993, Bd. 4, Nr. 6, p. 401–405.

체험이 기억보다 낫다

- Zhang, Jia Wei; Howel, Ryan T.: "Do Time Perspectives Predict Unique Variance in Life Satisfaction Beyond Personality Traits?", *Personality and Individual Differences*, June 2011, Bd. 50, Nr. 8, p. 1261–1266.

당신의 인생은 인과적이지 않다

- 미국의 심리학자 토머스 란다우어가 최초로 평균적인 인간이 저장할 수 있는 정보의 양과 관련하여 명제를 정리했다. Sloman, Steven; Fernbach, Philip: The Knowledge Illusion, Riverhead Books, 2017, p. 26.

죽음에 대한 생각은 시간 낭비

- 미국의 연구자들은 대학생들에게 비슷비슷한 인생 이야기들을 제시했다. 다음을 보라. Diener, Ed; Wirtz, Derrick; Oishi, Shigehiro: "End Effects of Rated Life Quality : The James Dean Effect", *Psychological Science*, March 2001, Bd. 12, Nr. 2, p. 124–128.
- "그대의 원수에게 죽음 보다 더 끔직한 것을 바랄 수 있을까? 안심하라. 그대여. 그대의 원수 는 죽게 될 것이다. 그것을 위해 그대는 손가락 하나 까닥할 필요도 없다."(Seneca: https:// www.aphorismen.de/zitat/188497.)

과거의 상처로부터 벗어나려면

- 당신이 구덩이 안에 있다면, 구덩이를 계속 파는 걸 중단하라. 다음을 보라. https:// en.wikipedia.org/wiki/Law_of_holes (8. 7. 2017).
- 찰리 멍거: Munger, Charlie: "Commencement Address at USC Law School", 2007, in: Farnam Street: *The Munger Operating System: How to Live a Life That Really Works*, April

13, 2016. 다음을 보라. https://www.farnamstreetblog.com/2016/04/mungeroperating-system/(8. 7. 2017).

- 500년 전에는 피가 섞인 당신의 직접적인 조상이 지구상에 약 100만 명 정도나 살고 있었다: 100년에 4세대씩 500년=20세대.
- 유년기에 겪은 심한 운명적 타격조차도 성인기의 성공이나 만족감과 거의 관련이 없다. 다음을 보라. Clarke, Ann M.: Early Experience: Myth and Evidence. Free Press; Rutter, Michael: "The long-term effects of early experience", *Developmental Medicine and Child Neurology*, 1980, Bd. 22, p. 800-815.
- 마틴 셀리그먼: Seligman, Martin: *Authentic Happiness*, Free Press, 2002, E-Book-Location 1209-1211.
- "운명이 당신에게 내던져져 당신을 강타할 것이다. 삶은 쉽지 않다."(Seneca, Brief 107 an Lucilius/Seneca, *Letters to Lucilius*, Letter 107)
- 세네카: "한 번 불행했다고, 계속 불행하게 살라는 법이 어디 있는가?" 다음에서 재인용: Irvine, William B.: *A Guide to the Good Life*, Oxford University Press, 2008, p. 220.
- 찰리 멍거의 확고한 규칙은 이러하다. "어떤 상황이나 어떤 사람이 당신의 인생을 망쳐놓았다고 생각할 때마다, 사실은 당신이 당신의 인생을 망쳐놓고 있는 것이다. (……) 스스로를 희생자로 느끼는 것은 인생을 살아가는 가장 형편없는 태도다. 상황이 얼마나 나쁜던지 그런 태도를 취한다면, 그것은 언제나 당신의 잘못이다. 당신은 그냥 할 수 있는 만큼 상황을 수정하면 된다. 이것이 소위 철통같은 레시피이다." 다음을 보라. http://latticeworkinvesting.com/quotes/(9. 7. 2017).

즐거움과 의미는 양립할 수 있을까

- 플라톤과 아리스토텔레스는 사람은 가능하면 용기 있고 담대하며 정의롭고 지혜로워야 한다고 보았다. 다음을 보라. https://de.wikipedia.org/wiki/Eudaimonie (9. 7. 2017).
- 기본덕목의 버전 2.0. 다음을 보라. Ambrosius von Mailand: De officiis ministrorum. https://de.wikipedia.org/wiki/Kardi naltugend (9. 7. 2017).
- 대니얼 길버트: Gilbert, Dan: Stumbling on Happiness, Vintage, 2007, p. 34.
- 폴 돌런: Dolan, Paul: *Happiness by Design*, Penguin, 2015, E-Book-Location 1442.
- "보면 안다(I know it, when I see it)라는 말은 미국 대법원 역사의 가장 유명한 말이다. 당시는 '의미'와 관계있는 말이 아닌 포르노와 관계된 말이었다. 다음을 보라. https://

en.wikipedia.org/wiki/I_know_it_when_I_see_it(9. 7. 2017).

- 대니얼 카너먼: Dolan, Paul: *Happiness by Design*, Penguin, 2015/대니얼 카너먼의 서문. E-Book-Location 75.
- 최신의 영화 연구에 대해서는 다음을 참조하라. Oliver, Mary Beth; Hartmann, Tilo: "Exploring the Role of Meaningful Experiences in Users' Appreciation of 'Good Movies'", *Projections*, Winter 2010, Bd. 4, Nr. 2, p. 128-150.

타협할 수 없는 원칙 정하기

- 덩케르크의 기적에 대해서는 다음을 보라. https://en.wikipedia.org/wiki/Dunkirk_evacuation(9. 7. 2017).
- 무전에 대한 이야기는 다음을 보라. Stockdale, Jim: *Thoughts of a Philosophical Fighter Pilot*, Hoover Institution Press, 1995, E-Book-Location 653.
- 워런 버핏의 전기 작가 앨리스 슈뢰더에 따르면 워런 버핏의 원칙 중의 하나는 "약속은 신성한 것이라, 본질상 남발해서는 안 다는 것이다."(Schroeder, Alice: *The Snowball*, Bantam Books, 2008, p. 158.)
- 사회적 변화가 당신의 목표인 경우, 당신은 현 상태를 유지하기 위해 갖은 수단을 다 쓸 수만 명의 사람들 및 기관들과 싸움을 시작해야 한다. 목표를 가능하면 좁게 규정지어라. 지배 질서에 모든 측면에서 반기를 들 수는 없다. 사회는 당신보다 더 강하다. 명확하게 정의된 도덕적 틈새에서만 개인적인 승리를 거둘 수 있다.
- 마틴 루터 킹: Martin Luther King, Rede beim Friedensmarsch in Detroit, 23. June 1963.

세상은 언제나 당신의 취향을 공격한다

- 짐 스톡데일은 한 영상에서 자신의 포로 경험을 들려준다. 다음을 보라. https://www.youtube.com/watch?v=Pc_6GDWl0s4(9. 7. 2017).
- 스톡데일: "그 저녁에 나는 누워서 울었다. 내가 그들에게 저항할 힘이 있었다는 사실이 그렇게 기쁠 수가 없었다." 다음을 보라. https://www.youtube.com/watch?v=Pc_6GDWl0s4(9. 7. 2017).
- 알렉산드르 부치치: https://www.nzz.ch/international/wahl-in-serbiendurchmarsch-von-vucic-ins-praesidentenamt-ld.155050(9. 7. 2017).

- 데이비드 브룩스는 그의 책 《인간의 품격》에서 프랜시스 퍼킨스의 삶을 소개한다. 프랭클린 D. 루즈벨트는 1933년에 프랜시스 퍼킨스를 미국의 첫 여성 장관에 임명했는데, 퍼킨스 역시 비슷한 전략을 활용했다. "상대방이 굉장히 악의적으로 공격해오면, 그녀는 그 사람들에게 질문을 반복해달라고 부탁했다. 그녀는 사람이 두 번 연속으로 그렇게 비열하게 굴 수 있으리라고 생각하지 않았다."(Brooks, David: *The Road to Character*, Penguin, 2016, p. 44.)

돈을 주어도 팔지 않을 것들이 있는가

- 1만 달러를 받고 회사명을 이마에 문신한 여성에 대해서는 다음을 보라. Sandel, Michael J.: What Money Can't Buy, Farrar, Straus and Giroux, 2012, p. 184.

진짜 걱정만 남기고 해결하는 법

- 참새 실험에 대해서는 다음을 참조하라. Zanette, Liana Y.; White, Aija F.; Allen, Marek C.; Clinchy, Michael: "Perceived Predation Risk Reduces the Number of Offspring Songbirds Produce per Year", *Science*, 9. Dezember 2011, Bd. 334, Nr. 6061, p. 1398-1401. 다음도 보라. Young, Ed: "Scared to Death: How Intimidation Changes Ecosystems", *New Scientist*, 29. May 2013.
- '걱정하지 말아요. 행복하세요(Don't worry, be happy)' 브로마이드는 별로 소용이 없다. 긴장을 풀라고 말해도 사람들은 좀처럼 그렇게 하지 못한다. Gold, Joel: "Morbid Anxiety", In: Brockman, *What Should We Be Worried About?*, Harper Perennial, 2014, p. 373.)
- 버트런드 러셀: Russell, Bertrand: *Eroberung des Glücks*, Suhrkamp, 1977, p. 56.
- 마크 트웨인의 인용문은 다음을 보라. http://quoteinvestigator.com/2013/10/04/never-happened/(9.7., 2017).

모든 것에 뚜렷할 필요는 없다

- "최저임금이 인상되어야 하는가 등 생각이 필요한 어려운 질문을 받으면 사람들은 곧장 이편 아니면 저편에 서는 경향이 있다. 그리고 나서야 이성과 상의하여 자신의 선택을 뒷받침해주는 이유들을 찾아낸다."(Haidt, Jonathan: *The Happiness Hypothesis*, Basic Books, 2006, E-Book Location 1303.)

- 감정 휴리스틱(affect heuristic)에 대해서는 전작에서 소개했다. Dobelli, Rolf: *Die Kunst des klugen Handelns*, Hanser, 2012, p. 65–67./Dobelli, Rolf: *The Art of Thinking Clearly*, HarperCollins, 2013, p. 197–199.

실패를 대하는 나만의 방식

- 보에티우스: Boethius: *Trost der Philosophie*, Artemis & Winkler, 1990.
- '정신적 요새'라는 개념은 '내면의 요새'라는 말에서 온 것으로 이 말은 마르크스 아우렐리우스의 명상록에서 맨 처음 등장한다. '내면의 성'이라고도 번역할 수 있다.

언제나 나보다 잘나가는 사람은 있다

- 고어 비달의 인용: *The Sunday Times Magazine*, 16. September 1973.
- 버트런드 러셀은 질투를 불행으로 몰고 가는 가장 주된 원인으로 보았다. Russell, Bertrand: *Eroberung des Glücks*, Suhrkamp, 1977, p. 59.
- 러셀은 이런 말도 했다: "사회적 위계질서가 엄격했던 시대에 하류계급은 상류계급을 별로 질투하지 않았다. 가난과 부는 하느님이 주신다는 믿음이 지배했다. 거지는 백만장자가 아니라 더 잘 나가는 거지를 시기했다. 현대 세계는 사회적 계층이 고정되어 있지 않을 뿐더러 민주주의와 사회주의에서 가르치는 평등의 가르침에 힘입어 질투의 영역이 굉장히 확대되었다. (……) 그리하여 우리 시대는 질투가 특히나 커다란 역할을 하는 시대다." (위의 책, p. 64.)
- 캘리포니아대학 연봉 공개에 대하여: Dolan, Paul: *Happiness by Design*, Penguin, 2015, E-Book Location 2352.
- 훔볼트 대학의 연구: Krasnova, Hanna et al.: "Envy on Facebook: A Hidden Threat to Users' Life Satisfaction?", *Publikation der TU Darmstadt*, 2013, p. 1477–1491.
- 찰리 멍거: Munger, Charles T.: *Poor Charlie's Almanack*, Donning 2008, p. 431.
- 나는 다른 책에서 이미 질투심에 대해 설명했다. Dobelli, Rolf: *Die Kunst des klugen Handelns*, Hanser, 2012, p. 153–155/Dobelli, Rolf: *The Art of Thinking Clearly*, HarperCollins, 2013, p. 257–259.

애초에 문제를 피하는 것이 이익이다

- 아인슈타인: "영리한 사람은 문제를 해결하고, 지혜로운 사람은 문제를 피해간다"는 말에 대해서는 다음을 보라. http://www.azquotes.com/quote/345864(11. 7. 2017). 아인슈타인이 정말 이 말을 했는지는 분명하지 않다.
- 다음 속담도 같은 맥락이다. "1온스의 예방이 1파운드의 치료와 맞먹는다". 이 말은 미국 건국의 아버지이자 다재다능했던 벤자민 프랭클린이 《필라델피아 가제트》의 독자들에게 보내는 익명의 편지에서 쓴 말로, 자원소방대 설립에 영향을 주었다. https://de.wikipedia.org/wiki/Benjamin_Franklin#Gr.C3.BCndung_von_Freiwilligen_Feuerwehren(11. 7. 2017).
- 찰리 멍거: Bevelin, Peter: *All I Want to Know Is Where I'm Going to Die so I'll Never Go There: Buffett & Munger—A Study in Simplicity and Uncommon, Common Sense*, PCA Publications, 2016, p. 58.
- 하워드 막스: Marks, Howard: *The Most Important Thing, Uncommon Sense for the Thoughtful Investor*, Columbia Business School Publishing, 2011, p. 55, 다음 책에서 재인용: Bevelin, Peter: *All I Want to Know Is Where I'm Going to Die so I'll Never Go There*: Buffett & Munger—A Study in Simplicity and Uncommon, Common Sense, PCA Publications, 2016, p. 62.
- 찰리 멍거: Bevelin, Peter: *All I Want to Know Is Where I'm Going to Die so I'll Never Go There*: Buffett & Munger—A Study in Simplicity and Uncommon, Common Sense, PCA Publications, 2016, p. 62.
- 사전 부검에 대해서는 다음을 보라. https://en.wikipedia.org/wiki/Pre-mortem(11. 7. 2017).

지구의 불행에 대한 대처

- 자원봉사자의 함정에 대해서는 다음을 보라. Dobelli, Rolf: *Die Kunst des klugen Handelns*, Hanser, 2012, p. 61-63/Dobelli, Rolf: The Art of Thinking Clearly, HarperCollins, 2013, 193-195.
- 리처드 파인만: Feynman, Richard: *Surely, You're Joking, Mr. Feynman!*, W. W. Norton & Company, 1997, p. 132.

소중한 '나'를 어떻게 다룰까

- 참석자 중 버핏이 삶에서 어떻게 포커스를 맞추었는지를 이해한 사람이 얼마나 되었는지는 알 수 없다. 이런 타고난 주의력은 모방할 수 없는 것이었다. 그런 주의력은 탁월함에 지불해야 하는 대가였다. 토머스 에디슨을 미국의 대표적인 발명가로, 월트 디즈니를 가족 오락의 왕으로, 제임스 브라운을 소울의 대부로 만들어준 절제와 열정적인 완벽함이었다. 이상에 초지일관 사로잡히는 것이었다.(Schroeder, Alice: *The Snowball*, Bantam Books, 2008, E-Book-Location 19788.)
- "최고의 인간이 그대의 몸을 좌지우지하는 것도 참을 수 없는 일일진대, 어찌하여 마주치는 어중이떠중이로 자신의 기분을 좌지우지하게 하는 것을 마다하지 않는가?"(Epiktet: *Handbüchlein der Moral*, Abschnitt 28.)
- 케빈 켈리: Edge.org: "The Technium, A Conversation with Kevin Kelly", 2. March 2014, 존 브로크만의 서문. 다음도 보라 : https://www. edge.org/conversation/kevin_kelly-the-techniumam(8. 7. 2017).
- "주의력을 할당하는 방식이 행복을 결정한다. 당신이 관여하는 것이 당신의 행동을 조종하고, 행복을 결정한다. 주의력은 당신의 삶을 응집시키는 접착제다."(Dolan, Paul: *Happiness by Design*, Penguin, 2015, E-Book Location 224.)
- "그러므로 행복의 생성 과정은 주의력을 어떻게 할당하느냐에 좌우된다. (……) 같은 일과 같은 상황이라도 거기에 얼마나 많은 주의를 쏟느냐에 따라 행복에 많은 영향을 미칠 수도 있고, 별로 영향을 못 미칠 수도 있다."(Dolan, Paul: *Happiness by Design*, Penguin, 2015, E-Book Location 891.)
- 찰리 멍거: "나는 똑똑해서 성공한 것이 아니다. 나의 성공은 집중력 덕분이다. 멀티태스킹을 통해 성공과 명예와 명성을 얻을 수 있다는 생각을 해본 적이 없다."(Bevelin, Peter: *All I Want to Know Is Where I'm Going to Die so I'll Never Go There*: Buffett & Munger-A Study in Simplicity and Uncommon, Common Sense, PCA Publications, 2016, p. 6.)

두뇌에 흔적을 남기는 독서법

- 홀바인의 〈그리스도의 시신〉에 대한 도스토예프스키의 반응에 대해서는 다음을 보라. https://www.srf.ch/radio-srf-2-kultur/srf-kulturclub/streifzugliterarischer-spaziergang-in-basel(13. 7. 2017).

당신이 속한 집단이 대중은 아니다

- 레오니드 로젠블릿; 프랭크 카일: Rozenblit, Leonid; Keil, Frank: "The Misunderstood Limits of Folk Science: An Illusion of Explanatory Depth", *Cognitive Science*, 1. September 2002, Bd. 26, Nr. 5, p. 521-562.
- 반박할 수 없는 특성을 가진 또 하나의 예가 있다. "세상은 증명할 수 없는 '날아다니는 스파게티몬스터(괴물)'가 창조했다. 스파게티 몬스터는 자비롭고 전능하다. 그러므로 좋은 일이 일어나면, 스파게티 몬스터에게 감사할지어다. 나쁜 일은 인간의 좁고 제한된 시각에서 볼 때만 나쁜 것일 뿐, 스파게티 몬스터의 전능한 시각에서 보면 그렇지 않다. 그러므로 흔들림 없이 스파게티 몬스터를 믿을지어다. 그러면 당신은 좋은 삶을 살게 될 것이다. 여기 이 세상이 아니면, 내세에 가서라도 그렇게 될 것이다." 날아다니는 스파게티 몬스터는 반박할 수 없다. 하느님이나 제우스, 알라신을 반박할 수 없는 것이나 마찬가지다. 처음에는 강점인 것 같지만 사실은 약점이다. 날아다니는 스파게티 몬스터는 미국의 물리학자 보비 헨더슨이 지어낸 종교 패러디다. 다음을 보라. https://de.wikipedia.org/wiki/Fliegendes_Spaghettimonster(12. 7. 2017).
- 한스 큉의 인용에 대해서는 다음을 보라. Kung, Hans: Existiert Gott?, dtv, 1981, p. 216.
- 찰리 멍거: "당신이 어떤 종교 비스름한 집단의 충성스런 멤버임을 공표하고, 그 집단의 이데올로기를 외치기 시작하면, 이제 당신은 그것을 자신의 두뇌 속으로 두드려 넣고, 두드려 넣고, 더욱 더 깊숙이 두드려 넣을 수밖에 없게 된다."(Bevelin, Peter: *All I Want to Know Is Where I'm Going to Die so I'll Never Go There*: Buffett & Munger-A Study in Simplicity and Uncommon, Common Sense, PCA Publications, 2016, p. 113.)
- 나의 가상의 텔레비전 토크쇼 상상과 비슷한 휴리스틱은 다음 멍거의 말을 보라. "나는 소위 '철통같은 처방'을 가지고 있고, 이런 처방이 내가 어떤 이데올로기를 다른 것들에 비해 우선시하려 할 때 나로 하여금 정신을 차리게 해준다. 이 처방은 다음과 같다. 어떤 입장을 취하고 싶은가? 그렇다면 그 입장에 대한 반대 논지를 더 잘 진술할 수 있어야 한다. 그런 상태가 될 때만이 어떤 말을 할 자격이 있다고 생각한다."(Bevelin, Peter: *All I Want to Know Is Where I'm Going to Dieso I'll Never Go There*: Buffett & Munger-A Study in Simplicity and Uncommon, Common Sense, PCA Publications, 2016, p. 114) 이런 방법은 소위 '확증 편향(confirmation bias)'이라는 말로 잘 알려져 있다. 이런 생각의 오류를 나는 이전 책에 소개했다. Dobelli, Rolf: *Die Kunst des klaren Denkens*, Hanser, 2011, p. 29-36/ Dobelli, Rolf: *The Art of Thinking Clearly*, HarperCollins, 2013, p. 19-23.

가지고 있는 행복을 의식하는 법

- 마음의 뺄셈의 실제적인 연습: 이런 연습에 대한 아이디어는 내 아내에게서 나온 것이다. 내 아내는 여러해 전 최고경영자들을 심리치료 하는 과정에서 이런 생각을 떠올렸다.
- 심리적 면역체계에 관해: Gilbert, Daniel: "Forecasting the Future", Interview mit Susan Fiske, *Psychology Today*, 1. November 2002. 다음을 보라. https://www.psychologytoday. com/articles/200211/forecasting-the-future(11. 7. 2017).
- 감사를 통해 익숙해지는 현상에 대해: Koo, Minkyung; Algoe, Sara B., Wilson, Timothy D.; Gilbert, Daniel T.: "It's a Wonderful Life: Mentally Subtracting Positive Events Improves People's Affective States, Contrary to Their Affective Forecasts", *Journal of Personality and Social Psychology*, November 2008, Bd. 95, Nr. 5, p. 1217-1224. doi:10.103.
- 바르셀로나 올림픽에서 메달을 딴 선수들에 대해서도 위의 논문을 참조하라.
- 역사적 평균기대수명에 대해서는 다음을 참조하라. https://en.wikipedia.org/wiki/Life_ expectancy(11. 7. 2017).
- 폴 돌런: Dolan, Paul: *Happiness by Design*, Penguin, 2015, E-Book Location 1781.

생각하지 않고 행동해도 된다

- "원하는 걸 얻지 못할 때 얻을 수 있는 것은 경험이다." 여러 사람이 이와 비슷한 말을 했다. 다음을 보라. https://www.aphorismen.de/zitat/73840, https://en.wikiquote.org/wiki/ Randy_Pausch(11. 7. 2017).

머리로는 사람을 이해할 수 없다

- 상대의 입장을 이해하기 위해서는 정말로 그 입장이 되어봐야 한다. 어떻게 그럴 수 있는 지 벤 호로비츠를 보라. Horowitz, Ben: *The Hard Thing*, HarperCollins, 2014, E-Book Location 3711.
- 에릭 슈비츠게벨; 조슈아 러스트: Schwitzgebel, Eric; Rust, Joshua: "The Behavior of Ethicists", *The Blackwell Companion to Experimental Philosophy*, Wiley-Blackwell, 2014.

- 초점의 오류에 대해서는 다음을 보라. Kahneman, Daniel: "Focusing Illusion", In: Brockman, John: Edge Annual Question 2011, *This Will Make You Smarter*, HarperCollins, 2012, p. 49. 다음도 보라: https://www.edge.org/response-detail/11984(12.7.2017).
- 지향적 태도에 대해서: 부수적으로 언급하자면, 이것이 우리가 종교에 수용적인 태도를 보이는 이유 중 하나다. 인간이나 동물의 의도를 알아볼 수 없는 곳에서 신들은 어디서나 끼어들 수 있다. 화산이 어째서 폭발할까? 오늘날 우리는 그것이 신들 때문이 아니라, 판구조론 때문임을 알고 있다.
- 매트 리들리: Ridley, Matt: *The Evolution of Everything*, HarperCollins, 2015, E-Book Location 61. 다음도 보라. WORLD.MINDS-Video: https://www.youtube.com/watch?v=rkqq8xX98lQ(12.7.2017).
- "그는 이렇게 썼다. '마틴 루터를 종교개혁을 일으킨 장본인으로 본다. 그러나 그 일은 어차피 일어났을 것이다. 루터가 아니었어도 다른 사람이 그것을 주도했을 것이다.' 전쟁이 빚은 우연한 결과가 한 민족의 패망을 앞당기거나 늦출 수 있을 것이다. 그러나 어차피 패망할 민족이라면, 언젠가는 패망할 것이다. 그리하여 몽테스키외는 궁극원인(ultimate cause)과 근접원인(proximate cause)을 구분했고, 이것은 사회학에서 유용한 개념이 되었다."(Ridley, Matt: *The Evolution of Everything*, HarperCollins, 2015, E-Book-Location 3162.)
- 코르테스에 대하여: 이와 비슷하게 (전혀 의도치 않고 우연히) 미국이 오늘날 독립국가가 된 이유도 바로 생물학적 무기가 작용했기 때문이었다. 1776년 영국군에 대한 승리는 '위대한' 조지 워싱턴의 공이 아니었다. 영국군은 남부의 주들을 통과해 미군을 공격했는데, 특히 해안 근처의 남부 습지들은 말라리아모기들로 들끓었고 모기들은 영국군을 곧장 쓸어버렸다. 미군은 말라리아의 위험이 적은 북쪽에 주둔해 있었으며, 남쪽에 주둔한 군인들은 주로 흑인 노예들이라, 몇만 년에 걸쳐 아프리카에서 살아오는 동안 이미 말라리아에 면역이 된 사람들이었다. 따라서 미국의 독립은 '위대한 남자들'이 아니라 모기들 덕분이었다."/ "맥닐은 이렇게 말한다. '미군이 교착상태에서 승리를 쟁취하여 혁명전쟁에서 이길 수 있도록 도와준 것은 바로 모기들이었다. 모기들이 아니었다면 미합중국은 존재할 수 없었을 것이다. 돌아오는 7월 4일에 모기에 물린다면 이를 기억하라.'"(Ridley, Matt: *The Evolution of Everything*, HarperCollins, 2015, E-Book-Location 3242.)
- 스위스에서는 전쟁 뒤에 앙리 기장 장군의 사진을 걸어놓지 않은 식당이 거의 없을 정도였

다. 어린 시절 나는 정말 곳곳에서 칼라를 빳빳이 세운 제복을 입은 노영웅의 모습을 보면서 자랐다. 그의 초상사진이 예수의 초상화보다 더 흔했다. 기장 장군의 사진들은 60년대 말이 되면서 슬슬 자취를 감추었지만, 많은 벽에서는 그 뒤에도 수년간 도배지 위에 빛바래지 않은 직사각형 사진틀이 걸려 있었다. 사람들은 눈을 질끈 감고는 약간의 환상을 더해 그 사진에 '위대한 남자'를 투사시켰다. 그렇다면 기장 장군이 스위스에 그렇게 결정적인 인물이었을까? 그렇지 않다. 스위스가 2차 세계대전에 휘말리지 않았던 것은 이런 인기 있는 장군 때문이 아니라, 우연이고 운명이고 행운이었다. 독일에겐 스위스보다 더 중요한 정복지가 있었던 것이다. 기장 장군이 아니라, 다른 장군이었다 해도 담배연기 자욱한 식당마다 그의 사진이 걸렸을 것이다.

스스로를 떠받들지 말라

- 덩샤오핑보다 좀 더 보수적인 마르크스주의자가 주석이었다 해도 개혁은 늦추어졌을 지도 모르지만, 결국은 이루어졌을 것이다."(Ridley, Matt: *The Evolution of Everything*, HarperCollins, 2015, E-Book Location 3188.)
- 전구의 발명에 대해서: Ridley, Matt: *The Evolution of Everything*, HarperCollins, 2015, E-Book-Location 1739.
- 워런 버핏: Greenwald, Bruce C. N.; Kahn, Judd; Sonkin, Paul D.; van Biema, Michael: *Value Investing : From Graham to Buffett and Beyond*, John Wiley & Sons, 2001, p. 196.)
- CEO와 관련한 매트 리들리의 인용: Ridley, Matt: *The Evolution of Everything*, HarperCollins, 2015, E-Book Location 3279.

우리의 인생이 추리소설이 아닌 이유

- 독일에서는 신고된 범죄의 절반 정도가 해결된다. (통계에서 벗어나는 부분은 고려하지 않았다). http://www.tagesspiegel.de/politik/neue-polizeistatistik-wie-gefaehrlich-ist-deutschland/8212176.html(11. 7. 2017).
- 존 그레이: Gray, John: Straw Dogs: *Thoughts on Humans and Other Animals*, Granta Books, 2002, p. 106.

후드티를 입어도 저커버그는 되지 않는다

- 몰스킨 수첩과 헤밍웨이에 대해서는 다음을 보라. https://www.welt.de/wirtschaft/ article146759010/Der-kleine-Schwindel-mit-Hemingways-Notizbuechern.html(11. 7. 2017).
- 장 밥티스트 륄리(Jean Baptiste Lully)에 대한 로버트 그린버그의 평에 대해서는 다음을 보라. https://robertgreenbergmusic.com/scandalous-overtures-jean-baptiste-lully/(11. 7. 2017).

교양을 몰라도 됩니다

- 작가의 특화에 대하여: 가장 오래된 쐐기문자로 써진 것은 시가 아니라, 부기다.

전쟁터를 피해야 하는 이유

- 워런 버핏이 1962년에 수익을 내지 못하는 섬유회사 버크셔 해서웨이를 헐값에 인수했을 때, 그는 곧장 새롭고 더 효율적인 섬유기계에 투자했다. 생산비를 대폭 감축시키고, 회사 경영이 흑자로 옮겨가기를 소망했다. 실제로 생산비는 절감되었다. 하지만 이윤은 나지 않았다. 그 많은 돈의 부가가치는 어디로 흘러들어갔을까? 여기서도 역시 보상은 새로운 섬유기계 제조업자와 소비자들에게 흘러갔다.
- 군비경쟁에 대한 버핏의 비유: Berkshire Hathaway Annual Meeting, 2004, www.tilsonfunds.com 중 위트니 틸슨의 묘사.
- 루이스 캐럴의 《거울나라의 앨리스》에 등장하는 붉은 여왕은 어떤 번역본에는 검은 여왕이라고 나온다.
- "이곳에서는 제자리를 지키려면 온힘으로 달려야 해." 다음을 보라. Dodgson, Charles AKA Lewis Carroll: *Alice im Spiegelland*. Hrsg.: World Public Library Association, Sesam-Verlag, 1923, übersetzt von Helen Scheu-Riesz, 2. Kapitel: Der Garten der lebenden Blumen, p. 26(Englisch: *Through the Looking-Glass, and What Alice Found There*, London, 1871.
- 존 캐시디: Cassidy, John: "College Calculus: What's the Real Value of Higher Education?", *The New Yorker*, 7. September 2015.

- "원래의 복지 사회"에 대해서는 다음을 보라. https://en.wikipedia.org/wiki/Original_affluent_society(11.7.2017).
- 스위스, 독일 그 외 많은 나라들에서는 만 2세가 된 아이들을 사립 유치원에 보낸다. 가장 좋은 사립 초등학교에 들여보내기 위함이다. 사립 초등학교에서는 가장 좋은 김나지움에 들어가기 위한 준비를 하고, 이것은 다시금 엘리트대학에 입학하기 위함이다. 이 모든 것이 단지 다른 사람들이 그렇게 하니까 하는 것이다. 따라서 어린 아이들도 이미 군비경쟁에 동원된다. 여기서 이익을 얻는 것은 아이들이 아니라, 사립학교들이다.

괴짜를 옆에 두라

- 스피노자의 파문에 대해서는 다음을 보라. https://de.wikipedia.org/wiki/Baruch_de_Spinoza(11.7.2017).

더 많이 만날수록 더 좋은 연인을 만난다

- 나머지 지원자들 중 앞서 37명 중 최고의 지원자보다 더 좋은 지원자가 없는 경우에는 물론 마지막 지원자를 채용해야 할 것이다. 하지만 통계적으로 볼 때, 즉 이런 절차를 자주 돌려보면, 이런 해법으로 나갈 때 평균적으로 가장 좋은 결과들을 달성할 수 있다.
- 지원자의 입장에서 비서 알고리듬을 자신에게 유리하게 이용하는 법을 알려준 루돌프 타슈너 교수에게 개인적으로 감사를 전한다. 그는 이렇게 말했다. "(……) 전문적으로 그리 뛰어나지 않지만, 도벨리의 책을 읽은 지원자라면 첫 37명 바로 다음에 인터뷰할 수 있도록 순서를 배정받으면 좋을 것이다. 그러면 그 지원자는 아주 정확해 보이는 해법을 가진 수학 모델에서 예상 외의 유익을 얻을 수 있을 것이다."(2017년 6월 17일 개인적으로 주고받은 레터 중에서)
- 비서 문제 실험은 대부분의 사람들이 너무 일찍 한 명의 지원자로 결정한다는 것을 보여준다. 온라인 데이트에서는 특히 그렇다. https://en.wikipedia.org/wiki/Secretary_problem#cite_note-0(11.7.2017).
- 더 나이가 들면 굉장히 선별적인 태도를 취해야 한다. 이에 대해 맨해튼에서 워런 버핏과 점심식사를 하러간 마셜 와인버그에 대한 재미있는 일화가 있다. "마셜은 훌륭한 햄치즈 샌드위치를 먹었고, 며칠 뒤 우리는 다시 식사하러 가는 중이었다. 마셜이 '거기 그 레스토랑에 다시 가자'고 했다. 내가 '하지만 거기 갔었잖아'라고 하자, 마셜은 '그래서 하는 말이야. 거기

라면 무엇을 먹을 수 있는지 정확히 아는데 뭐 하러 다른 레스토랑에 가는 위험을 무릅쓰겠어?'라고 했다. 바로 이것이 워런이 주식을 고르는 방법이기도 하다. 그는 그들이 실망하지 않을 가능성이 큰 회사에만 투자를 한다."(Lowe, Janet: Warren Buffett Speaks: *Wit and Wisdom from the World's Greatest Investor*, John Wiley & Sons, 2007, p. 142)

이룰 수 없는 소망도 있다

- 새해 전야 파티에 대하여: 조너선 스쿨러, 댄 애리얼리, 조지 뢰벤슈타인의 연구 결과도 비슷하다. 이들 연구자들은 한 논문에서 1999에서 2000년으로 넘어가는 새해 전야 파티와 관련하여 나중에 돌아봤을 때 높은 기대를 가지고, 그 파티에 가장 많은 노력을 기울였던 사람들이 가장 재미가 없어 했다고 지적했다. Schooler, Jonathan; Ariely, Dan; Loewenstein, George: "The pursuit and assessment of happiness can be self-defeating", *The Psychology of Economic Decisions*, 2003, Bd. 1, p. 60.
- 연구는 기대감이 행복감에 상당한 영향을 미친다는 것을 보여준다. Frey, Bruno S.; Stutzer, Alois: *Happiness and Economics*, Princeton University Press, 2001, p. 12.
- "행복감과 정신 건강에 대한 보고들에 따르면, 소득이 증가하는 것으로 인한 행복감은 소득에 대한 기대가 소득 자체를 능가할 때 완전히 물거품이 되어 버린다."(Dolan, Paul: *Happiness by Design*, Penguin, 2015, E-Book Location 1690.)
- 그 유명한 행복감의 U자 곡선도 잘못된 기대와 관계가 있다. 젊은 사람들은 그들이 이제 위로 올라갈 일만 있다고 믿기에 행복하다. 더 많은 수입, 더 많은 권력, 더 많은 가능성을 갖게 되리라고 말이다. 그러다가 중년, 즉 40~55세에서 행복감은 저점을 찍는다. 이제 젊은 시절에 품었던 높은 기대들을 실현할 수 없다는 것을 받아들여야 하고, 자녀, 커리어, 소득에 대한 압박감까지 추가되어 모든 것이 예기치 않게 행복감을 약화시킨다. 노년이 되면 사람들은 다시 상당히 행복해지는데, 여기에는 비현실적으로 낮은 기대가 한몫한다.(Schwandt, Hannes: "Unmet Aspirations as an Explanation for the Age U-shape in Wellbeing", *Journal of Economic Behavior & Organization*, 2016, Bd. 122, Ausgabe C, p. 75-87.)
- 사소한 선호에 대하여: Stanford Encyclopedia of Philosophy. 다음을 보라. https://plato.stanford.edu/entries/stoicism/(11. 7. 2017).
- 새해 결심의 경우는 기대에서 2점 대신 3점을 빼라. 새해 결심(가령 운동을 더 많이 하고, 술을 덜 마시고, 담배를 끊겠다)을 정말로 실행에 옮기는 경우는 드물기 때문이다. Polivy, Janet; Herman, C. Peter: "If at First You Don't Succeed False Hopes of Self-

Change", *American Psychologist*, September 2002, Bd. 57, Nr. 9, p. 677-689. 다음도 보라: Polivy, Janet: "The False Hope Syndrome: Unrealistic Expectations of Self-Change", *International Journal of Obesity and Related Metabolic Disorders*, May 2001, 25 Suppl. 1, p. 80-84.

- 워런 버핏에 따르면 결혼은 기대 관리의 문제다. "훌륭한 결혼생활의 비밀은 무엇일까? 외모도, 지능도 돈도 아니다. 낮은 기대다."(Sellers, Patricia: "Warren Buffett's Wisdom for Powerful Women", *Fortune*, 6. Oktober 2010.) 다음도 보라. http://fortune.com/2010/10/06/warren-buffetts-wisdom-forpowerful-women/(11. 7. 2017).

모든 것의 90퍼센트가 쓰레기라면

- 테드 스터전이 한 말의 원문은 다음을 참조하라. Dennett, Daniel: *Intuition Pumps and Other Tools for Thinking*, W. W. Norton, 2013, E-Book Location 639.
- 대니얼 데닛: https://en.wikipedia.org/wiki/Sturgeon%27s_law#cite_ref-5(11. 7. 2017).
- 프린스턴대학의 철학교수 해리 프랑크푸르트는 몇 년 전에《헛소리에 대하여》라는 꽤 괴짜 같은 제목의 베스트셀러를 썼다.(Frankfurt, Harry G.: *On Bullshit*, Princeton University Press, 2005, p. 61.) 이 작은 책에서 그는 진실의 최대의 적은 거짓말이 아니라, 개소리, 내지 헛소리라는 것을 보여준다. 해리 프랑크푸르트는 개소리를 내용적으로 공허한 말이지만, 뭔가 굉장히 중요한 것처럼 들리는 말이라고 정의한다. 나는 '개소리(Bullshit)'라는 개념을 약간 더 확장해도 된다고 생각한다. 개소리, 그것은 정확히 스터전의 법칙의 중요하지 않은 90퍼센트에 해당한다. 책이건, 유행하는 패션이건, 라이프스타일이건 간에 말이다.
- 세상은 당신이 이성을 유지하는 것보다 더 오래 비이성적으로 남을 것이다. 나는 이런 말을 스터전의 법칙의 짝으로 준비했다. 이것은 존 메이너드 케인스의 다음과 같은 말을 응용한 것이다. "시장은 당신이 지불 능력을 유지하는 것 보다 더 오래 비이성적으로 남을 것이다." 다음을 보라. https://www.maynardkeynes.org/keynes-the-speculator.html(11. 7. 2017).
- 벤자민 그레이엄의 미스터 마켓(Mr. Market)에 대해서는 다음을 보라. https://en.wikipedia.org/wiki/Mr._Market(11. 7. 2017).

대단한 존재라고 착각하지 않을 때

- 에펠탑(1889년), 타지마할(1648년), 기자의 쿠푸 피라미드(기원전 2581년)의 공식적인 개막

행사와 뒤이은 연회에 초대를 받았을 정도면 얼마나 비중 있는 인물이었을지 상상해보라. 그렇다. 쿠푸왕이 개인적으로 초대했을 것이 아닌가! 뜨거운 사막 공기 가운데 연단에 앉아 연신 노예들의 부채질을 받으며 새로 지어진 피라미드를 바라보고, 이제 얼른 개막 행사(춤, 인사말, 군인들의 사열)가 끝나고 '기분 좋은 파트'로 넘어가기를 희망한다. 그럴 때 얼마나 자신이 중요한 사람으로 느껴지겠는가! 아주 아주 중요하게 느껴질 것이다.

- 여기 겸손하고 합리적인 태도에 대한 좋은 예가 있다: 미국의 장군 조지 마셜(유럽의 재건을 위한 마셜플랜이 이 장군의 이름을 딴 것)은 당시의 관습대로 자신의 공식적인 초상화를 제작하기 위해 화가 앞에서 앉아 있어야 했다. "마셜은 여러 시간 동안 움직이지 않고 의자에 앉아 있다가 화가가 그림이 다 완성되었다고 하자 일어나서 감사의 인사를 하고는 가려했다. '그림이 보고 싶지 않으세요?'라고 화가가 뒤에서 부르자 마셜은 '아니오. 감사합니다' 하고는 가버렸다. (……) 누가 자신의 그림을 볼 시간이 있겠는가? 무슨 의미가 있겠는가?" (Holiday, Ryan: *Ego Is the Enemy*, Penguin Random House, 2016, E-Book Location 1628/위의 책, E-Book Location 1634.)

- '자기 위주 편향(self-serving bias)'과 '과잉확신(Overconfidence)'에 대해서는 이전 책에 소개했다. Dobelli, Rolf: Die Kunst des klaren Denkens, Hanser, 2011, p. 185-187, p. 13-15./Dobelli, Rolf: The Art of Thinking Clearly, Harper Collins Publishers, 2012, p. 134-136, p. 43-45.

결국은 내적 성공을 위한 것

- 로이 바우마이스터: Baumeister, Roy: *The Cultural Animal*, Oxford University Press, 2005, p. 146.)

- 어찌하여 만족감을 누리는 사람들의 명단이 아닌, 최고 부자들의 명단만 작성되는가? 행복감에 대한 개인적 명단은 없지만, 국가적 명단은 있다. OECD는 정기적으로 그런 랭킹을 발표하는데, 노르웨이와 스위스가 수년 전부터 선두 자리를 다투고 있다. 다음을 보라. http://www.oecdbetterlifeindex.org(12.7.2017).

- 사티야지트 다스: Das, Satyajit: "A World Without Growth?" In: Brockman, *What Should We Be Worried About?*, Harper Perennial, 2014, p. 110.

- 워런 버핏: http://www.businessinsider.com/warren-buffett-nails-it-on-the-importance-of-luck-inlife-2013-0(11.7.2017).

- 존 우든: Wooden, John: The Difference Between Winning and Succeeding, TED-Talk,

2009. 다음을 보라. https://www.youtube.com/watch?v=0MM-psvqiG8(3:00)
- 묘지에서 가장 부자가 되느니, 지금 여기에서 내적으로 무척 성공한 사람이 되는 것이 낫다. 존 스피어스의 말을 빌리면 "You don't have to be the richest guy in the cemetery." (Green, William; O'Brian, Michael: *The Great Minds of Investing*, Finanzbuch Verlag, 2015, p. 72.)
- 존 우든의 인용문은 다음을 보라. https://en.wikipedia.org/wiki/John_Wooden#cite_note-94(11.7.2017).

에필로그

- 리처드 파인만의 원문은 다음을 보라. https://www.youtube.com/watch?v=ga_7j72Cvlc, http://www.quotationspage.com/quote/26933.html(11.7.2017).
- 내가 지금까지 만났던 좋은 삶에 대한 최상의 정의 중 하나는 스토아학파 철학자 에픽테토스의 것으로 그는 좋은 삶을 "부드럽고 가볍게 흐르는 삶"이라 정의했다(Epiktet, Diskurs, 1.4). 또 다른 정의는 몇억 유로의 자산을 일군 한 사업가 친구랑 점심을 먹다가 발견했다. 여름이었고, 우리는 야외에 앉아 있었다. 페인트를 여러 번 덧칠한 금속 테이블이 놓인 술집이었다. 발밑에 자갈이 깔려 있었고, 아이스티를 입으로 가져갈 때마다 컵 가장자리에 말벌이 앉지 않도록 조심해야 했다. 우리는 나의 일(이 책에 대한 계획)과 그의 일(투자전략, 경영 참여, 재단관리, 기부 요청, 직원들, 운전수, 용역들에 대한 문제, 개인 비행기를 관리하는 문제, 무엇보다 시간을 잡아먹는 감사 일정들(그는 재산 때문만이라도 명망 높은 감사위원이었다))에 대해 이야기했다. 갑자기 내 입에서 이런 말이 튀어나왔다. "그런데 친구야, 넌 왜 그 모든 일을 하는 거야? 내가 너처럼 재산이 많다면 읽고, 생각하고, 쓰는 것만 하면서 살 텐데……." 집으로 돌아오는 길에서야 내가 바로 그렇게 살고 있음을 깨닫고 적잖이 당황했다. 따라서 이 역시 좋은 삶에 대한 정의가 될 수 있을 것이다. 누가 당신에게 많은 돈을 준다 해도, 지금처럼 변함없이 살아간다면 그것이 바로 좋은 삶 아니겠는가.

옮긴이 | 유영미

연세대학교 독문학과와 동 대학원을 졸업하고, 전문 번역가로 활동하고 있다. 옮긴 책으로 《왜 세계의 절반은 굶주리는가》《감정사용설명서》《가문비나무의 노래》《불확실한 날들의 철학》《안녕하세요 시간입니다》《부분과 전체》《영혼을 치유하는 의사》 등이 있다.

불행 피하기 기술

영리하게 인생을 움직이는 52가지 비밀

초판 1쇄   2018년 1월 20일
초판 14쇄   2024년 8월 5일

지은이 | 롤프 도벨리
옮긴이 | 유영미

발행인 | 문태진
본부장 | 서금선
편집 3팀 | 허문선 이준환

기획편집팀 | 한성수 임은선 임선아 최지인 송은하 송현경 이은지 유진영 장서원 원지연
마케팅팀 | 김동준 이재성 박병국 문무현 김윤희 김은지 이지현 조용환 전지혜
디자인팀 | 김현철 손성규   저작권팀 | 정선주
경영지원팀 | 노강희 윤현성 정헌준 조샘 이지연 조희연 김기현
강연팀 | 장진항 조은빛 신유리 김수연 송해인

펴낸곳 | (주)인플루엔셜
출판신고 | 2012년 5월 18일 제300-2012-1043호
주소 | (06619) 서울특별시 서초구 서초대로 398 BnK디지털타워 11층
전화 | 02)720-1034(기획편집) 02)720-1024(마케팅) 02)720-1042(강연섭외)
팩스 | 02)720-1043 전자우편 | books@influential.co.kr
홈페이지 www.influential.co.kr

한국어판 출판권 ⓒ (주)인플루엔셜, 2018
ISBN 979-11-86560-61-7 (03190)